全国高职高专公共课程规划教材（第二轮）

职业生涯规划与就业指导

（第2版）

（供医药类各专业使用）

主　编　闫龙民　王　璐

副主编　李　谭　李永升

编　者　(以姓氏笔画为序)

王　璐（惠州卫生职业技术学院）

闫龙民（山东医药技师学院）

许良葵（广东食品药品职业学院）

李　谭（廊坊卫生职业学院）

李永升（山东医药技师学院）

何晓平（惠州卫生职业技术学院）

段冬林（广东食品药品职业学院）

袁万瑞（山东药品食品职业学院）

中国健康传媒集团

中国医药科技出版社

内容提要

本教材是"全国高职高专公共课程教材（第二轮）"之一，根据高等职业教育的人才培养目标、特点和要求编写，内容主要包括：第一章职业发展规划概述；第二章就业指导概述；第三章影响大学生就业的因素；第四章职业概述；第五章职业能力与职业素质；第六章职业适应；第七章就业准备；第八章应聘礼仪与技巧；第九章职业能力；第十章就业法律常识简介；第十一章创业与创客；第十二章树立终身学习的理念。本教材为书网融合教材，即纸质教材有机融合电子教材、教学配套资源（PPT、微课、视频、图片等）、题库系统、数字化教学服务（在线教学、在线作业、在线考试）。

本教材供医药类各专业使用。

图书在版编目（CIP）数据

职业生涯规划与就业指导/闫龙民，王璐主编. —2版. —北京：中国医药科技出版社，2019.7

全国高职高专公共课程规划教材（第二轮）

ISBN 978-7-5214-0916-1

Ⅰ.①职…　Ⅱ.①闫…②王…　Ⅲ.①大学生-就业-高等职业教育-教材　Ⅳ.①G647.38

中国版本图书馆 CIP 数据核字（2019）第 099471 号

美术编辑　陈君杞

版式设计　易维鑫

出版　**中国健康传媒集团** | 中国医药科技出版社

地址　北京市海淀区文慧园北路甲 22 号

邮编　100082

电话　发行：010-62227427　邮购：010-62236938

网址　www.cmstp.com

规格　889×1194mm ¹⁄₁₆

印张　12¼

字数　260 千字

初版　2015 年 8 月第 1 版

版次　2019 年 7 月第 2 版

印次　2021 年 8 月第 2 次印刷

印刷　三河市万龙印装有限公司

经销　全国各地新华书店

书号　ISBN 978-7-5214-0916-1

定价　35.00 元

获取新书信息、投稿、为图书纠错，请扫码联系我们。

数字化教材编委会

主　编　闫龙民　王　璐

副主编　李　谭　李永升

编　者（以姓氏笔画为序）

王　璐（惠州卫生职业技术学院）

闫龙民（山东医药技师学院）

许良葵（广东食品药品职业学院）

李　谭（廊坊卫生职业学院）

李永升（山东医药技师学院）

何晓平（惠州卫生职业技术学院）

段冬林（广东食品药品职业学院）

袁万瑞（山东药品食品职业学院）

出版说明

"全国高职高专公共课程规划教材"是与"全国高职高专护理类专业规划教材""全国高职高专药学类专业规划教材"同期建设的，自出版以来得到了各院校的广泛好评。为了进一步提升教材质量、优化教材品种，使教材更好地服务于院校教学，同时为了更好地贯彻落实《国务院关于加快发展现代职业教育的决定》及《现代职业教育体系建设规划（2014—2020年）》等文件精神，在教育部、国家药品监督管理局的领导下，在上一版教材的基础上，中国医药科技出版社组织修订编写"全国高职高专公共课程规划教材（第二轮）"。

本套规划教材（6种），其中5种为新修订教材（第2版），适合医药类所有专业教学使用。本轮教材建设对课程体系进行科学设计，整体优化，对上版教材中不合理的内容框架进行适当调整，内容上吐故纳新。在编写过程中，坚持以高职高专人才培养目标和公共课程教学标准为依据，充分体现高职高专教育特色，力求满足教学需要和社会需要，着力提高学生人文素养和身心健康；坚持"三基""五性""三特定"的原则，并强调教材内容的针对性、实用性、先进性和条理性；坚持理论知识"必需、够用"为度，强调基本技能的培养；突出医药类专业公共课程的特色，适当吸收行业发展的新知识、新技术、新方法，适当拓展知识面，为学生后续发展奠定必要的基础。

在教材中使用形式活泼的编写模块和小栏目，如"学习目标""知识链接""案例""任务情境""目标检测"等，以及尽量增加图表如操作步骤的流程图、示例图，从而更好地适应高职高专学生的认知特点，增强教材的可读性。

为适应当前教育信息化发展的需要，加快推进"互联网+医药教育"，本轮教材建设为书网融合教材，即纸质教材与数字教材、配套教学资源、题库系统、数字化教学服务有机融合。通过"一书一码"的强关联，为读者提供全免费增值服务。按教材封底的提示激活教材后，读者可通过PC、手机阅读电子教材和配套课程资源（PPT、微课、视频、动画、图片、文本等），并可在线进行同步练习，实时反馈答案和解析。同时，读者也可以直接扫描书中二维码，阅读与教材内容关联的课程资源（"扫码学一学"，轻松学习PPT课件；"扫码看一看"，即刻浏览微课、视频等教学资源；"扫码练一练"，随时做题检测学习效果），从而丰富学习体验，使学习更便捷。教师可通过PC在线创建课程，与学生互动，开展在线课程内容定制、布置和批改作业、在线组织考试、讨论与答疑等教学活动，学生通过 PC、手机均可实现在线作业、在线考试，提升学习效率，使教与学更轻松。此外，平台尚有数据分析、教学诊断等功能，可为教学研究与管理提供技术和数据支撑。

　　在编写教材过程中，得到了有关专家的悉心指导，以及全国各有关院校领导和编者的大力支持，在此一并表示衷心感谢。希望本套教材的出版，对促进我国高职高专教育教学改革和人才培养做出积极贡献。希望广大师生在教学中积极使用本套教材，并提出宝贵意见，以便修订完善，共同打造精品教材。

中国医药科技出版社

2019 年 6 月

前 言 / PREFACE

　　职业生涯规划与就业指导是一门理论与实践相结合的课程，它为毕业生提供就业政策、求职技巧、创业准备等方面的指导，帮助毕业生根据自身条件和特点选择职业岗位、激发创业潜能、实现自己的人生价值，是大学生就业前应学习的一门重要课程。它的任务是培育和践行社会主义核心价值观，依据市场经济的发展，对就业形势和创业方法进行分析，帮助学生树立正确的就业观和择业观，规范学生参与求职择业与创业活动的行为，增强其适应社会的能力。同时帮助毕业生树立正确的择业与创业目标，掌握技巧，解决求职与创业过程中出现的问题，了解就业政策，正确选择职业，既强调职业在人生发展中的重要地位，又关注学生的全面发展和终身发展，促使学生理性地规划未来，努力在学习过程中自觉地提高就业能力和创新意识。与此同时，为增加教材的针对性，我们把此教材定位于医药类高职高专学生所用教材。在编写过程中，教材贯穿就业-立业-成才的明线，同时时刻紧扣职业责任-职业情感-职业精神的暗线，把个人发展和国家需要、社会发展相结合，满足社会发展的需求，个人的职业人生才会体现出最大的价值。

　　本教材的编写坚持"三基"（基本理论、基本知识、基本技能）、"五性"（思想性、科学性、先进性、启发性、适用性）、"三特定"（特定学制、特定专业方向、特定对象）原则。内容要求概念准确、观点明确、文字精炼。为增强教材的可读性和实用性，在教材中设置了"学习目标""知识拓展""案例分析"和"目标检测"。"学习目标"起指导教与学的作用；"知识拓展"旨在丰富学生知识和满足终身学习的需要，且根据教材使用对象的特点，此内容要力求体现医疗卫生专业特色；"案例分析"以实际案例激发学生的学习兴趣，培养学生分析和思考问题的意识，增强学生解决学习和今后工作中遇到的实际问题的能力；"目标检测"目的在于帮助学生对本章所学内容进行梳理，从而达到学习掌握知识的目的。

　　本教材的创新点：一是首次把大学生在求职或就业过程中遇到的法律法规问题作为重点内容写入教材，在课堂上开始培养大学生离开校园后独自正确处理实际问题的意识和能力，尽力避免盲目和冲动给学生带来的伤害，使就业的指导性进一步增强；二是对学生学习期望值由校园扩展到校外，教材中不但指出了终身学习的重要性，而且还具体地讲述了继续学习的途径和方法，这将对学生的职业发展起到积极的促进作用；三是把创业的内容引入教材。本教材为书网融合教材，即纸质教材有机融合电子教材、教学配套资源（PPT、微课、视频、图片等）、题库系统、数字化教学服务（在线教学、在线作业、在线考试）。

　　本教材编写分工如下：闫龙民、王璐担任主编，李谭、李永升担任副主编。何晓平编写第一章，许良葵编写第二章，李谭编写第三章、第九章、第十章，王璐编写第四章、第十二章，李永升编写第五章、第六章，袁万瑞编写第七章，段冬林编写第八章，闫龙民编写第十一章。

　　编者在编写本教材过程中参考了有关教材、著作和文献资料，并引用了不少实际案例，由于字数有限，未能一一列出，在此谨向原作者表示深深的歉意和诚挚的谢意。

本教材的编者在出版社的支持和鼓励下，尽自己最大的努力试图编写出既贴近学生实际又体现社会需求的精品教材，但由于能力、水平和时间有限，教材中难免有不足之处，敬请批评指正。

编　者
2019 年 4 月

目 录/CONTENTS

第一章　职业发展规划概述 ……………………………………………………… 1

第一节　职业发展规划的重要性 …………………………………………… 1

一、职业发展规划 ………………………………………………………… 1

二、职业发展规划的意义 ……………………………………………… 6

三、大学生职业发展规划的特点 ……………………………………… 7

第二节　职业理想对社会和人生的作用 ………………………………… 7

一、职业理想的含义 …………………………………………………… 8

二、职业理想的特点 …………………………………………………… 8

三、职业理想的作用 …………………………………………………… 8

四、职业理想与"中国梦" …………………………………………… 9

第三节　职业发展规划与职业理想的实现 ……………………………… 9

一、职业发展规划与职业理想的关系 ………………………………… 10

二、规划职业生涯就是设计幸福人生 ………………………………… 10

三、当代大学生职业理想的实现 ……………………………………… 11

第二章　就业指导概述 ………………………………………………………… 16

第一节　就业指导的作用与意义 ………………………………………… 16

一、就业指导的含义 …………………………………………………… 16

二、就业指导的作用 …………………………………………………… 17

三、就业指导的意义 …………………………………………………… 18

第二节　大学生就业市场的特点 ………………………………………… 19

一、群体性 ……………………………………………………………… 19

二、时效性 ……………………………………………………………… 20

三、多样性 ……………………………………………………………… 21

第三节　树立正确的就业观 ……………………………………………… 23

一、正确的就业观念 …………………………………………………… 23

二、良好的就业心态 …………………………………………………… 26

三、过硬的就业素质 …………………………………………………… 27

第三章　影响大学生就业的因素 ……………………………………………… 30

第一节　大学生就业制度 ………………………………………………… 30

一、我国现行的就业制度 ……………………………………………… 30

　　二、大学生就业的分级制度 ································· 34

　　三、我国现行的大学生就业制度 ···························· 35

　第二节　影响大学生就业的宏观因素 ························· 35

　　一、国家的就业政策 ································· 35

　　二、地方就业政策 ································· 41

　第三节　影响大学生就业的微观因素 ························· 45

　　一、教育程度 ································· 45

　　二、个人条件 ································· 46

　　三、家庭环境 ································· 48

　　四、机遇 ································· 48

第四章　职业概述 ································· 50

　第一节　职业的含义、特点与意义 ························· 50

　　一、职业的含义 ································· 50

　　二、职业的特点 ································· 51

　　三、职业的意义 ································· 52

　第二节　职业分类 ································· 53

　　一、职业分类的意义与方法 ······························· 53

　　二、国内外职业的分类 ································· 54

　　三、职业的更新和演变趋势 ······························· 60

　第三节　树立正确的职业观 ································· 61

　　一、职业观 ································· 61

　　二、正确职业观的形成 ································· 62

第五章　职业能力与职业素质 ································· 65

　第一节　确立目标职业的要素和原则 ························· 65

　　一、确立目标职业的要素 ································· 65

　　二、确立目标职业的原则 ································· 69

　第二节　职业发展目标的构成与发展条件 ··················· 69

　　一、职业发展目标的构成 ································· 70

　　二、职业发展目标的发展条件 ···························· 71

第六章　职业适应 ································· 79

　第一节　完成从学生到职业人的角色转换 ··················· 79

　　一、大学生与职业人的区别 ······························· 79

　　二、角色转换的重要性 ································· 80

　　三、角色转换的阶段 ································· 81

　　四、角色转换需注意的问题 ······························· 83

　第二节　影响职业适应的因素与对策 ························· 83

　　一、影响职业适应的因素 ································· 84

　　二、职业适应中的问题 ································· 84

　　三、职业适应对策 ································· 85

第三节　职业适应的必备素质 …………………………………………… 86
　　一、职业素质 …………………………………………………………… 86
　　二、职业意识 …………………………………………………………… 88
　　三、职业道德 …………………………………………………………… 89
　　四、职业形象 …………………………………………………………… 91
　　五、职业化人才素质 …………………………………………………… 94

第七章　就业准备 ………………………………………………………… 96
　第一节　就业信息准备 …………………………………………………… 96
　　一、就业信息的获取途径 ……………………………………………… 96
　　二、就业信息的收集原则 ……………………………………………… 97
　　三、就业信息的处理与应用 …………………………………………… 98
　第二节　应聘材料准备 …………………………………………………… 99
　　一、求职信 ……………………………………………………………… 99
　　二、自传 ………………………………………………………………… 102
　　三、个人简历 …………………………………………………………… 104
　　四、求职人员登记表 …………………………………………………… 105
　第三节　求职心理准备 …………………………………………………… 107
　　一、求职中的心理问题 ………………………………………………… 107
　　二、求职中心理问题的对策 …………………………………………… 109

第八章　应聘礼仪与技巧 ………………………………………………… 110
　第一节　笔试 ……………………………………………………………… 110
　　一、笔试的常见种类 …………………………………………………… 110
　　二、笔试前的准备事项 ………………………………………………… 111
　　三、笔试的注意事项 …………………………………………………… 111
　第二节　面试 ……………………………………………………………… 112
　　一、面试的含义 ………………………………………………………… 112
　　二、面试的构成要素 …………………………………………………… 113
　　三、面试测评的主要内容 ……………………………………………… 114
　　四、面试的准备 ………………………………………………………… 115
　　五、面试的基本形式 …………………………………………………… 116
　第三节　礼仪与技巧 ……………………………………………………… 118
　　一、应聘礼仪 …………………………………………………………… 118
　　二、求职技巧 …………………………………………………………… 120

第九章　职业能力 ………………………………………………………… 122
　第一节　团队精神 ………………………………………………………… 122
　　一、团队精神的含义与意义 …………………………………………… 122
　　二、团队精神的培养 …………………………………………………… 124
　　三、职场新人在团队中应注意的事项 ………………………………… 124
　第二节　创新能力 ………………………………………………………… 125

一、创新能力的含义 ………………………………………… 125

二、阻碍创新能力发展的因素 …………………………… 127

三、大学生创新能力的培养 ……………………………… 128

第三节　沟通能力 ……………………………………………… 129

一、沟通能力的含义 ……………………………………… 129

二、沟通能力的培养 ……………………………………… 129

三、职场新人在沟通时应注意的问题 …………………… 131

第四节　学习能力 ……………………………………………… 132

一、学习能力的含义与意义 ……………………………… 132

二、学习能力的培养 ……………………………………… 132

第五节　时间管理 ……………………………………………… 134

一、时间管理的含义 ……………………………………… 134

二、时间管理的基本原则 ………………………………… 134

三、学会科学管理自己的时间 …………………………… 135

第十章　就业法律常识简介 ……………………………………… 137

第一节　《劳动合同法》基本知识 …………………………… 137

一、《劳动合同法》概述 ………………………………… 137

二、劳动合同的签订 ……………………………………… 138

三、就业协议书与劳动合同的区别 ……………………… 140

四、"五险一金" ………………………………………… 141

第二节　《民法》基本知识 …………………………………… 142

一、《民法》概述 ………………………………………… 143

二、民事权利 ……………………………………………… 144

三、民事责任和诉讼对象 ………………………………… 145

第三节　大学生就业法律问题答疑 …………………………… 146

一、相关就业政策 ………………………………………… 146

二、档案管理 ……………………………………………… 149

三、反对就业歧视 ………………………………………… 149

第十一章　创业与创客 …………………………………………… 151

第一节　创业精神 ……………………………………………… 151

一、创业精神的含义 ……………………………………… 151

二、创业精神的作用 ……………………………………… 151

三、创业精神的培养 ……………………………………… 152

第二节　创业能力 ……………………………………………… 153

一、创业能力的基本内容 ………………………………… 153

二、创业能力的基本表现 ………………………………… 154

三、大学生创业能力的培养 ……………………………… 155

第三节　创业道路 ……………………………………………… 156

一、创业模式 ……………………………………………… 156

二、创业切入点 …………………………………………… 157

三、大学生的创业道路 158
第四节 创客 160
一、创客的含义 160
二、创客的产生 161
三、创客的主要理念 162
四、创客的分类 162
五、创客出现的重要意义 163
六、如何加入创客组织 163

第十二章 树立终身学习的理念 167
第一节 终身学习与职业人生 167
一、终身学习的理念 168
二、终身学习与职业人生的关系 169
第二节 继续教育 169
一、继续学习与学历提高 169
二、继续深造的主要途径 170
第三节 我国继续教育制度的概况 172
一、加快继续教育发展的基本原则 173
二、加快继续教育发展的任务 173
三、加强继续教育质量建设 174
四、我国有关职业教育、继续教育的政策 175

参考文献 179

职业发展规划概述

第一节　职业发展规划的重要性

一个人的一生，按生命成长过程的特点，可以划分为不同的生命阶段，如婴儿、童年、少年、青年、中年、老年等，而在生命期内起决定作用的则是工作，这是人生存发展的前提条件。为了从事一定的工作，就需要接受一定的职业教育。人的一生中，大部分时间是与职业有关的，或处于职业选择阶段，或处于就业阶段，或者已经结束了就业阶段，但仍然在社会上继续从事一定的职业劳动阶段。这样，一个人从职业学习开始到职业劳动，最后从工作中退休的过程就是职业发展。人的职业发展有其自身的规律，研究者通过长期观察和总结，形成了关于职业发展的理论，了解和掌握一定的职业发展理论，对大学生做好职业发展规划，有着十分重要的意义。

一、职业发展规划

（一）职业发展规划的含义

职业发展规划是指个人根据对自身的主观因素和客观环境的分析，确立自己的职业发展目标，选择实现这一目标的职业，以及制订相应的工作、培训和教育计划，并按照一定的时间安排，采取必要的行动实现职业发展目标的过程。换句话说，职业发展规划的意思就是：你打算选择什么样的行业，什么样的职业，什么样的组织，想达到什么样的成就，想过一种什么样的生活，如何通过你的学习与工作达到你的目标。

（二）职业发展的理论

职业发展理论是研究人的职业心理与职业行为成熟过程的一种理论。该理论认为：职业发展在个人生活中是一个连续的、长期发展的过程。职业选择不是个人生活中面临择业

时才思考的一件事情，而是一个过程。人们的职业态度和要求也并不是临近就业时才有的，而是在童年时期就开始孕育职业选择的萌芽，随着年龄、经历和教育等因素的变化，人们职业心理也会发生变化。职业发展如同人的身心发展一样，可以分成几个既相互区别又相互联系的阶段。每个阶段都有其不同的特点和特定的任务。如果前一阶段的职业发展任务没能很好完成，就会影响后一阶段的职业意识与行为的成熟，最后导致职业选择障碍。

1. 萨帕的职业发展理论　萨帕提出的关于人的职业心理与职业行为成熟过程理论，主要思想包括以下几个方面。

（1）人的才能兴趣和人格各不相同，因而适合从事不同的职业。

（2）人的职业偏好心理与从业资格、生活和工作的境况及其自我认识，都随着时间、经历和经验的变化而变化。从而使职业选择行为和心理调适成为一个不断变化的过程。

（3）人的职业行为可以分为不同的阶段，包括成长阶段、探索阶段、确立阶段、维持阶段和衰退阶段。

（4）人的职业生活受其父母的社会经济地位、个人智力、人格及其机遇的影响。

（5）通过指导有利于人生发展得更好。

（6）人的职业发展过程是"自我概念"（对自己的认识）的形成发展和完成的过程，也是主客观的一种折中调和过程。

（7）工作与生活的满意感，与个人的才能、兴趣、人格特质和职业价值观密切联系。

萨帕的职业发展理论认为，职业发展分为五个阶段，其特点如下。

1）成长阶段（1~14岁）　这一阶段的个体是通过在家与学校中的游戏、想象和模仿来发展自我概念，认识社会的。其中4~10岁为幻想期，常常扮演幻想中的角色。11~12岁为兴趣期，兴趣期成为影响儿童活动的主要因素。13~14岁为能力期，这时更多的考虑任职条件和自身的基本能力训练。

2）探索阶段（15~24岁）　这一阶段的个体开始尝试职业角色，认识不同的职业，并不断改变对职业的期望。其中15~17岁为试验期，个人对自身的需要、能力、价值、就业机会都有考虑，并据此进行试验性的尝试。18~21岁为过渡期，是个体进入劳动力市场或专门训练机构进一步完善自己的时期。22~24岁为尝试期，个体选择一种自己认为合适自己特点的职业，并试图把它作为终身职业。

3）确立阶段（25~44岁）　这一阶段的个体已找到一个适合的工作领域，并努力在其中确立永久的地位。这一阶段早期（25~30岁），有时会对自己从事的职业不满意，也可能变换一两次工作岗位。直到31~44岁才完成职业选择的探索进入稳定期。

4）维持阶段（45~60岁）　这一阶段的个体在工作中已取得一定地位，一般不再寻求新的工作领域，而是朝着既定的目标前进。

5）衰退阶段（60岁以上）　这一阶段的个体生理与心理能力逐渐衰退，职业活动范围开始缩小，活动兴趣开始发生变化，并由此引起职业转换，直至最后退出职业岗位。不同的人，由于个人条件和外界环境不同，其职业阶段可能呈现出不同的特点。从事不同职业的个体其职业阶段也往往不同。

2. 金兹伯格的职业发展理论　金兹伯格提出的关于人的职业选择心理与行为发展变化的理论，主要思想包括以下几个方面。

（1）职业选择不是某一时刻完成的一次性决定，而是从幼儿期就开始的包括一系列决定的长期过程。

（2）职业选择的初期和中期在青年期，青年的每一个决定都与本人的经验有关，并且这些决定是连续的、演进的。

（3）为了进行职业选择，应充分理解兴趣、能力、价值观等一系列个人因素，以及这些个人因素与社会需要、职业空缺之间的关系。

（4）人的职业选择可分为三个时期：第一为空想期，此期间发生在儿童期，职业愿望还停留在空想阶段，职业意向随生随灭，漂浮不定，极易受外界的影响；第二为暂定期，此时期发生在 11～18 岁，个人兴趣、能力、价值观都反映到职业意向上；第三为实现期，这是面对现实进行选择职业的时期，此时期一般从 18 岁以后就业，或进入具有职业限定性的教育机构中学习直到最后确定职业。

（三）其他职业发展的相关理论

1. 施恩的职业生涯发展理论　美国的施恩教授立足于人生不同年龄阶段面临的问题和职业工作主要任务，将职业生涯分为 9 个阶段。

（1）成长、幻想、探索阶段　此阶段的年龄为 0～21 岁。主要任务：①发展和发现自己的需要和兴趣，发展和发现自己的能力和才干，为进行实际的职业选择打好基础；②学习职业方面的知识，寻找实现的角色模式，获取丰富的信息，发展和发现自己的价值观、动机和抱负，做出合理的受教育决策，将幼年的职业幻想变为可操作的现实；③接受教育和培训，开发工作世界中所需要的基本习惯和技能。充当的角色是学生，职业工作的候选人、申请者。

（2）进入工作世界阶段　此阶段的年龄为 16～25 岁。主要任务：①进入劳动力市场，谋取可能成为一种职业基础的第一项工作；②个人和雇主之间达成正式可行的契约，个人成为一个组织或一种职业的成员。充当的角色是应聘者、新学员。

（3）基础培训阶段　处于该此阶段的年龄段为 16～25 岁。主要任务：①了解、熟悉组织，接受组织文化，融入工作群体，尽快取得组织成员资格，成为一名有效的成员；②适应日常的操作程序，应付工作。与正在进入职业工作或组织阶段不同，充当的角色是担当实习生、新手。也就是说，已经迈进职业或组织的大门。

（4）职业早期的正式成员资格阶段　此阶段的年龄为 17～30 岁，取得组织新的正式成员资格。主要任务：①承担责任，成功地履行第一次工作分配的有关任务；②发展和展示自己的技能和专长，为提升或进入其他领域的横向职业成长打基础；③根据自身才干和价值观，根据组织中的机会和约束，重估当初追求的职业，决定是否留在这个组织或职业中，或者在自己的需要、组织约束和机会之间寻找一种更好的配合。

（5）职业中期的正式成员阶段　此阶段的年龄为 25 岁以上。主要任务：①选定一项专业或进入管理部门；②保持技术竞争力，在自己选择的专业或管理领域内继续学习，力争成为一名专家或职业能手；③承担较大责任，确立自己的地位；④开发个人的长期职业计划。

（6）职业中期危险阶段　此阶段的年龄为 35～45 岁。主要任务：①现实地评估自己的进步、职业抱负及个人前途；②就接受现状或争取看得见的前途做出具体选择；③建立与他人的良师关系。

（7）职业后期阶段　此阶段的年龄为 40 岁以后直到退休。主要任务：①成为一名良师，学会发挥影响，指导、指挥别人，对他人承担责任；②扩大、发展、深化技能，或提高才干，以担负更大范围、更重大的责任；③如果求安稳，就此停滞，则要接受和正视自己影响力和挑战能力的下降。

（8）衰退和离职阶段　此阶段的年龄为40岁以后直到退休，不同的人在不同的年龄会衰退或离职。主要任务：①学会接受权力、责任、地位的下降；②基于竞争力和进取心下降，要学会接受和发展新的角色；③评估自己的职业生涯，着手退休。

（9）离开组织或职业——退休阶段　在失去工作或组织角色之后，面临两大问题或任务：①保持一种认同感，适应角色、生活方式和生活标准的急剧变化；②保持一种自我价值观，运用自己积累的经验和智慧，以各种资源角色，对他人进行传、帮、带。

需要指出的是，施恩虽然基本依照年龄增大顺序划分职业发展阶段，但并未囿于此，其阶段划分更多地根据职业状态、任务、职业行为的重要性。正如施恩划分职业周期阶段是依据职业状态和职业行为及发展过程的重要性，又因为每人经历某一职业阶段的年龄有别，所以，他只给出了大致的年龄跨度，并与表现在职业阶段上所示的年龄有所交叉。

2. 霍兰德的人业互择理论　约翰·霍兰德是美国约翰·霍普金斯大学心理学教授，美国著名的职业指导专家。他于1959年提出了具有广泛影响的人业互择理论。这一理论首先根据劳动者的心理素质和择业倾向，将劳动者划分为6种基本类型，相应的职业也划分为6种类型。

霍兰德的职业选择理论，实质在于劳动者与职业的相互适应。他认为，同一类型的劳动者与职业相互结合，便是达到适应状态。劳动者找到适宜的职业岗位，才能与积极性方能更好地发挥。

3. 帕金森的职业-人匹配理论　这是用于职业选择、职业指导的经典理论。最早由美国波士顿大学教授帕金森提出。1909年，帕金森在其著作《选择一个职业》中，明确阐明职业选择的三大要素或条件。

知识拓展

波士顿大学（Boston University）创校于1839年，是一所历史悠久的顶级私立院校，同时也是全美第三大私立大学。波士顿大学位于波士顿市中心，与哈佛（HARVARD），麻省理工（MIT）等著名院校隔河相对，在世界一直保持前50名左右的排名，学校共计有15个学院，采取国际化、多元化的管理经营方式，吸引了来自世界各地的学生，因此成为著名的世界文化交流的学府，素有"学生天堂"之美名。

（1）应清楚地了解自己的态度、能力、兴趣、智谋、局限和其他特征。

（2）应清楚地了解职业选择成功的条件、所需知识，在不同职业工作岗位上所占有的优势、不利和补偿、机会和前途。

（3）上述两个条件的平衡。

帕金森的理论内涵是在清楚认识、了解个人的主观条件和社会职业岗位需求条件的基础上，将主客观条件与社会职业岗位（对自己有一定可能性）相对照、相匹配，最后选择一个与个人相当的职业。

职业-人匹配，分为两种类型：①因素匹配，例如所需专门技术和专业知识的职业与掌握该种特殊技能和专业知识的择业者相匹配；或者脏、累、苦劳动条件很差的职业，需要吃苦耐劳、体格健壮的劳动者与之匹配。②特性匹配，例如具有敏感、易动感情、不守常规、个性强、理想主义等人格的人，宜于从事审美性、自我情感表达的艺术创作类型的职业。

帕金森的职业-人匹配论，这一经典性原则，至今仍然正确、有效，并影响职业管理学、职业心理学的发展。

4. 格林豪斯的职业生涯发展理论　格林豪斯研究人生不同年龄段职业发展的主要任务，并以此将职业生涯划分为 5 个阶段。

（1）职业准备阶段　典型年龄段为 1～18 岁。主要任务：发展职业想象力，对职业进行评估和选择，接受必须的职业教育。

（2）进入组织阶段　典型年龄段为 18～25 岁。主要任务：在一个理想的组织中获得一份工作，在获得足量信息的基础上，尽量选择一种合适的、较为满意的职业。

（3）职业生涯初期阶段　典型年龄段为 25～40 岁。主要任务：学习职业技术、提高工作能力；了解和学习组织纪律和规范，逐步适应职业工作，适应和融入组织；为未来的职业成功做好准备。

（4）职业生涯中期阶段　典型年龄段为 40～55 岁。主要任务：对早期职业生涯重新评估，强化或改变自己的职业理想；选定职业，努力工作，有所成就。

（5）职业生涯后期阶段　典型年龄阶段为从 55 岁直至退休。主要任务：继续保持自己已有的成就，维护尊严，准备隐退。

各种职业发展的阶段理论对职业发展阶段的划分并不完全一致，但是，它们的出发点和基本思路是相同的，都假设生命的发展阶段和职业的发展阶段是高度相关的，都以年龄作为划分职业发展阶段的一个重要的依据。

个人的职业心理在童年时代就开始逐步产生，随着年龄的增长，受教育程度的提高、经验的积累和社会环境的变化，人们的职业心理也会发生变化。职业发展常常伴随着年龄的增长而变化，尽管每个人从事的具体职业各不相同，但在相同的年龄阶段往往表现出大致相同的职业特征、职业需求和职业发展任务，据此，可以将一个人的职业发展分为不同的阶段。

认识职业发展的不同阶段有哪些任务和发展趋势，可以帮助个人更有效地管理自己的职业生涯，也可以帮助组织管理和开发人力资源工作。

职业发展理论弥补了职业-人匹配理论的许多不足，特别是这种理论提出了职业的阶段性，把人的职业意识、职业选择、职业适应看成一个连续不断的长期过程，职业咨询也应是一个长期的、系统的工作，并贯穿人生的各个阶段。这些观点对职业咨询产生了重要的影响，特别是对学校职业咨询具有特殊的意义。职业发展理论强调职业咨询工作的重点是培养人，许多研究者都根据大量的实验材料勾画了职业意识、自我认识以及职业决策能力在人的一生中的发展历程，阐述了各个阶段的相互联系以及各阶段之间质的差别性，要求将职业渗透于学校教育的各个阶段，促进了学校教育改革，为学校职业指导提供了理论依据。当然，职业发展的阶段划分，只是一个大概的区间，而不是一个绝对的标准。我们的目标不仅仅是把某一个人划分到某一个阶段中去，更重要的是要了解他们的职业生涯是如何发展的。

人生的丰富和变化无常使每个人的职业发展都会遇到许多十分独特的问题，特别是现代职场环境，变化大，流动频繁，职业发展模式更加复杂多样，因此，就不能简单地去套用理论。

了解职业发展的各个阶段，有助于我们清楚地认识自身在不同阶段存在的普遍性问题、产生的原因以及应对的方法。通过了解职业发展的不同阶段，我们可以在不同的阶段开展以前，做好功课，充分地做好心理上和技能上的准备，把握好角色转换的关键，在职业发展的不同阶段，做出前瞻性的规划。

二、职业发展规划的意义

职业发展规划是在对个人职业兴趣、职业价值观、个性、语言能力、动手能力、社交能力、组织管理能力等综合因素详细了解的基础上，以具体的文案对个人所适合的职业类别、工作环境和单位类别进行确定的一种职业指导方式。职业发展规划能够更好地了解自身的优势及缺陷，使自己有针对性地学习、提高，是大学生就业、再就业和个人发展不可或缺的重要手段。职业规划的意义，体现在以下几个方面。

1. 有助于认识自己确定职业发展目标　通过分析认识自己，了解自己，评估自己的能力、智慧以及性格；找出自己的特点，明确自己的优势，正确设定自己的职业发展目标，并制订行动计划，使自己的才能得到充分发挥，以实现职业发展目标。有职业发展规划的人会有清晰的发展目标，有目标的人才能抗拒短期的诱惑，才会坚定地朝着预设的方向前进。

2. 有助于鞭策自己坚持不懈努力工作　对许多人来说，制订和实现规划就像一场比赛，随着时间推移，人一步一步地实现规划，其思维方式和工作方式也会渐渐改变。需要强调的是，规划必须是具体的，可以实现的，每个人只有找准自己的角色定位才能取得最大的成功，做自己喜欢的事情，做到极致，更容易成功。很多人在奋斗的路上半途而废，正是没有很好地对自己进行评估，开展职业生涯规划。

3. 有助于帮助自己分清主次抓住重点　制订职业发展规划的一个最大好处是有助于我们安排日常工作的轻重缓急。通过职业发展规划，紧紧抓住工作的重点，增加成功的可能性。人当有了明确的职业发展规划以及清晰的职业目标时，就会知道自己为什么在这里工作，是为了积累经验还是为了提升技能，还是为了历练些什么。对于一个希望职业有所发展的人来说，明确知道自己所要的，为工作赋予意义，这时候哪怕再忙再累，也会觉得非常有价值。反之，则会觉得在瞎忙，甚至是在受罪。

4. 有助于引导个人发挥潜能提高效率　职业发展规划能助你集中精力，全神贯注于自己有优势并且会有高回报的方面，这样有助于你发挥尽可能大的潜力，最终实现成功的目标。做好职业规划后，定位就会清晰，目标就会明确，随后的任务就是如何有效地一步步靠近目标，直至实现。同时，努力寻找如何才能提高工作效率的方法，对于自己来讲，哪些是需要提升的，哪些是需要锻炼的，哪些是自己比较有竞争力的东西，都会一目了然。每一天的忙碌都是直奔目标主题、正确并高效的，减少了因盲目而多走的弯路。有目标的忙碌不是负担，而是一种动力。

5. 有助于反省自己对照目标评估成绩 职业发展规划的一个重要功能是提供了自我评估的重要手段。你可以根据规划的进展情况评价你目前取得的成绩。职业发展规划的好坏必将影响整个生命历程。我们常常提到的成功与失败，不过是所设定目标的实现与否，目标是决定成败的关键。个体的人生目标是多样的：生活质量目标、职业发展目标、对外界影响力目标、人际环境等社会目标，整个目标体系中的各因子之间相互交织影响，而职业发展目标在整个目标体系中居于中心位置，这个目标的实现与否，直接引起成就与挫折、愉快与不愉快的不同感受，影响着生命的质量。

职业发展规划不仅仅是对职业的规划，更是对人生、对自我发展的规划，它有利于自身的发展和创造。在自我职业发展规划之前，也许你是一个即将走上社会的大学生，也许只是一个默默无闻、兢兢业业、脚踏实地的工作者，但在认真地规划之后，你就是一个主宰者，至少是自己的主宰者。人生的进步少不了动力和目标，而这个目标就从规划开始。

三、大学生职业发展规划的特点

本节内容主要针对高职高专学生的职业发展规划进行介绍。

1. 开放性 高等职业教育一方面向学生提供教育服务，一方面向市场提供人才培养服务，"服务"性质凸显。因此，高职高专学生能够确定自己的职业定位，及早开始职业发展规划。大学三年将不再是努力适应校园，而是转为努力适应社会，适应自己未来的职业。这种适应使得这些"规划"过的学生比别人更早地对劳动力市场"开放"，及时调整自我，以适应社会工作的要求。另外一方面，国家"鼓励大学生自主创业""高等人才支援西部计划"等相关政策的实施，也使得大学生在职业定位和就业形式上，呈现出开放性的特点。

2. 多面性 当前高等职业院校专业设置呈现多学科综合体的特点。如将外贸专业和英语专业结合，开设外贸英语；将工程技术专业与经济管理专业结合，开设工程管理专业。高职教育不是学科教育，而是从专业学科本位转向职业岗位和就业岗位的职业教育。随着经济和社会的快速发展，每天都可能出现新的职业类型、职业岗位，综合式专业的设置，这体现了高职生职业发展的多面性，既给大学生在职业发展方向上开辟了道路，也提醒大学生要有针对性地及早展开职业发展规划。

3. 不确定性 人生职业分为三个层次：就业、职业、事业，职业发展规划是通过一个个目标链接绘制的个体人生发展蓝图。现代职业具有自身的区域性、行业性、岗位性等特征，如特殊政策、行业状况、人才需求、平均工资状况等。毕业时的就业环境、自身素质很可能使职业发展与专业间的关系毫无牵连，这就要求高职院校学生在进行职业发展规划时，具有前瞻的眼光，敏锐的洞察力，及早明确职业方向，制定择业策略。

第二节　职业理想对社会和人生的作用

当你完成高中学业参加高考填报志愿时，填报哪一类高校和什么专业，实际上就开始了自己职业方向的选择。职业方向与一个人的职业理想有着密切的联系，是一个人的价值观、职业期待、职业目标的初步反映。这一时期的职业理想还比较模糊，处于自发阶段。进入大学以后，开始了专业学习，通过对社会经济发展、行业发展趋势以及职业岗位对人才要求的逐步深入了解，大学生必须思考自己的未来。这样，对职业理想的认识就进入了自觉阶段。

一、职业理想的含义

职业理想是人们在职业上依据社会要求和个人条件，借想象而确立的奋斗目标，即个人渴望达到的职业境界。它是人们实现个人生活理想、道德理想和社会理想的手段，并受社会理想的制约。职业理想是人们对职业活动和职业成就的超前反映，与人的价值观、职业期待、职业目标密切相关，与世界观、人生观密切相关。

二、职业理想的特点

1. 差异性 职业是多样性的。一个人选择什么样的职业，与其思想品德、知识结构、能力水平、兴趣爱好等都有很大的关系。政治思想觉悟、道德修养水准以及人生观决定着一个人的职业理想方向。知识结构、能力水平决定着一个人的职业理想追求的层次。个人的兴趣爱好、脾气性格等非智力因素，以及性别特征、身体状况等生理特征也影响着一个人的职业选择。因此，职业理想具有一定的个体差异性。

2. 发展性 一个人的职业理想的内容会因时因地因事的不同而变化。随着年龄的增长、社会阅历的增强、知识水平的提高，职业理想会由朦胧变得清晰，由幻想变得理智，由波动变得稳定。因此，职业理想具有一定的发展性。在年幼的时候，想当一名教师，长大后却成了一名医生的事实就说明了这一点。

3. 时代性 社会的分工、职业的变化，是影响一个人职业理想的决定因素。生产力发展的水平不同、社会实践的深度和广度的不同，人们的职业追求目标也会不同。因为职业理想总是一定的生产方式及其所形成的职业地位、职业声望在一个人头脑中的反映。由于计算机的诞生，从而演绎出与计算机相关的职业，如计算机工程师、软件工程师、计算机打字员等职业。近年来，随着新兴产业的发展，从而衍生出与其相关的职业，如人工智能工程技术人员、物联网工程技术人员、大数据工程技术人员、云计算工程技术人员、电子竞技运营师等新职业。这些新职业基本上都集中在现代新型产业，其特点是不仅要求从业人员有较高的理论知识素养，而且要求有较强的动手能力，属于高技能人才中知识技能型人才。

三、职业理想的作用

1. 导向作用 理想是前进的方向，是心中的目标。人生发展的目标通过职业理想来确立，并最终通过职业理想来实现。托尔斯泰曾说过："理想是指路的明灯，没有理想就没有坚定的方向，就没有生活。"同学们在现阶段的学习生活中也已经深切地感受到，一旦学习目的不明确，学习的热情就会低落，学习的效果就不明显。因此，有了明确的、切合实际的职业目标，再经过努力奋斗，人生理想必然会实现。

2. 调节作用 职业理想在现实生活中具有参照系的作用，它指导并调整着人们的职业活动。当一个人在工作中偏离了理想目标时，职业理想就会发挥纠偏作用，尤其是在实践中遇到困难和阻力时，如果没有职业理想的支撑，人就会心灰意冷、丧失斗志。此外，如果一个人只把自己的追求定位在找到"好工作"上，即便是将来有实现的可能，也不能算是崇高的职业理想，因为，这样的理想一旦实现，他就会不思进取，甚至虚度年华。总之，一个人只有树立正确的职业理想，无论是在顺境或者是在逆境，都会奋发进取，勇往直前。

3. 激励作用 职业理想源于现实又高于现实，它比现实更美好。为使美好的未来和宏伟的憧憬变成现实，人们会以坚忍不拔的毅力、顽强的拼搏精神和开拓创新的行动去为之努力奋斗。钟南山，中国工程院院士，我国公共卫生事件应急体系建设的重要推动者，也是我国呼吸病学领域唯一的院士，在2003年"非典"袭来时，他和他的同事们把广州呼吸疾病研究院搭建成危重病人的诺亚方舟。他出生在一个医生家庭，父亲的一句话一直让他牢记在心里：一个人如果能为别人创造点东西，他就没有白活。老师也给他幼小的心灵播下了真理的种子：人不应该仅仅活在现实中，还要活在理想里。这些一直像夜晚的航灯，指引着他不断地努力。树立一个崇高的人生目标，然后为实现这个目标坚持不懈，奋斗不止，为人民、为国家做出贡献，这样的人生才有意义。

四、职业理想与"中国梦"

中国梦是追求幸福的梦。中国梦是中华民族的梦，也是每个中国人的梦。中国梦是我们这一代的，更是青年一代的。中华民族伟大复兴的中国梦终将在一代代青年的接力奋斗中变为现实。大学生在进行职业选择时，要将个人命运与国家利益结合起来，要有为国家富强、人民富裕而努力奋斗的自觉担当意识，选择一个能够服务国家和人民的合适的职业，并全身心地投入工作；要正确对待职业问题，要有信心、有勇气、有底气面对职场上的问题和困难，实现可持续发展。"中国梦"是中华民族每一个成员为之奋斗的最终归宿，是科学性、时代性和民族性的有机统一。它不是一个空洞的理想，是直接影响大学生在内的整个中华民族的利益的理想。

"国家好，民族好，大家才会好。"习近平总书记简单的话语中包含着个人与祖国、个人与民族之间深刻的联系。祖国的强大、国家的繁荣，与大学生个人就业发展密切相关，社会的安定团结，才能够为大学生提供良好的学习环境和发展平台。中国梦与每个人的梦想，与大学生的职业理想，其终极目标是一致的。大学生的职业理想包含在中国梦中，并将在中国梦的实现过程中得到实现。中国梦的实现必然为大学生职业理想的实现提供导向、机遇和条件，对大学生职业生涯规划具有重要的意义与价值。

大学生是国家栋梁之材，其职业理想是实现"中国梦"的助推剂。大学生是祖国和民族的希望，是社会发展的关键力量。因此大学生的人生理想与社会主义建设的兴衰成败密切相关。而科学的、高尚的职业理想和价值追求不仅能够为个人的发展提供强大动力，同时也为社会的发展提供强大动力，促进个人目标和组织目标的顺利实现。

大学生要将中国梦蕴含的理想信念、价值观念融入职业理想中，以"中国梦"引领自己职业生涯发展。这样，我们才不会辜负这个时代，人生才会出彩，才会更有价值和意义。

第三节 职业发展规划与职业理想的实现

人不能没有理想，理想是一个人生活的希望。大学生不乏自己的职业理想，但是每个人职业理想的追求层次和目标大小却因人而异。当代社会环境为大学生实现职业理想提供了有利的条件，为大学生的职业理想选择提供了更加自由的空间。职业理想的实现必须建立在对世情国情充分认识的基础上，科学规划，不懈努力，追求人生的幸福。

一、职业发展规划与职业理想的关系

1. 当今社会环境为当代大学生实现职业理想提供了有利的条件

（1）社会经济的发展和多元化为当代大学生的职业理想追求提供了更加广阔的思路。当今时代，世界多极化、经济一体化、文化多元化、价值多样化，这种趋势日渐增强，成为时代潮流，中国与世界不再隔绝。这些都给大学生的理想追求提供了前所未有的广阔思路和选择空间。随着物质生活的大幅度提升和父母长辈的宠爱，当代大学生相比其长辈，享受了更多来自社会和家庭的关爱。在他们身上的劳动意识、吃苦勤奋、朴实节俭、团结合作等品性，存在着不同程度的欠缺。他们比较普遍地是从"张扬个性""实现自我"的角度切入，他们人生目标的选择呈现多方位的特点。并且，由于社会职业供求的不平衡，竞争也日益激烈，在理想追求的进程中，常常伴随着浮躁、焦虑和急功近利的心理特性。

（2）党和国家为大学生的职业理想的实现提供更多有利的条件。主要包括：①拓宽就业渠道。国家大力发展新兴行业，开发更多适合青年人特点的工种和岗位；鼓励有勇气、有闯劲的青年学生自主创业，努力铲除就业中的不合理限制，促进毕业生公平竞争、公平择业。②加强就业引导。加强就业指导，帮助毕业生理性判断就业环境，将个人理想与现实环境成功对接。③完善就业服务。破解就业难，想方设法创造就业机会。通过举办校园招聘会、具体行业和不同类别等更加多样的招聘活动，帮助毕业生搭建更多就业平台。对于那些到异地求职、到基层就业的毕业生，严格落实好国家有关补贴政策，帮助他们顺利就业。④开展就业帮扶。把帮助解决毕业生就业与解决家庭困难结合起来，多做针对毕业生实际的对口服务。

2. 大学生职业发展规划与职业理想 理想尽管是多种多样的，但人总是要从中选择一种最具有价值意义的取向作为其理想，以及实践活动和追求目标，通过现实的活动而将它转化为现实的存在。只有人才具有理想，人不可以无理想。理想是人生活力与动力的源泉。

大学生在确定职业发展规划时，一定要树立正确的职业理想，这将对正确选择职业、实现人生目标起到重要的作用。

（1）大学生在确定职业发展规划前，一方面受到所学专业的限制，有时自己的职业理想与所学专业矛盾而放弃对理想的追求；一方面没有亲身实践，对职业理想依然停留在纯"理想"的限度内。因此，要突破职业理想的狭隘含义，把从事任何一种工作的意义与国家的未来、人们的希望联系起来，从一个崇高的境界去确立自己的职业理想。

（2）大学生应该把专业理想与职业理想合理地统一起来，使专业知识的增长与职业理想的提高，相得益彰，共同进步。这样一方面能使专业知识在适合的工作岗位上发挥作用，一方面又把自己的职业理想建立在专业工作上。

（3）要树立吃苦耐劳、工作在前、享受在后的品格，到一线工作基层岗位，到祖国最需要的地方去。事实上，只有在火热的生活中，你的职业理想才能得到最完美的实现，只有在祖国最需要的地方，你的专业才能发挥出最大的作用。

二、规划职业生涯就是设计幸福人生

1. 规划职业生涯是明确人生追求目标的需要 美国的戴维·坎贝尔说："目标之所以有用，仅仅是因为它能帮助我们从现在走向未来。"有分析认为，世界上一般只有3%的人有自己的目标和计划，并且将它明确写出来；还有10%的人有目标和计划，但却将它留在自己的脑子里；剩余的87%的人都在随波逐流。及早做好职业生涯规划能让你更具有独特眼光、远见和洞察力，能够发现问题、正视问题，并采取积极和有效的方法解决问题，从而不断改进和改善自己的处境。有效的职业规划有利于明确人生未来的奋斗目标。

2. 规划职业生涯是实现个性化发展的需要　大学生职业生涯规划的主体是学生个人，而不是学校和其他社会组织。每个学生的成长环境、教育背景、个性类型、世界观、价值观、能力、职业目标等各个方面都不尽相同，每个人的职业生涯规划也不尽相同，但其职业生涯规划都必须建立在对自身个性、潜能的认识和发掘的基础上。对自身的个性特征、能力倾向了解得越全面、越深刻，职业生涯规划就越切合自己的实际，远大的职业理想也才越具有现实意义和可行性。

3. 规划职业生涯是实现远期职业理想的需要　要实现职业理想，必须要确定一条职业发展路线，例如是向专业技术方向还是行政管理方向发展。发展方向不同，要求就不同对人生的职业发展路线做出选择，统筹安排今后的学习和工作，也是为实现自己远大的职业理想铺设了前进的道路。

确定职业理想或职业目标后，在职业生涯规划中要制定相应的行动方案来完成目标、实现理想。一套完整的行动方案一般包括职业发展路线、教育培训安排、实践措施等。大学处于职业生涯的早期阶段，这一阶段的主要任务是知识能力储备和职业选择规划。因此，这一阶段的行动方包括以何种形式来学习，参加什么培训项目，学习哪方面的知识，达到什么样的标准，能力积累提高的具体途径等。行动方案制定有利于大学生稳步前行，并适时进行反馈、修正、调整，这样，远大的职业理想才能逐步实现。

4. 规划职业生涯是实现顺利就业的需要　随着高等教育的迅速发展，学生数量急剧增加，学生供给与社会需求之间的关系由"供不应求"转为"供需平衡"，甚至"供大于求"。在今后相当长的一段时间内，我国高校毕业生都将处于"买方市场"，大学生群体中就业竞争将十分激烈。因此，大学生就业工作必须要打提前仗。只有及早做好职业生涯规划，才能把握时代发展趋势，积极应对就业形势变化，争取职业成功。职业生涯规划就是人生的风向标，它指引并引导着你走向正确的方向，让你少走弯路，在最短的时间内顺利达到终点。

三、当代大学生职业理想的实现

1. 准确把握世情国情，主动勇担时代重任　随着经济全球化的发展，国家之间的合作日益频繁，任何一个国家已经不能脱离世界独自生存和发展。知己知彼，才能在激烈的竞争中谋取一席之位。因此，一个国家若想步入并保持在世界发达国家的行列，必须时刻保持警醒，把握全球经济发展的时代脉搏，最大限度地发挥自身的优势，积极参与国家和地区之间的竞争与合作；闭门造车、漠视无闻或是骄傲自满都将让这个国家和民族的发展陷入困境。同样，大学生在选择自己的职业时，最根本的就是要把握国家、社会的发展阶需要。我国社会主义现代化建设进入新的历史阶段，这一阶段我国要实现政治、经济、文化、社会、生态文明建设"五位一体"的全面、协调、可持续的发展，要在全面建成小康社会的基础上，到2050年全面建成社会主义现代化强国。因此，作为"中国梦"实现的重要依靠力量，大学生要勇敢肩负起时代赋予的重任，用开放的胸怀放眼全球发展，以主人翁的姿态把握基本国情，把理想信念建立在对基本国情的理性认识和对地方发展实际的正确、客观、全面把握的基础之上，是当代大学生树立正确职业理想的首要前提。

2. 依托社会共同理想，树立正确职业价值观 改革开放40年来，党带领人民群众开辟并始终坚持中国特色社会主义道路。实践证明，停顿和倒退没有出路，不动摇、不懈怠、不折腾，坚定不移走中国特色社会主义道路才是保证社会主义现代化事业顺利进行的法宝，也是我们实现"中国梦"的根本所在。党的十九大指出全国人民要不忘初心，牢记使命，高举中国特色社会主义伟大旗帜，决胜全面建成小康社会，夺取新时代中国特色社会主义伟大胜利，为实现中华民族伟大复兴的中国梦不懈奋斗。如果大学生个人理想和职业价值观脱离了社会共同理想，就会失去正确的方向，失去社会意义。个人理想只有同国家的前途、民族的命运相结合，个人的向往和追求只有同社会的需求和利益相一致，才可能变为现实;，社会理想要通过个人理想的实现而实现，个人理想只有升华为社会理想，才更深刻，更富有意义。大学生在把握时代发展脉搏的基础之上，要珍惜职业选择的自由，自觉服务于所处社会的共同理想，把个人的理想和社会共同理想有机结合在一起。既不言之无物，亦不盲从冲动，是当代大学生职业理想的正确定位。

3. 把社会主义核心价值观内化为自身的职业价值观 社会主义核心价值观是社会主义核心价值体系的内核，体现社会主义核心价值体系的根本性质和基本特征，反映社会主义核心价值体系的丰富内涵和实践要求，是社会主义核心价值体系的高度凝练和集中表达。社会主义核心价值观有12个词，包括：国家层面的富强、民主、文明、和谐；社会层面的自由、平等、公正、法治；个人层面的爱国、敬业、诚信、友善。社会主义核心价值观是构建社会和谐的核心基础所在。可以说，党和全国人民共同为之努力奋斗的价值取向和共同理想就是社会主义核心价值观。

职业价值观就是价值观在职业选择上的体现，它是人生态度和人生目标在个体职业生涯发展方面的具体体现。职业价值观是每个不同的人们面对各种职业生产活动所带来的利益时，所持有的社会综合评判认同。不同的职业都具备不同职业价值观，每个人对职业价值的看法会有完全不一样的评判标准和价值取向，职业价值观的意义在于探讨在职业发展中的众多价值取向里，优先考虑哪种价值。有的人看重职业活动的细节过程，有的人关注职业活动的胜负结果，有的人更关心职业活动的操作环境等。不同的职业价值观所选择的职业特点是有差异的。作为人们看待职业的理念与认识思想，决定人们的职业目标和期望的一定是职业价值观。可以说职业价值观决定了人们职业发展中的工作态度和劳动绩效高低，影响了人们对职业理想和目标的确定，决定了个体的职业生涯发展情况。

新时代的青年大学生承载着中华民族伟大复兴的伟大梦想，是国家走向光明的希望与未来。因此，大学生要更加注重社会主义核心价值观的培养，把它内化为自身积极向上的职业价值观，促进自身职业生涯的发展，进而为社会进步贡献自己的力量。

案例分析

今天你想拿起哪把剑?

他，31年前大学毕业，应聘过30份工作，全部被拒绝；他，想当警察，和同学一起去，只有他没有被录取；他，杭州第一个五星级宾馆开业的时候去应聘服务员，也没有被录取；他，和别人一起应聘杭州肯德基，没有被录取的那个还是他。他叫马云。

这是网上流传很广的一条微博，虽然其真实性有待考证，但凭着马云瘦小的身板去应聘警察，自嘲的长相去应聘五星级宾馆服务员，再加上在那个年代 ET 在中国还没有流行，肯德基还得照顾小朋友的情绪，被肯德基拒绝也情有可原。

但这一切都不影响他成为全球电子商务的教父级人物，成为中国大陆第一位登上《福布斯》封面的企业家，成为一名真正的未来全球领袖。

马云痴迷金庸的武侠小说，自称"风清扬"，办公室是在"光明顶"，洗手间叫"听雨轩"。马云的职业规划与金庸小说里密切相关。独孤求败剑冢里的四把剑描述了他的武功发展路径，这四把剑恰好也说明了马云的职业发展之路，我们称之为利剑期、软剑期、重剑期、木剑期。

利剑期：凌厉刚猛，无坚不摧，弱冠前以之与河朔群雄争锋。

想想 20 岁前的我们，正处于 16 年漫漫求学长跑的最后几年。在那个穿梭于各种社团活动，在学校里谈梦想的年代，驰骋在偌大的校园中。20 岁前的年轻人，年少、冲动，以为手中有了利器就可以纵横天下，却不知道此时的我们，仅仅只能与"河朔群雄"一争短长而已。

马云的 20 岁也不例外，不过意外地当了学生会主席，后来竟然更加意外地成了学联主席。风华正茂、指点江山、激昂文字，心中一片宏图伟业。当时的马云被分到杭州电子工学院当一名英语老师。按照现在的说法，马云也算抢到了铁饭碗，但 20 世纪 80 年代初，大学老师还没有今天这么好的待遇，更没有今天这么好的福利，成为一名公务员也还不需要像今天这样挤破脑袋。

马云在《赢在中国》的一次点评中讲述过他的这段往事，那时的他也和今天的我们一样迷茫着当老师还是创业？而马云是幸运的，正如他博客签名对自己的评价一样："满大街一抓一大把的普通人！不过运气不错，智商一般，但是个福将。"马云在迷茫的时候遇到的良师益友是校长。校长没有多说，只是要马云承诺：到那个学校去教书，五年之内不许出来创业。马云并不懂校长的真实意图，但还是照着做了。学校教书的生活很清贫，一个月的工资只有八九十块钱，但是这个世界变化太快，外面的诱惑从几百元到几千元不断刺激着马云，马云却坚守着自己的诺言老老实实待在学校里。

表面看来这几年教书生活让马云失去了很多眼前的利益，但事实是他收获了终生受用的东西：戒骄戒躁。在今天这样一个浮躁的社会，这样的品质更加显得难能可贵，看似简单的道理，却只有那些真正蛰伏、品味过其中甘甜的人才能参透其中。这种沉稳、踏实的心态，也是当今大学生最缺乏的。我们常常见到一些刚毕业的学生，工作一年就想当经理、三年就想奔总监。眼高手低，总是在抱怨找不到适合自己的工作，觉得身边的人都不如自己优秀。处于利剑期的大学生，锋芒毕露不是什么坏事，但是我们需要清醒地认识到自己的那把利剑到底是只能在校园争雄还是足够在社会厮杀。

利剑期马云给我们最大的启示：先做好自己能做的，再去做自己想做的。"不想当将军的士兵不是好士兵，但是我认为当不好士兵的人，永远也当不了一个伟大的将军。"马云的成功恰恰印证了他说的这个道理。

很多工作在刚入门阶段，并不需要那么多的天赋和兴趣，只需要你用踏实的心态做下来。这门功课你在这份工作上没学好，同样要在其他工作上补回来。很多学生刚毕业的时候频繁跳槽，总是觉得自己的才华无用武之地。其实只要你做得足够优秀，任何工作都是好工作，马云辞职创业的时候已经是杭州十大杰出青年教师，在教师这个位置上，马云一样是最优秀的。

所以利剑期的职场秘籍如下：①收起你的锋芒；②先求生存再谈发展；③认真做好每件事，同时关注自己的兴趣，努力尝试。

软剑期：紫薇软剑，30 岁前所用，误伤义士不祥，悔恨无已，乃弃之深谷。

古人云："三十而立。"如果一个人到 30 岁左右还找不到自己有特长的职业领域，那么我们多少要为这个人的职业发展而担忧——30 岁后，随着家庭、心态的变换，一个人将很难再去尝试新的行业。

所以在 30 岁前使用这柄紫薇软剑有两个寓意：第一，要快，软剑的优势在于快，高手过招，先手将占尽先机；第二，试错，在这个阶段我们允许试错，哪怕误伤一两个职业，我们也有犯错的资本，能够为犯错买单，大不了就是把这一两个职业弃于深谷，从此不相往来，足矣。但事实上，任何的尝试都会在未来的职业发展中不经意地收获一二。

我们来看看马云的这个阶段是如何度过的。1991 年，在学校不甘寂寞的马云出来和朋友一起创办翻译社，但创业艰难，于是马云一个人去卖小商品来维持翻译社生存。而也正是翻译社的威名让马云有机会出国见识一片新天地，继而让马云坚信自己找到了互联网这个愿意为之奋斗的职业领域。

这一切看似巧合的经历，当我们开始回顾的时候却发现了期间一环扣一环的联系。如果马云做翻译没有做到足够好，就不会有出国的机会。如果马云在遇见互联网之前没有做各种尝试，估计就不可能出国，也就不会这么早认识互联网，更不会有今天的阿里帝国了。

当一个人慢慢在职场稳定下来的时候，下一步应该做些什么？很多人找不到自己想过的生活，是因为他什么都没有试过！就这样马云毅然辞职，于 1995 年 4 月创办了"中国黄页"，1997 年年底在北京开发外经贸部官方站点。几次转战北京和杭州，在互联网领域不断犯错却快速成长。

所以软剑期的职场秘籍如下：①允许试错；②找寻自己感兴趣的事业；③快速发展。

重剑期：重剑无锋，大巧不工。40 岁前恃之横行天下。

很多人说：马云在互联网是"起了个大早，赶了个大晚"。1999 年初，已经在互联网行业摸爬滚打了四年的马云，终于开始向职业的顶峰进发。18 罗汉以 50 万元人民币创立了阿里巴巴被传为一段佳话，接下来是软银投资、淘宝网、支付宝、雅虎并购、香港上市。马云带领他的创业团队走出了互联网的寒冬，自己也走出了职业的寒冬，此时的马云仿佛站在中国 IT 行业的顶峰，傲视群雄。此时的马云仿佛手握重剑，心怀若谷。他毫不犹豫地选择了坚定自己的梦想——让"天下没有难做的生意"。

如果说之前的马云最早看到了互联网的商机，开创了全新的商业模式，算是"以快求新"取胜的话，这个阶段的马云更加注重资本的价值，不断的并购与融资大大加速了他自己和阿里巴巴的发展。至今 6 分钟拿到软银的投资依然是前无古人后无来者，当时孙正义本来要给马云 4000 万美元，却被马云当场拒绝："我用不了 4000 万美元。"当一个人手握重剑的时候，往往会受到各种各样的诱惑，因为所有人都看到了你的价值，但你要清晰如何才能发挥自己的价值，就像当年杨过手握玄天重剑却绝不做武林盟主一般，一个人能抵御多大的诱惑，才能成就多大的事业。

所以重剑期的职场秘籍如下：①深耕细作；②链接资源；③有舍有得。

木剑期：40 岁后，不滞于物，草木竹石均可为剑。

如果我们把职场比作一把剑，那么进入木剑期，人会开始感悟生命，去追寻生命的意义，而不再把一切归于职场。因为他们已经拥有了驾驭职场的能力，所以他们完全可以去追寻吾心，活出属于自己的精彩。马云则坦言自己退休后还是想去当老师，不过是当青年创业的导师！而这个时期面临的最大问题是你能不能真正退下来，放下手中的重剑。？拿久了重剑，突然放手总会感觉手中无物，重剑带来的名利、权力、影响力绝不是可以轻易放下的，当一些人被神化成无所不能的模样，只有他自己才能够让自己全身而退！

职业发展有四把剑：利剑，软剑，重剑，木剑。今天你想拿起哪把剑？

思　考　题

1. 简述职业发展规划的含义和意义。
2. 简述高职学生职业发展规划的特点。
3. 简述职业理想的作用。
4. 简述职业发展规划与职业理想的关系。

（何晓平）

扫码"练一练"

第二章

就业指导概述

学习目标

1. 掌握就业指导的含义、作用与意义。
2. 熟悉大学生就业市场的特点。
3. 帮助大学生树立正确的就业心态。

扫码"学一学"

第一节　就业指导的作用与意义

随着高校毕业生就业制度的改革及就业形势的变化，大学生就业难的问题越来越突出，如果不能有效地解决这个问题，势必对国家发展和社会稳定产生消极影响。因此，在当前形势下，积极做好大学生就业指导工作，引导和帮助大学生顺利就业，是解决大学生就业难题的重要途径。

一、就业指导的含义

就业指导，作为一种研究课题和社会服务工作，最早起源于美国，随后在德国和苏格兰等国家的工艺学校也开始相继推行专门的职业指导活动，而最早在大学生中开展就业指导课程的是哈佛大学（Harvard University）。我国在 1923 年成立就业指导委员会，从此拉开了高校就业指导工作的序幕。

知识拓展

　　哈佛大学（简称哈佛），是美国本土历史最悠久的高等学府，为纪念在成立初期给予学院慷慨支持的约翰·哈佛牧师，于 1639 年 3 月更名为哈佛学院；1780 年，哈佛学院正式改称哈佛大学。1782 年，哈佛大学开始招收医学生，美国大学赋予医学院相对独立的管理医学教育的权利的做法，一直延续到今天。哈佛认为医学生的学习应该由单纯的课堂讲授转移到病房的临床学习。如今，这种做法已经成为国际医学教育界的共识。

就业指导的含义可分为狭义和广义两大类。狭义的就业指导是指劳动就业部门作为劳

动者和用人单位沟通的桥梁，为要求就业的劳动者传递就业信息。而广义的就业指导不仅包括就业信息的传递和收集，还涵盖预测要求就业的劳动力资源和社会需求量，培养准劳动者的劳动技能，并且负责组织劳动力市场以及推荐、介绍和组织招聘等与就业有关的综合性社会咨询和服务活动。

大学生就业指导是指广义上的就业指导，是为了帮助大学生根据自身特点和社会职业需求，选择并确定有利于发挥个人才能和实现个人理想的职业。从根本上说，就业指导，就是要帮助大学生树立正确的世界观、人生观、价值观，增强大学生适应经济建设和社会发展的能力。就业指导一方面要为全面提高学生的综合素质和为其顺利就业提供多方面的服务；另一方面则是要帮助和引导大学生根据自身特点和社会职业的需求，选择最能发挥自己才能的职业，全面、迅速、有效地与工作岗位相结合，实现其人生价值和社会价值。

二、就业指导的作用

1. 帮助大学生充分了解职业 职业是人们从事相对稳定的、有收入的、专门类别的社会劳动，是人的一种社会活动和生活方式，又是一种经济行为，也是人们从社会中牟取多种利益的资源。对走向社会的大学生来说，职业不仅为其提供生存的基本条件，而且也为其提供施展才华的舞台。大学生要在职业体系中找到适合自己的位置，熟悉职业岗位，了解职业未来的发展趋势是非常必要的，就业指导的主要作用就是使大学生充分了解职业的分类、岗位的内容、岗位的知识和能力要求等。

2. 帮助大学生充分了解自己 自我评价是大学生在求职之前以自我为客观对象，对自我认识的过程。正确认识自己是求职择业的基本前提。就业指导的首要目标和作用就是要帮助大学生进行自我评价，只有通过自我剖析和评价才能深入地认识和了解自己。了解自己的爱好、性格、知识、能力等，从而找到自己的优势和劣势，设定正确的职业发展目标和方向，制订适合自己能力的发展计划，选择自己喜欢并适合的职业。

3. 帮助大学生充分了解就业形势和制度 近几年来，我国的劳动就业部门和高校在促进就业工作方面取得了很大成就，但是由于我国人口基数大，需要就业人员多，就业高峰持续时间长，并且随着高等教育的大众化脚步加快，大学生的就业高峰与全社会的就业高峰重叠，形势非常严峻。大学生就业指导工作的主要目的就是要向大学生介绍当前的就业形势，使学生了解形势的紧迫性，积极做好就业准备工作。

就业制度是指国家关于人们合法获取就业机会、维护社会就业行为的根本规定。在就业指导过程中为学生讲述我国的就业制度和就业程序是一项非常重要的任务。大学生的就业制度是大学生求职择业的重要依据，了解我国现行的大学生就业制度，有利于大学生正确掌握就业的方针、政策和原则，保证就业工作的顺利进行。

4. 帮助大学生实现人职相配 就业指导要达成的主要目标就是使择业者在充分了解自身和职业的基础上，实现人职相配，也就是帮助择业者根据自身的个性和能力特点选择适合自身的职业。在大学生中开展就业指导课程是为了使大学生适应知识经济时代对人才素质的全面要求，帮助学生展望未来，全面科学地分析和评价自己，使其在激烈的就业竞争环境中能够拔得头筹。

三、就业指导的意义

1. 有利于形成正确的择业观 择业是人生的一个关键选择，它直接影响个人的前途和发展，如果处理不好，就将在人生的道路上遇到坎坷与波折。职业的选择在很大程度上依赖于个人的择业观，也就是职业价值观。

职业价值观，是价值观的重要组成部分，是个体对职业所持有的相对稳定的个性倾向，它的形成和发展是个人长期生活经验积淀的结果。而每种职业都有各自的特色，不同的人对各行各业的职业特色可能有不同的评价和取向，从而形成不同的择业观。而择业观作为人们对待职业的一种信念和态度，体现了一个人真正想从工作中获取什么，影响着大学生对职业方向和职业目标的选择。

大学生就业指导就是针对大学生这一群体的特点和求职择业要求，从环境分析到择业技巧，从形式政策到有关法律法规等各个方面对大学生予以全面系统的指导和帮助，培养他们的就业意识，并帮助他们树立正确的职业价值观，即破除就业依靠国家的依赖思想，树立自主择业的观念；破除一定要进大城市、大机关的思想意识，树立基层就业创业的新观念；破除与世无争的传统意识，树立竞争向上的新观念；破除把工作分成高低贵贱的等级意识，树立所有岗位就业都光荣的新观念；破除从一而终的旧思想，树立发展自身为首的新观念；破除只有八小时上班才算就业的旧思想，树立多种形式就业的新观念。

2. 有利于就业心理的调整 由于大学毕业生刚刚走出校门，涉世不深，缺乏社会经验，对国情和社会都缺乏深刻的了解和认识，从而对自己的条件和能力缺乏客观和科学的判断，在眼花缭乱的就业市场中容易迷失自己。如何能使大学生有良好的心态走入职场，找到一份自己满意的工作，这是就业指导的关键任务，也是焦点问题。同时，在激烈的竞争环境下，帮助大学生排解和舒缓压力也是新时期大学生就业指导工作的主要内容。

大学毕业生在择业时，要考虑的因素非常多，如单位性质、地理位置、工作条件和待遇等，但是对自身的条件和单位需求人才的迫切程度估计不足，出现盲目的攀比和从众心理，从而形成了一批"啃老族""草莓族"等新兴社会人群。大学生就业指导可以引导学生正确择业，发挥人才合理配置的"导向"作用，调整其在择业过程中出现的各种心理偏差。

3. 有利于大学生的学习和自我提高 从大学生初入招聘会的表现来看，不少大学生缺乏求职技巧。大多数学生在个人职业素养和求职材料中只是看重外在的包装，诸如华丽精美的个人简历中却没有针对求职单位和求职意向的特点展示等问题。大学生的就业和其素质状况直接相关，在招聘中，一些优秀、全面发展的学生总是先被用人单位所接受，也就是说，就业的准备很重要。素养高的毕业生容易就业，社会需要和欢迎品学兼优、基础扎实的复合型人才，就业指导应把这一信息传递给学生，这样就会促进大学生的学习和自我提高，使大学生在校期间不断进行知识、技能和心理承受能力的积累。在进大学时就有职业的考虑，学习目的更明确，职业设计更完善，为就业奠定良好的基础。

4. 有利于大学生今后的发展和成才 大学生的就业指导不仅是对其走入职场做准备，对于今后的发展和成才也非常关键。大学生求职的过程是职业素养不断提高的过程，如在求职中展示真实形象、锻炼表达能力、增强团队意识和遵守市场规范等。所以就业指导的学习过程不仅是对就业流程的简单介绍，更是对大学生今后事业发展的长远指导。大学生的就业是人生事业的第一步，不能为简单地找到工作岗位而进行就业指导，更要引导大学生通过就业来成就事业，从而展现大学生的人生价值。因此，大学生就业指导的意义更在于大学生的个人成长和成才需求。

第二节 大学生就业市场的特点

现今大学生的就业渠道主要是就业市场，如人才招聘会、人才交流中心等。然而大学生就业市场并不是一开始就存在的，它是随着市场经济的改革逐步发展完善确立的。大学生就业市场作为整个社会主义市场经济的重要组成部分，遵循着市场经济运行的一般规律，同时也因大学生就业群体的特殊性而具有其他劳动力市场的特点。

一、群体性

大学生的就业不是个别现象，而是以群体的形式出现。据统计，我国目前每年都有几百万的大学应届毕业生步入社会寻求工作岗位，这些刚刚走出校门、初次踏入社会的大学生并不是孤立、分散的个体，而是具备集体性和聚合性的群体，其群体性特征非常鲜明。规模如此巨大的大学毕业生源源不断地涌入社会各行各业，为社会的发展注入新鲜的血液和活力，这是宝贵的社会财富，但也因数量的庞大使社会如何合理安排大学生就业成为一项十分艰巨的任务。让大学生才尽其用，这不仅需要社会各相应部门的合理策划和精心组织，更需要大学生的积极参与。

1. 大学毕业人数逐年增加 1999 年是高校扩招的第一年，由此至今十几年来，我国高校招收人数逐年增加，高等教育的发展也从"精英教育"阶段进入"大众化教育"阶段。1998 年，全国高校招生共计 108.36 万，扣除其中继续攻读研究生的 7.25 万人，于 2002 年进入就业市场的应届本科毕业生有 65.32 万。而 1999 年随着高校扩招，仅仅本科录取人数就高达 154.86 万人，再加上专科毕业生以及成人高校应届毕业生，到 2003 年冲击大学生就业市场的人数已经超过 200 万人。

步入 21 世纪，我国大学应届毕业生人数持续大幅度增加，2006 年，突破了 400 万大关，高达 413 万人。2009 年，我国高校毕业生人数突破 600 万大关，达到 611 万人。2014 年又突破 700 万大关，毕业生人数达到了 727 万，时至 2018 年，高校应届毕业生人数再创新高，达到 820 万人（图 2-1）。十几年的高校扩招使得大学生就业市场从过去的"卖方市场"转变为"买方市场"，应届大学毕业生的就业压力迅速增加。

2. 大学生社会总体就业率下降 与应届毕业生人数逐年增加相对应的则是大学生总体就业率的明显下降。2001 年我国高校应届毕业生的就业率保持在 75% 左右，而经过不到十年的时间，2008 年、2009 年高校毕业生的就业率就降低至 68%。从 2007 年开始，我国平均每年都有超过百万的高校毕业生不能实现就业，根据《2019 年中国大学生就业报告》（就业蓝皮书）显示，2018 届大学毕业生就业率为 91.5%，仍然有近 10% 的高校毕业生不能实现就业，且大学生待业人数逐年增加。由此可见，随着应届大学毕业生人数的增加，大学生就业的供需矛盾日益突出，大学生自身的就业压力将进一步增大，这也使大学生就业成为社会关注的重点问题之一。其实大学生的身份由社会精英回归到普通劳动者，就已经隐喻了大学生的就业现状严峻。正如凯恩斯在《就业、利息与货币通论》里预言说：

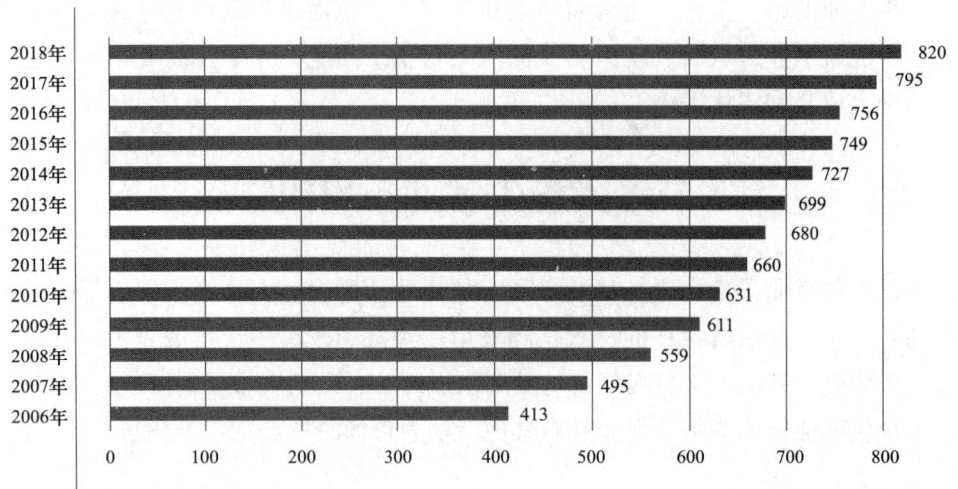

图 2-1　2006~2018 年全国高校毕业生人数（万人）

"我们赖以生存的经济社会的突出问题，是不能提供充分就业和武断而又不公平地分配财富和收入。由于经济发展所能提供的岗位在既定时间基本是个定量，应对庞大的就业压力潮，任何结构性调整或者宏观决策又总存在滞后效应。"

二、时效性

由于高等院校的毕业时间集中在 7 月，大学毕业生的就业时间就集中在了 3~7 月之间。4 个月的时间之内要完成毕业生具体工作单位的落实，可谓是时间紧、任务重，这也是毕业生就业市场最为繁忙的时期，因此大学毕业生就业市场的时效性十分显著。

然而随着我国大学生就业制度的改革，尤其是在逐步建立和完善大学生"双向选择"就业机制之后，大学生就业的时效时期也逐步延长，由最初的 4 个月延长至 2 年左右，若在这段期间没有找到工作，不能解决就业，大学生则面临由待业转为失业的问题。但大学毕业生失业又与社会其他人员不同，2006 年 9 月 4 日国家劳动和社会保障部出台了八项促进就业措施。其中有一条就是对大学生失业的保障，即从 2006 年 9 月 1 日起，没有找到工作的应届高校毕业生可以在户籍所在地办理失业登记，对进行失业登记的毕业生，街道社区劳动保障工作机构将发放就业服务联系卡，对登记失业毕业生中家庭困难、求职困难的将纳入重点帮扶范围。此项措施对之前出台的"对毕业半年以上未能就业的大学毕业生实行失业登记制度，按社会保障制度给予基本生活补助和就业培训"做了进一步的补充。这些措施在一定程度上解决了大学生的后顾之忧，对大学生继续择业就业提供了就业保护。然而，就实际情况而言，"失业登记制度"对失业大学生来说并没太大作用，基本的生活补助不能维持他们的基本生活，适用于社会失业人员的职业培训对于这些已经大学毕业的失业者而言又太简单，每个人的具体情况各不相同，对各类岗位的适应力、培训基础、期望值的底线更是千差万别，而且劳动社会保障部门人员有限，不可能抽调大量人力物力专门分析解决大学毕业生需要的个性化培训，因此虽然大学生们感觉这一保障制度非常好，但是对于改善他们的实际状况并没有明显作用。因此，大学毕业生就业仍具有很强的时效性。

三、多样性

大学毕业生就业市场具有多变灵活的特征，形式灵活多样的就业市场为大学生就业提供了便捷的服务，但随着就业市场需求的不断变化，毕业生所学专业的滞后性和信息的不同步性也给大学生就业带来压力。

1. 就业市场形势多样　大学毕业生的就业市场形式灵活，既包括有形市场，也包括无形市场；既有规模大的市场，也有规模小的市场，这些就业市场又分为综合性市场和专业性市场，大可以到一个区域，小也可以到一个部门。

（1）招聘会　大学生寻求就业机会的常见途径，包括人才市场招聘会和校园招聘会，也可以细分为企业专场招聘会、区域人才招聘会、行业人才招聘会等，按照各自就业市场的特点，成功率也不同。

一般而言，校园招聘会是大学生最初接触到的就业市场，它让学生在毕业之前就可以依据自己的专业选择合适的就业机会。区域招聘会规模大且全面，人山人海的场景通常被媒体夸张报道，引发大学生的就业恐慌，这种就业市场竞争最为激烈，效率低下，跟风明显，容易让毕业生迷失求职方向。企业人才招聘会具有较强的针对性，但因举办方通常为大型企业，且其场地多数在知名校园，甚至是相关专业知名院校内，因而对于普通的求职者而言，存在诸多限制。而行业招聘会通常是由各地的人才市场承办，针对行业招聘相关人才，因此具有较高的效率。

总而言之，招聘会作为传统的就业市场，能够提供更直观丰富的职位信息，在今后的很长时间内，仍然是大学生就业市场的主要形式之一。

（2）招聘网站　由于传统的招聘会时间成本较高，且当今互联网发展迅速，越来越多的大学毕业生开始青睐网络招聘。虽然我国的招聘网站起步较晚，但发展势头强劲。根据市场调查显示，2007 年我国网络招聘用户达到 3500 万人，到 2010 年，网络招聘的容量超过整个就业市场份额半数以上，达到了 54.3%。到 2018 年中国互联网招聘用户规模接近 2 亿，预计用户规模仍将保持稳定增长的趋势。

以下提供的部分求职网站的网址供毕业生求职时参考。

58 同城：http：//ta. 58. com

无忧工作网：http：//www. 51job. com

智联招聘网：http：//landing. zhaopin. com

中华英才网：http：//www. chinahr. com

北方人才网：http：//tjrc. com. cn

南方人才网：http：//www. job168. com

北京高校毕业生就业信息网：http：//bjbys. net. cn

（3）社会关系　在寻求就业机会的过程中，由家人、亲戚和朋友构成的社会关系网络是一种较为可靠的重要资源。这种人脉关系是招聘会和网络招聘两种主流就业渠道的有益补充。通过人脉了解求职信息的针对性较强且更为直观准确，根据市场调查，熟人推荐就业的成功率较高，且有逐步上升的趋势。

如果求职者对人脉关系网络成员提供的职位信息有兴趣，需要做的就是重点了解以下几方面的相关信息：用人单位的现状，包括单位对职员的技能要求、员工的工作环境和工作日程、企业文化等；企业面试的方法以及关心的话题；该企业急需或是最具价值的职业技能等。

（4）传播媒介　随着我国市场经济的逐步完善，广播、电视、报刊、杂志等传播媒介的作用越来越大。快捷的传播速度，全方位的覆盖面以及较为及时的信息更新都为大学生就业提供了广泛的就业途径。社会各类单位和组织也可以通过传播媒介展示自身的发展现状与前景，介绍单位的人才需求，尤其是在报刊上刊登招聘专栏，定期发布招聘信息，这也为高校毕业生提供了重要的就业渠道。

（5）毕业实习与社会实践　大学生利用闲暇时间与实习时间，进入用人单位工作，参加社会组织的实践活动，不仅能够检测自己学识的不足和实践技能的欠缺，还可以开阔视野，启发大学生的创业思维。大学生通过实习可以对用人单位有全方位的直观了解，用人单位也可以通过实习期了解毕业生的具体情况。鉴于此，大学毕业生在社会实践和毕业实习期间要力求做到实践单位与自己所学专业挂钩，同时，还要注意在实践过程中最大限度地发挥自己的才能，以期能够通过短暂的实践机会，赢得用人单位的信任和好感，这样就可以获得就业的信息，甚至可以直接获得就业机会，赢得用人单位的相关职位。

（6）猎头服务　传统的猎头服务主要针对的是高级人才，多数是工作经验超过 10 年的高级技术工人且年薪超过 20 万的高层管理人员，对于大学应届毕业生而言有些遥不可及。但是随着各大招聘网站逐步建立起来的高级人才简历库，猎头公司的视线也放到了极具吸引力的中高级人才身上，这就大大扩展了猎头公司的服务范围，为大学毕业生提供了一定的就业渠道。

2. 就业市场需求多变　大学毕业生的就业市场是社会市场的重要组成部分，同时也受到整个社会的政治和经济方面的影响，就业市场对于大学生素质的需求随着经济的发展和社会的进步在不断发生变化，因而及时收集就业信息，找准自身定位，是大学生在就业前的必要准备。如医学类院校的毕业生就业也是由市场供求关系决定的，随着我国高等医学教育事业的飞速发展，医学类院校也在逐年扩招，就业压力日益加大，但社会对专业医学技术人才的需要也很迫切，因而医学类学生只要找准定位，其就业前景仍然广阔。

（1）地域与医院的选择　根据近年来的就业情形，相关的医学界人士认为，高等医学类院校毕业生在求职就业时，不要局限自己的求职范围。因为社会对于医学类院校毕业生的要求与其经济发达程度成反向趋势。经济越是发达的地区和城市，由于其医疗事业起步较早，发展趋势也逐步趋于成熟稳定，因而对于医学类院校的毕业生需求较小，尤其是大规模的公立医院，人员基本都是饱和状态。相对而言，中小城市由于医疗卫生事业起步较晚，正处于不断发展进步的阶段，因此对于医学类院校毕业生的需求量相对较大。

与此同时，大城市的公立医院虽然条件优厚，职业发展空间大，但因为对于工作人员的要求较高，且应聘人员竞争激烈，所以成功率较低。反观现在的民营医院却遍地开花，处于上升阶段的民营医院能够为医学类院校的毕业生提供更多的工作机会，待遇方面也较为灵活。

（2）不同专业前景不同　随着社会不断发展，就业市场对医学类院校毕业生的需求也有不同的倾向，不同的专业有其各自就业特点，例如临床医学人才日渐走俏；康复治疗、老年医学护理、私人医学护理、营养保健、医学美容、家庭护士等新兴专业也逐步成为就业市场的热门职业；预防医学和口腔医学的相关专业发展前景颇为乐观；药科类的大学毕业生就业前景也很乐观，同时随着医药行业的发展，其对医药贸易、医药销售、药品检验和医药信息管理等专业技术人才的需求在不断地增加。

如果说医学类专业毕业生就业难，其实多数是大学毕业生自身局限了自己的求职范围。大城市的好医院多数都是事业单位，编制有限，就业竞争压力非常大，如此毕业生不妨朝其他方面发展，例如基层医疗工作单位。临床医学既需要良好的知识储备，更需要大量丰富的实践经验，这些单位虽然规模较小，可能不具备大医院良好的培训条件，但会有更多的机会让新人尝试实践操作，这对培养新人丰富的临床经验，启发毕业生思维都有很大的帮助。同时从各国人均拥有医生数量来看，我国医疗人员存在极大的空缺，尤其是基层和偏远地区，这里正是需要医学专业方面的人才去施展才华的地方。随着我国医疗改革的不断深入完善，医学类毕业生在基层就业势必会有更加广阔的发展空间。

最近几年，随着国家对医药行业的关注度升高，我国医药事业发展十分迅速，尤其是制药行业发展势头良好，通过不断研制出获得国际认可的新药，使得国外的知名企业纷至沓来，组建联合制药工厂，整个制药行业一片欣欣向荣，这也刺激了社会对于医药学方面人才的需求增长。

当然，传统医学专业中仍然存在社会需求量大的热门专业，如护理专业，大量的社会需求使得护理专业的毕业生就业率居高不下，甚至有些医院直接深入学校去预定护理专业的毕业生；再如放射医学和医学影像等专业，医院的影像治疗部门、医学影像学的教育以及相关的科研工作部门也都对此类专业的毕业生有大量的需求。相对于此，社会的逐步完善也推动着一些新兴的医学专业发展，就业前景也很广阔。比如预防医学专业，现代人的生活节奏快、工作压力大，环境污染，使得人群的亚健康状态越来越凸显，社会对健康的需求更加迫切，这就使得社会急需预防医学方面的专业人才，健康体检中心等更是预防医学类毕业生就业的不错选择。而口腔专业毕业生，也是现代社会紧缺的人才。根据调查数据显示，国际公认的口腔医生与人口的比例应该达到 1：2000，反观我国却高达 1：40 000。这种反差，为口腔医学方面的专业人才提供了非常广阔的就业市场。

总而言之，医学类专业是一个经验型的行业，当医学工作者自身的专业知识储备与实践技能阅历达到一定水平的时候，定然会迎来自己职业上的"春天"。

第三节　树立正确的就业观

大学毕业生就业难的问题，随着我国教育体制改革的不断深入以及高校扩招规模的不断扩大日益凸显，大学毕业生就业难成为影响教育改革、社会安定和国家和谐发展的综合问题。尤其是近几年来，受到社会各个方面因素的影响，整个社会的就业形势更加严峻，大学生的就业压力越来越大，这使得大学生的就业呈现矛盾与复杂化。为此，除国家相关部门采取措施解决大学毕业生的就业难问题外，关键还是要转变大学生的就业观念。复杂的形势已经使大学生的就业观念趋于多样化，但如何重新定位和更新观念的问题也十分重要。因此，引导大学生树立正确的就业观念具有重要的意义。

一、正确的就业观念

1. 适应市场经济形势，树立自主择业观念　随着社会主义市场经济体制的确立，"不

扫码"学一学"

包分配、自主择业、双向选择"的新型就业体制已经逐步形成。在市场经济之下，社会资源是由市场机制来调节配置，人力资源同样也由市场机制来进行调节。过去大学生毕业包分配的"铁饭碗"已经不复存在了。

现今大学毕业生要打破毕业只去国企、机关事业单位的传统就业观念，树立多渠道、多角度、全方位的新型就业观念。做到可国有可其他所有制，可城市可农村，可干部可工人，可发达地区可落后地带，只要是在国家就业政策的允许范围内，能够发挥自身的作用，做对社会有益的事情，都可以作为就业的对象。也可以自谋职业，小试身手。市场经济使得个人终身停留在一个单位从事一个职业的观念发生改变，根据自身情况，不断变换工作岗位，多方位择业，四海为家成为大学毕业生择业的新观念。

与此同时，社会主义市场经济的确立也为用人单位带来了紧迫感与危机感。用人单位可能由于经营不善随时会有倒闭破产的风险，在一个单位一个岗位干到退休已经不大现实，因此大学生必须随时做好应变的思想准备。

2. 到艰苦的地方建功立业，树立基层就业观念　四十年的改革开放无疑推动了我国的经济发展，带来了市场繁荣局面，人们的生活水平也在不断地提升，大学生作为青年中的优秀人才，更是成为整个社会的"宠儿"。再加上计划生育的推广使得大学生中独生子女的比例越来越高，他们几乎都是在娇生惯养的环境中进入大学校园学习与生活。因此，多数大学毕业生都抱着进大城市、去机关事业单位上班的态度，贪图享乐，缺乏艰苦创业、吃苦耐劳的精神准备。在家待业的大学生中，难免存在着一些人，不是真的找不到工作，而是缺乏吃苦、创业的精神，不愿意到艰苦的环境和工作岗位上去。

我国处于社会主义的初级阶段，仍然是一个发展中国家。虽然随着社会主义市场经济的改革，国民经济迅速发展，但与发达国家的距离依然很大。国家的综合实力较弱，总体水平较落后，且物质基础较差，这样的社会现状决定了大学毕业生还需要继续保持和发扬艰苦奋斗、吃苦耐劳的优良传统。作为社会的后备力量，大学生要身先士卒，做好到艰苦的环境和工作岗位上去工作的准备。

医学类院校的毕业生更应如此，由于地区发展的不平衡，使得一些经济落后地区在防治传染病、常见病、多发病等方面的任务艰巨，急需实用型高级医学人才。同时国家对于这一问题充分认识到其严重性和紧迫性，相关文件不断出台，通过优惠的政策，不断吸引大学毕业生到基层扎根。如由国家发改委、卫生部、教育部、财政部、人力资源和社会保障部、中央编办于 2010 年 3 月联合发布《以全科医生为重点的基层医疗卫生队伍建设规划》。《规划》提出，国家采取有效措施，鼓励和引导高等医学院校毕业生和经规范化培训合格的医生到基层医疗卫生机构就业，优化基层医疗卫生队伍。对于志愿到中西部地区和艰苦边远地区县以下农村基层医疗卫生机构就业，并连续服务 3 年以上的高校医学毕业生，按国家有关规定，根据高校隶属关系实施相应的学费和助学贷款代偿，给予解决县（市）城镇户口，并帮助解决配偶就业和子女就学问题。积极引导经过规范化培训合格的住院医师到基层就业，基层医疗卫生单位选聘人员时要优先聘用，对到城市社区卫生服务机构工作的人员，可优先解决城市户口。经过全科医生转岗培训合格或注册全科医师后可提前一年晋升职称，按照国家有关规定可放宽外语要求，论文不做硬性规定，晋升标准向接诊量、群众满意度评价等因素倾斜。鼓励引导优秀医学人才到城乡基层医疗卫生机构工作，对优秀的专业技术人才到基层卫生机构工作，可以按照有关规定申请设置特设岗位。

2010 年 6 月初，国家发展和改革委员会、卫生部、教育部、财政部、人力资源和社会保障部联合下发了《关于开展农村订单定向医学生免费培养工作的实施意见》，决定从 2010 年起，连续 3 年在高等医学院校开展医学生免费培养工作，重点为乡镇卫生院及以下的医疗卫生机构培养从事全科医疗的卫生人才。《意见》要求，从 2010 年起，连续 3 年在高等医学院校开展免费医学生培养工作，重点为乡镇卫生院及以下的医疗卫生机构培养从事全科医疗的卫生人才。这些学生将分为 5 年制本科生和 3 年制专科生两种，培养专业主要是临床医学、中医学专业。学校可举办农村班，也可将学生纳入普通班。学生经过学习，按规定获得相应的学历、学位。不能正常毕业的学生，要按规定退还已减免的教育费用。学生在校期间将免除学费、住宿费，并获生活费补助，所需经费由省级财政在医疗卫生支出中统筹落实。学生毕业后，应按照入学前签署的定向就业协议，到生源所在地区县级卫生行政部门报到，由基层医疗卫生机构按照有关规定与之签订聘用合同；在协议规定的服务期内，定向培养毕业生可在本省（区、市）农村基层卫生机构之间流动。国家相关部门出台的有关文件和优惠政策措施给医学类高校毕业生的就业带来了希望。

3. 提高综合能力与素质，树立竞争就业观念　几千年来自给自足的自然经济和新中国成立以来几十年的"大锅饭"体制，让人们养成了与世无争、得过且过、不思进取的观念。这种观念与当今的社会主义市场经济格格不入，原有体制之下的一切听从他人安排的习惯已经不再适用。市场竞争机制的引入，不断地冲击着各个行业，也就意味着竞争无处不有，无处不在。企业要在竞争中优胜劣汰，劳动者也要在竞争中脱颖而出，择优上岗。

大学生就业从过去的国家包分配到现在的优胜劣汰，增加了毕业生就业的紧迫感和危机感，迫使大学毕业生自发的提高自身综合能力和职业素质，树立靠能力去奋斗拼搏的择业意识，能够积极主动地参与社会职业岗位的激烈竞争，用实力争得理想的工作岗位。

当今社会，大多数的用人单位更注重应聘者的综合能力和职业素质，重视大学毕业生的发展潜力，至于专业对口与否则相对宽松。这也是因为现在的社会分工越来越细化，大学生在学校学习的专业知识与社会的现实需求脱钩，要是在大学生就业的过程中过分地强调专业对口，就很难找到理想的职业，这也要求大学生要开拓思路，留心观察行业的发展前景，及时调整自己的就业方向，挑战与自己专业相关或相近的职业。

4. 做好职业生涯设计，树立所有岗位都光荣观念　有不少大学毕业生认为，坐办公室是一份光鲜的职业，服务岗位就低人一等，在他们看来，人分三六九等，工作分上中下层。找不到上层的工作，宁可在家待业也不从事中下层的工作，这会导致社会出现很多毕业生失业，很多岗位用工荒的矛盾局面。实际上，不同职业都是构成社会市场的组成部分，都是劳动和收益的等价交换，没有什么高低贵贱之分。

人贵有自知之明，大学生在择业的过程中还应通过对自身的全面分析，明确自身的定位，切勿好高骛远，或是盲目悲观。大学生在入学时就应该有意识地为自己的未来择业确立规划，通过几年的大学生活和学习，自觉地培养和磨炼自己的知识储备与实践能力。如医学院临床专业的毕业生想要在激烈的竞争中脱颖而出，获得就业机会，那么在校学习期间就可以利用假期时间多参与医疗社会实践相关活动，同时在实习时期积极吸收实践知识，发挥自身的潜能，以岗位需要为基础，全方位地培养自身的综合素质，相信"机会总是垂青有准备的人"。

二、良好的就业心态

态度决定一切，大学毕业生要有一颗平常心，初入社会的毕业生都是从零做起，因而虚心的态度是万万不能缺乏的。大学生不要认为自己什么都会，什么都能，常常一到公司就要求担当重要职位，结果到公司才发现自己的能力与实际相差太多，而且要在一个公司内担当重任至少也得了解公司的文化，也许到公司实际工作之后，才发现自己其实什么都做不了。习惯了学生时期的被动心态和接受心态，很难受到用人单位的青睐，因而大学毕业生急需心态的转变。

1. 要学会自信 自信是不可或缺的，大学毕业生不要总是盲目担心找不到工作，要树立就业的自信心，因为只有自信，才能让人在困难与挫折面前保持乐观的心态，从而战胜困难与挫折。正所谓尺有所短，寸有所长，每个人的潜能都是无限的。大学生在就业的时候不能光盯着自己的缺点和短处看，而是要多看自身的优势，发掘自身的潜力，学会欣赏自己。正如英国哲学家黑格尔说过的那样："人应尊重自己，并应自视能配得上最高尚的东西。"大学生要相信：天生我材必有用。只有树立了自信心，才能在就业的过程中全身心地投入，不断发掘自身的潜能。

2. 要学会宽容 心胸狭窄的人，只会关注自己，很容易生气，斤斤计较，闷闷不乐。若是胸怀宽广的人，就会更加欣赏别人，宽容别人，同时也能保持乐观的心境，正所谓退一步海阔天空。宽广的胸怀是伟人的优良品质之一，蔺相如宽容了廉颇，才会出现刎颈之交，壮大了赵国的力量；诸葛亮宽容了周瑜，才有了赤壁鏖战，以少胜多，重创曹军的胜利；共产党联合一切可以联合的阶级，建立了全国统一战线，才有了新中国的成立。同时，决定心态的是人的理想。具有远大目标的人，树立了正确的世界观、人生观、价值观，胸怀广阔，执着进取，不断地挑战自我，不屈服于命运，坚信自己的能力，这样必然能保持良好的心态，拥有美好的未来人生。

3. 要学会调整心态 就业过程本来就是大学生不断地了解和适应社会，就业遇到困难和挫折都是常见的，从而产生了负面情绪也是正常的。因此，在遇到就业困难和挫折时，大学生要努力学会调节自己的心态，从容面对就业挫折，做出理智的选择。如果大学生在就业的过程中遇到了心理困扰，不妨试着从以下几个方面来调节。

（1）学会接受现实，调整就业期望值 环顾整个就业市场，用人单位找不到适合的大学毕业生，大量的毕业生又无处可去，这种工作岗位与劳动者能力不对口的错位现象十分明显，这是大学生在就业的过程中期望值过高所致。因此要想顺利实现就业，就必须依据自身的实际情况和当今的就业形势来不断地调整自身的就业期望值，这种调节不是说无底限地降低要求，而是要在自己的职业发展规划基础上重新确立计划，放弃一次到位的思想。若是获得理想职位的机会还不成熟，可以"先就业，后择业，再创业"，通过自己的努力增加工作经验，增强社会的生存能力，逐步实现自我潜能。

（2）学会了解自我，主动捕捉机遇 正确地认识自我也是调节就业心态的重要途径之一，了解自己喜欢的职业，现实的能力和社会职业的需求，才能把握自己的工作方向，找到适合自己的工作岗位。当然，在了解自我的同时还要努力地接受自我，对自身存在的问题不要一味地悲观抱怨。当前的特点在毕业期间很难得到大幅度的改变，与其怨天尤人，不如客观地承认现实，学会扬长避短。同时，要知道缺点并不可怕，有些缺点是可以在以后的工作岗位上不断改变完善的。

另外，大学毕业生还要学会抓住机遇，多多收集相关的职业信息，多参加一些人才交流会，并根据自身择业标准选择就业的工作岗位。需要大学生注意的一点是，工作没有好坏之分，适合别人不一定适合自己，因而大学生的就业不能盲从，只有适合的才是最好的。当然还要知道机会不等人，转瞬即逝的机遇要求大学毕业生在发现就业机会时不要犹豫，要主动出击。

（3）完善人格，提高心理承受能力　就业压力的与日俱增，让大学生在就业的过程中遇到了许多挫折委屈，面对困难，仅仅抱怨是无用的，更重要的是努力调整心态，提高自身的心理承受能力。在遇到困难时，客观冷静地分析失败的原因，归纳改进，调整求职策略，以期下次避免问题的重复出现，安慰自己，以便下次求职成功。

另外，分析求职时的不良心态，可以发现平时难以察觉的人格缺陷，这些缺陷归根究底还是因为人格的不完善。如果不加以修正，会为以后的工作生活带来困扰。其实，人格缺陷暴露得越早越好，不必为了它耿耿于怀，因为很少有人的性格是绝对健全的，关键是在发现问题的基础之上去解决问题，积极的改变自身，完善自身缺陷，使人格更加成熟。

（4）学会开拓进取，勇于创业　就业压力大，不妨转变思路，将就业转向创业。高校毕业生创业已经成为社会的新趋势，也是国家大力扶植和鼓励的，大学生可以根据自身的合理规划定位，找准创业思路，联合有市场经验的人员，科学创业。

三、过硬的就业素质

应对当今越来越大的就业压力，过硬的素质正是成功就业的通行证。

1. 具备专业素质　高职院校毕业生面临就业，能否找到一份合适的工作，专业技能素质很重要。毕业生必须具备的全面素质包括"软件"素质和"硬件"素质两个方面，前者指思想道德素质、文化素质、身体素质、审美素质、心理素质和创造素质等，后者指从事职业生活的关键素质，即职业技能素质。职业技能主要包括动作技能和智力技能两个方面，动作技能亦称操作技能，是通过职业实践或反复练习而形成并巩固起来的合乎法则的操作能力。高职学校要突出自身的办学特点，把培养学生具有从事某种职业或生产劳动所需要的知识和技能作为头等大事，在传授学生一定知识和理论的基础上，重点进行实用性和操作技能的训练，通过开放的形式和形象的教学与训练手段，促进高职院校毕业生专业技能素质的养成。夯实专业理论根基，既要有厚实的基础还要扩大就业口径，必须强化专业技能训练，发挥学校主导功能，还要突出学生主体地位。学生要全面掌握专业知识，熟练掌握操作要领，做到全面练习，科学分配练习时间，随时准备选择练习时机及场所，还要注意手脑并用，这样才能具备更好的专业技能素质。

作为医学类院校的大学生，要具备以下几种职业素养。

（1）坚定的政治信念　没有坚定的政治信念，就没有灵魂和方向，就不能做到讲政治，顾大局，爱国爱民，爱岗敬业。

（2）良好的职业道德　"医乃仁术，无德不成医"的古训，希波克拉底誓言，南丁格尔誓词，医学生誓词是医务工作者必修之课。

（3）广博的医学科学知识　医生必须凭借扎实的基本理论和基本功，过硬的医疗技术，才能在医疗实践中做好本职工作。同时，掌握广博的医学科学知识是一个医生必备的职业素养。

（4）充沛的精力和较强的心理承受能力 多方面的协调和对患者全方位的照顾，需要医生必须有充沛的精力。同时，作为医生，要有应对突发事件的心理准备。

（5）出色的管理意识和服务意识 善于独立承担责任，控制局面，在集体环境中有自觉的协调意识、合作精神和足够的灵活性，有很好的服务意识。与各有关方面保持良好的关系。

（6）出色的沟通交流能力 医院里人员复杂，医生需要处理好与患者、同事、上下级之间的关系，这就需要医生具有较强的交流沟通意识，具备良好的沟通交流的技巧和能力。

2. 具备敬业精神 敬业是一个人对自己所从事的工作及学习负责的态度。道德就是人们在不同的集体中，为了集体的利益而约定俗成的，应该做什么和不应该做什么的行为规范。所以，敬业就是人们在工作及学习中，严格遵守职业道德的工作学习态度。敬业精神是一种基于热爱基础上的对工作、对事业全身心忘我投入的精神境界，其本质就是奉献精神。具体地说，敬业精神就是在职业活动领域，树立主人翁责任感、事业心，追求崇高的职业理想；培养认真踏实、恪尽职守、精益求精的工作态度；力求干一行、爱一行、专一行，努力成为本行业的行家里手；摆脱单纯追求个人和小集团利益的狭隘眼界，具有积极向上的劳动态度和艰苦奋斗精神；保持高昂的工作热情和务实苦干精神，把对社会的奉献和付出看作无上光荣；自觉抵制腐朽思想的侵蚀，以正确的人生观和价值观指导和调控职业行为。

敬业精神包括职业理想、立业意识、职业信念、从业态度、职业情感以及职业道德六方面的构成要素，要求就业人员有坚定的专业思想，热爱本职工作，忠于职守，持之以恒；有强烈的事业心，尽职尽责，全心全意为人民服务；有勤勉的工作态度，脚踏实地，无怨无悔；有旺盛的进取意识，不断创新，精益求精；有无私的奉献精神，公而忘私，忘我工作。

3. 具备良好的身心素质 "身体是革命的本钱"，然而很多高职院校的学生并没有坚持锻炼身体的好习惯，熬夜、偏食等不良的生活习惯影响着学生身体健康，也不利于大学生心理状态的调整。只有坚持锻炼身体，合理作息，合理膳食的生活方式，才能拥有健康的身体，而健康正是生理心理的完满状态。马斯洛指出："健康有三个标准，即足够的安全感，生活理想符合实际，保持良好的人际关系。"大学生拥有健康的体魄，保持健康的心理状态，是适应当今社会就业现状的必要条件。

案例分析

王某是中西医临床医学班的一名学生。该学生平时在校的学习表现非常好，在班级里一直担任班干部，擅于与人沟通，而且在学生会也担任重要的职位，技能操作水平比较高。做一名医生对她来说应该是最佳选择。但她对医学不感兴趣，不喜欢医院这种压力特别大的工作环境。于是班上很多并不如她优秀的同学都找到了工作单位，而她却未找到满意的工作，一直在家苦恼着。辅导员老师得知这种情况，不断地鼓励和帮助她在实践中多训练，多收集就业信息，教育她要善于对自己就业能力正确定位，对她进行思想辅导，好让她在就业过程中，有个动态的心理定位，并不断进行自我调适。现在中国人寿保险公司需要招聘一位交际能力好的职员，王同学带着自己材料应聘，公司看了王同学的简历之后，决定录用王同学。

请对案例进行分析，说明王某成败的原因。

思 考 题

1. 解释就业指导的含义。
2. 就业指导有何作用与意义？
3. 简述大学生就业市场的特点。
4. 大学生应树立什么样的就业心态？

（许良葵）

扫码"练一练"

影响大学生就业的因素

学习目标

1. 掌握大学生的就业制度。
2. 熟悉国家的就业政策。
3. 了解影响大学生就业的宏观因素及微观因素。

第一节 大学生就业制度

就业制度是指关于人们合法获取就业机会、维护社会就业行为的根本规定。就业制度包含基本制度以及阶段制度。基本制度取决于国家的社会性质，是伴随国家的社会制度而产生的基本就业制度，阶段就业制度是指国家在其基本就业制度性质不变的前提下，在不同时期、不同年代所实行的就业制度。大学生就业制度是指国家为规范大学生行为，确保就业工作的有序进行，制定的一系列直接或间接约束大学生就业的规则和程序的总称。随着社会经济的不断发展，大学生就业制度也在不同时期不断地发展变化，由过去的"统包统分"逐渐转变为如今的"市场导向、政府调控、学校推荐、双向选择"的就业政策。掌握我国现行的就业制度和大学生的就业政策等对广大等待就业的毕业生而言具有重要意义。

一、我国现行的就业制度

（一）劳动合同制度

劳动合同和《劳动合同法》与每一个劳动者息息相关，是每一个劳动者走上工作岗位与用人单位发生劳动关系时都必须签署的协议。劳动合同的内容包括劳动者与用人单位经过平等协商后达成的关于权利和义务事项的条款。

《劳动合同法》规定，用人单位与劳动者依法建立劳动关系，应该书面订立有固定期限、无固定期限或以完成一定的工作为期限的劳动合同；在订立劳动合同过程中，劳动关系双方必须遵循平等自愿、协商一致的原则。实行劳动合同制度，明确了劳动者与用人单位双方的权利和义务，保障了劳动者择业自主权和用人单位的用人自主权。

《劳动合同法》的实施，改变了以往企业劳动用工依靠行政分配的管理体制，从计划经济模式下过渡到了符合社会主义市场经济模式的新型劳动用工制度。标志着我国劳动制度的建设走上了法治道路。

（二）人事代理制度

人事代理是指由政府人事部门所属的人才服务中心，按照国家有关人事政策法规要求，接受单位或个人委托，在其服务项目范围内，为多种所有制经济尤其是非公有制经济单位及各类人才提供人事档案管理、职称评定、社会养老保险金收缴、出国政审等全方位服务，是实现人员使用与人事关系管理分离的一项人事改革新举措。人事代理可分为单位委托和个人委托；可全权委托代理，也可单项或多项委托代理。

人事代理制度是对人才社会化观念的再认识，促进了使用权和所有权的分离。人事代理机构将过去用人单位的具体人事管理工作抽离出来，由其代管，而单位只使用人力，从而使人才的所有权社会化。

人事代理制度优化了人才结构，实现了用人自主，促进了人才的流动以及人才自主择业。随着人事代理制度不断地深化改革，代理方式内容等变得更加多元化。

1. 人事代理的服务内容

（1）为委托方提供人事政策咨询，并协助委托方研究制定人才发展规划和人事管理方案等。

（2）为委托方管理人事关系、人事档案。办理专业技术人员专业技术职务任职资格的申报工作；办理大中专毕业生见习期满后的转正定级手续，调整档案工资；出具因公或因私出国、自费留学、报考研究生、婚姻登记和独生子女手续等与人事档案有关的证明材料。

（3）为国家承认学历的大中专毕业生提供人事代理服务，从签订人事代理合同之日起按有关规定承认身份，申报职称，计算工龄，确定档案工资，办理流动手续。

（4）为委托方接转党团组织关系，建立流动人员党团组织，开展组织活动。

（5）为委托方代办失业、养老等社会保险业务。

（6）为委托方代办人才招聘业务，提供人才供需信息，推荐所需专业技术人员和管理人员，负责聘用人员合同签证。

（7）根据委托方要求，开展岗位培训，并协助委托方制订培训计划。

（8）根据委托方要求，开展人才测评业务。

（9）代理与人事管理相关业务。

2. 人事代理的程序

（1）委托方向代理方提出申请，并提供有关材料。个人办理委托人事代理，根据各自情况的不同，必须向当地人才流动机构分别提交下列有关证件：①应聘到外地工作的，必须提交委托人事代理申请、聘用合同复印件、身份证复印件、聘用单位证明信（证明其单位性质、主管部门、业务范围）等；②自费出国留学的人员，必须提交委托人事代理申请、原单位同意由人才流动机构保存人事关系的函件、出国的有关材料等；③辞职、解聘人员尚未落实单位的，必须提交委托人事代理申请及辞职、解聘证明，身份证复印件等证件。

（2）代理方对委托方申报的材料进行审核。

（3）委托方与代理方签订人事代理合同。

（4）代理方向有关方面索取人事档案及行政、工资、组织关系等材料，并办理有关手续。

（5）人事代理当事人的权利和义务，由双方以协议的形式予以明确，共同遵守。

3. 人事代理的相关规定

（1）凡注册"三资企业"、私营企业、股份制企业、民办科研机构等无主管单位以及不具备人事管理权限的单位，聘用专业技术人员和管理人员，均由单位办理委托人事代理。其他以聘用方式使用专业技术人员和管理人员的单位，可根据需要办理委托人事代理。

（2）各级人事行政部门所属人才流动机构在核准委托人事代理的有关材料后，应当和委托单位或个人签订人事代理委托合同书，确立委托关系。

（3）单位委托人事代理人员及个人委托人事代理人员在委托人事代理期间，工龄连续计算。

（4）尚未就业的个人委托人事代理人员重新就业后，其辞职、解聘前的工龄和重新就业后的工龄合并计算。

（5）在委托人事代理项目内有档案工资关系的，其代理期间涉及国家统一调资的，档案工资的调整根据国家及省有关政策，按照自收自支事业单位的工资标准核定。

（6）单位委托人事代理的大中专毕业生，其见习期考核、转正定级，由用人单位按期向人才流动机构提供有关毕业生见习期间工作表现等书面材料，其手续由委托代理的各级人才流动机构负责。

（7）单位委托人事代理的大中专毕业生在见习期间，解除聘用（任）合同的，毕业生可应聘到其他单位工作，代理其人事关系的人才流动机构继续负责毕业生的见习期管理。待聘期超过一个月的，见习期顺延。

（8）委托期间，所委托代理的人员被全民、集体单位正式接收，由其委托代理的人才流动机构凭接收单位人事主管部门的接收函办理其人事关系及档案的转递手续；被其他单位重新聘用的委托人事代理人员，应及时变更人事代理手续。

（三）就业准入制度

我国为了提高从业人员的职业素质，加强对持证上岗的管理，制定了就业准入制度。所谓就业准入，是指根据《劳动法》和《职业教育法》的有关规定，对从事技术复杂、通用性广、涉及国家财产、人民生命安全和消费者利益的职业（工种）的劳动者，必须经过培训，并取得职业资格证书后，方可就业上岗。

《国务院关于大力发展职业教育的决定》中明确提出：用人单位招录职工必须严格执行"先培训，后就业""先培训，后上岗"的规定，从取得职业学校学历证书、职业资格证书和职业培训合格证书的人员中优先录用。要进一步完善涉及人民生命财产安全的相关职业的准入办法。

对于毕业生来说，应结合自己的兴趣、能力、志向来获取相对应的职业资格证书，只有取得了这个"通行证"，才能顺利地踏上个人的职业生涯道路。

《招用技术工种从业人员规定》确定了 90 个必须持职业资格证书才能从事相关工作的技术工种。此规定主要规范针对对象为初次就业劳动者，包括城镇初高中应届毕业生、失业人员、农村从事非农产业或进城务工人员，凡从事国家规定的技术工种（职业）工作的，必须首先取得相应的职业资格证书，方可上岗。

职业资格是对从事某一职业所必备的学识、技术和能力的基本要求。职业资格包括从业资格和执业资格。从业资格是指从事某一专业（工种）学识、技术和能力的起点标准。执业资格是指政府对某些责任较大，社会通用性强，关系公共利益的专业（工种）实行准入控制，是依法独立开业或从事某一特定专业（工种）学识、技术和能力的必备标准。职业资格分别由国务院劳动、人事行政部门通过学历认定、资格考试、专家评定、职业技能鉴定等方式进行评价，对合格者授予国家职业资格证书。从业资格通过学历认定或考试取得。执业资格通过考试方法取得。

职业无贵贱之分，但有难易，社会责任大小之分，因此国家会采取职业资格准入制度。职业资格证书简单可分为注册类资格（注册会计师、注册结构工程师、注册安全员），执业类资格（执业医师、执业律师、大法官、大检察官、执业药师、执业护士、公务员等），许可类资格（教师证、钳工证、焊工证、证券从业类、保险类等）。其他未特别强调的可参照相关行业的职业资格，或无一定的职业资格要求（农民、保洁类等）。不同类的职业资格准入取得方式不同，有的要求必须通过全国性统一考试，有的无要求。有的甚至要求取得资格证书前必须在相关行业内从事相关工作一定的时间（律师、医师等）。

（四）专业技术人员职业制度

我国从事专业技术工作的人员，一般实行专业技术职务聘任制。制度基本内容：根据实际需要设置专业技术工作岗位，规定明确的职责；在定编定员的基础上，确定高、中、初级专业技术职务的合理结构比例；由行政领导在经过评审委员会认定的符合相应条件的专业技术人员中聘任或任命，有一定的任期，在任期间领取专业技术职务工资。专业技术职务是一种干部职务，它以聘用的形式被任命后，有一定的任期，仅在本单位内有效。实行与专业技术职务聘任制后因限额已满，而不能在本单位、本部门任专业技术职务的人员，可到别的单位或部门去任职，这样，就能够调动专业技术人员的积极性，促进他们的合理流动，打破旧的人才管理体制僵化的格局。

在我国对于大量的生产一线操作岗位，除了对特殊职业有准入制度外，还实行技术操作岗位职务聘任制度。

我国劳动和社会保障部为所有职业设置了职级制度。根据不同岗位要求设置：初级技工（职业资格证书）-中级技工-高级技工-技师-高级技师。通过统一组织考试来评定授予相应资格。

（五）国家公务员职业制度

我国的国家公务员可分为两大类：一类为政务类公务员，另一类为业务类公务员。政务类公务员指各级政府的组成人员，由人民代表大会选举产生或人大常委会决定任命。而业务类公务员通常通过公开考试择优录取。而国家公务员考试由国家组织，本着"公开、公平、竞争"的原则，向一切符合条件的人开放。

国家公务员服务对象为国家。其承担的责任、享受的权利、获得的报酬、工作内容、范围、方法等均由国家决定。故国家公务员身份必须由国家专门选拔、考试录用，由国家权力机构选举任命或其他法定程序才能获得。除此之外，无法凭借任何其他方法成为公务员。

公务员考试的内容，要根据各地区和部门的实际工作需求来设计，一般包含三种能力的考查：①知识水平，包含通用知识和专业岗位的专项知识；②行政职业能力，包含与实际工作相关的各种能力；③分析能力，主要以模拟案例分析来考察应试者对理论问题和实际问题的思辨能力。

二、大学生就业的分级制度

目前，在国家的宏观调控政策下，我国的毕业生就业管理采取分级负责、相互调剂的方法。大学生就业管理体制，大致可分为三部分：①教育部主管全国大学生的就业工作；②国务院相关部委和各省（市、自治区）分管本部门、本地区的大学生就业工作；③各高校及用人单位分别负责本校毕业生就业的具体事宜以及本单位招聘接收毕业生事宜。

（一）教育部的职责

教育部是全国毕业生就业的主管部门，其职责：①制定全国高等学校毕业生就业工作的规章和宏观政策；②组织研究并指导实施高等学校毕业生就业制度改革；③管理全国毕业生就业信息网络、毕业生和用人单位"双向选择"活动以及毕业生就业市场；④汇总、审核、下达全国高等学校毕业生就业方案，指导和编制教育部直属高等学校毕业生就业方案；⑤组织国家急需、应予保证的行业、部门和地区高等学校毕业生就业计划的实施；⑥检查、监督全国高等学校毕业生就业全过程工作；⑦向社会发布全国高等学校毕业生年度就业状况；⑧负责与毕业生就业有关的其他工作。

（二）国务院相关部委主管部门的职责

①根据国家的有关方针、政策和教育部的统一部署，提出本部门毕业生的具体政策和工作意见；②组织协调所属院校毕业生的"双向选择"活动和毕业生就业市场；③编制并实施所属院校毕业生就业方案；④指导所属院校开展毕业生的毕业教育和就业指导工作；⑤负责本部门毕业生的接收工作，检查本部门毕业生的使用情况，开展有关毕业生就业工作的研究和宣传工作；⑥负责本系统、本行业人才预测与毕业生就业有关的其他工作。

（三）省（市、自治区）主管部门的职责

①根据国家的有关方针、政策和教育部的统一部署，制定本地区毕业生就业的具体工作意见；②了解和掌握本地区毕业生的就业工作的动态情况，负责本地区毕业生就业的数据统计和上报工作；③编制地方所属院校毕业生就业方案并按时上报教育部；④对本地区人才需求进行预测，收集和发布毕业生供需信息，管理本地区毕业生就业信息网络、"双向选择"活动和毕业生就业市场；⑤负责本地区高等学校毕业生的资格审核工作；⑥组织开展本地区毕业生教育和就业指导工作；⑦受教育部委托负责本地区高等学校毕业生就业报到证的签发和管理工作；⑧负责监督、检查本地区毕业生的接收工作；⑨向社会公布本地区毕业生的就业状况；⑩开展毕业生就业制度改革的研究和宣传工作；⑪负责本地区毕业生就业过程中争议或纠纷的调解工作；⑫负责本地区毕业生就业有关的其他工作。

（四）高等学校就业工作的职责

①负责本校毕业生的就业指导和服务工作；②根据国家有关就业的方针、政策和规定以及学校上级主管部门的工作意见，制定本校毕业生就业的实施办法；③负责本校毕业生的资格审核和统计工作并按时上报主管部门；④收集需求信息，建立本校毕业生的"双向选择"活动；⑤建设校内毕业生就业市场；⑥按照主管部门的要求提出本校的毕业生就业建议方案，并根据主管部门的意见，具体实施就业方案；⑦向用人单位推荐毕业生，公正客观地介绍学生的学业成绩和在校表现；⑧开展毕业教育，组织毕业生文明离校；⑨开展与毕业生就业有关的调查研究工作。

（五）用人单位的职责

①及时向主管部门报送毕业生需求计划，向有关高等学校提供需求信息；②参加供需见面会和"双向选择"活动，如实介绍本单位的情况，积极招聘毕业生；③按照国家下达的就业方案接收、安排毕业生；④负责毕业生见习期间的管理工作；⑤向有关部门和学校反馈毕业生的使用情况。

三、我国现行的大学生就业制度

我国大学生的就业制度随着社会经济基础的发展变化也在不断地变化着。中华人民共和国成立初期在"百废待兴、百业待举"的大规模经济建设背景下，提出了"统包统分"的就业制度。随着我国社会主义市场经济体制的不断深化改革，大学生就业制度也先后经历了几个不同的阶段。2000年教育部将高校毕业生就业的"派遣证"改为"报到证"，标志着大学毕业生就业基本转变为"双向选择、自主择业"的就业模式。

2002年3月经国务院批准，国务院办公厅转发了由教育部、人事部、公安部、劳动和社会保障部门联合下发的《关于进一步深化普通高等学校毕业生就业制度改革有关问题的意见》，指出："高校毕业生就业工作要以'三个代表'重要思想为指导，紧紧围绕促进国家经济发展和社会稳定的大局，采取积极有效的措施，进一步转变高校毕业生的就业观念，建立市场导向、政府调控、学校推荐、学生与用人单位双向选择的就业机制，努力实现高校毕业生的充分就业。"

现阶段高校毕业生就业制度主要包括：高校毕业生就业应贯彻统筹安排、合理使用、加强重点、兼顾一般和面向基层，充实生产、科研教学第一线的方针。在保证国家需要的前提下，贯彻学以致用、人尽其才的原则。在计划安排上要优先考虑国家和地方重点建设上的需要，尤其要保证在艰苦地区的国防军工和科研重点单位的需要。国家采取措施，鼓励和引导毕业生到边远地区、西部、集体企业、私营企业、股份制企业等用人单位就业。建立由学校和有关部门推荐，学生和用人单位在国家政策指导下，通过人才市场双向选择、自主择业的毕业生就业制度。

第二节　影响大学生就业的宏观因素

就业政策是指政府为了解决现实中劳动者就业问题制定和推行的一系列方案及采取的措施。作为国家就业政策的重要组成部分，大学生就业政策对指导大学生就业具有十分重要的作用。就业政策按照指定的主体不同，分为国家就业政策与地方就业政策。

一、国家的就业政策

促进高校毕业生就业创业，既是民生，也是国计，事关广大群众切身利益，事关社会和谐稳定，事关社会主义现代化建设，事关高等教育健康发展。为深入贯彻习近平新时代中国特色社会主义思想和党的十九大精神，全面贯彻落实全国教育大会精神，把"稳就业"放在更加突出的位置，努力实现高校毕业生更高质量和更充分就业，教育部日前发布《关于做好2019届全国普通高等学校毕业生就业创业工作的通知》。主要从以下四个方能着手，促进高校毕业生就业与创业。

扫码"学一学"

（一）拓宽就业领域，着力促进高校毕业生多渠道就业

1. 引导毕业生到基层就业　各地各高校要深入贯彻落实中央《关于进一步引导和鼓励高校毕业生到基层工作的意见》，落实基层就业学费补偿贷款代偿、考研加分等优惠政策。要继续配合相关部门组织实施好"特岗计划""大学生村官""三支一扶""大学生志愿服务西部计划"等基层就业项目，结合地方实际适当扩大地方基层项目的实施规模。要围绕乡村振兴战略，引导毕业生到现代农业生产、经营等领域就业创业。要发挥服务业最大就业容纳器的重要作用，鼓励毕业生到文化创意、健康养老、服务外包等现代服务业领域就业创业。鼓励高校毕业生到社会组织就业。

（1）各地要根据统筹城乡经济和加快基本公共服务发展的需要，大力开发社会管理和公共教育、医疗卫生、文化等领域服务岗位，增加高校毕业生就业机会。要进一步完善相关政策，重点解决好他们在工资待遇、社会保障、人员编制、户口档案、职称评定、教育培训、人员流动、资金支持等方面面临的实际问题，鼓励和引导高校毕业生到城乡基层特别是城市社区和农村教育、医疗卫生、文化、科技等基层岗位工作。

（2）对到农村基层和城市社区从事社会管理和公共服务工作的高校毕业生，符合公益性岗位就业条件并在公益性岗位就业的，按照国家现行促进就业政策的规定，给予社会保险补贴和公益性岗位补贴。

（3）对到农村基层和城市社区其他社会管理和公共服务岗位就业的，给予薪酬或生活补贴，同时按规定参加有关社会保险。

（4）对到中西部地区和艰苦边远地区县以下基层单位就业、并履行一定服务期限的高校毕业生，以及应征入伍服义务兵役的高校毕业生，按规定实施相应的学费补偿和国家助学贷款代偿。

（5）自2012年起，省级以上机关录用公务员，除部分特殊职位外，均应从具有2年以上基层工作经历的人员中录用。市（地）级以下机关特别是县乡机关招录公务员，应采取有效措施积极吸引优秀应届高校毕业生报考，录用计划应主要用于招收应届高校毕业生。

（6）对具有基层工作经历的高校毕业生，在研究生招录和事业单位选聘时实行优先。

（7）学生每人每学年补偿学费和代偿国家助学贷款的金额最高不超过6000元。在校学习期间每年实际缴纳的学费或获得的国家助学贷款低于6000元的，按照实际缴纳的学费或获得的国家助学贷款金额实行补偿或代偿。每年实际缴纳的学费高于6000元的，按照每年6000元的金额实行补偿或者代偿。

（8）本科、专科（高职）、研究生和第二学士学位毕业生补偿学费或代偿国家助学贷款的年限，分别按照国家规定的相应学制计算。在校学习的时间低于相应学制规定年限的，按照实际学习时间计算补偿学费或代偿助学贷款年限。在校学习时间高于相应学制年限的，按照学制规定年限计算。每年代偿学费或国家助学贷款总额的三分之一，三年代偿完毕。

2. 促进毕业生到中小微企业就业　各地各高校要鼓励和促进高校毕业生到实体经济就业，充分发挥中小微企业吸纳毕业生就业的主渠道作用。要积极配合有关部门落实小微企业吸纳毕业生的社保补贴、培训补贴、降税减费等优惠政策。要加强与中小微企业沟通联系，广泛收集中小微企业招聘信息，积极组织中小微企业进校园招聘，进一步办好全国中小企业网上百日招聘等活动。

（1）对招收高校毕业生达到一定数量的中小企业，地方财政应优先考虑安排扶持中小企业发展资金，并优先提供技术改造贷款贴息。

（2）对劳动密集型小企业当年新招收登记失业高校毕业生，达到企业现有在职职工总数30%（超过100人的企业达15%）以上，并与其签订1年以上劳动合同的劳动密集型小企业，可按规定申请最高不超过200万元的小额担保贷款并享受50%的财政贴息。

（3）高校毕业生到中小企业就业的，在专业技术职称评定、科研项目经费申请、科研成果或荣誉称号申报等方面，享受与国有企事业单位同类人员同等待遇。

（4）对小型微型企业新招用毕业年度高校毕业生，签订1年以上劳动合同并按时足额缴纳社会保险费的，给予1年的社会保险补贴；组织开展岗前培训的，按规定给予培训费补贴。

3. 服务国家战略开拓就业岗位　各地各高校要主动对接国家经济社会发展的人才需要，围绕"一带一路"建设、雄安新区建设、长江经济带发展、粤港澳大湾区建设、海南自贸试验区建设等，引导毕业生到重点地区、重大工程、重大项目、重要领域就业。要落实区域协调发展战略，鼓励毕业生到中西部地区、东北地区和艰苦边远地区就业创业。要加大对"三区三州"等深度贫困地区的教育脱贫攻坚力度，结合实际制定激励政策，引导毕业生到贫困地区就业创业。

4. 拓展新兴业态就业空间　各地各高校要结合学科专业特色，主动对接以技术集成和商业模式创新为特点的新业态人才需求，充分利用平台经济、众包经济、共享经济、数字经济等新业态，支持鼓励毕业生实现多元化就业。配合有关部门落实相应的社会保障政策和灵活就业、自主创业扶持政策，引导毕业生主动适应新就业形态、新用工方式。

5. 继续做好大学生征兵工作　各地各高校要深入贯彻习近平总书记给南开大学新入伍大学生回信和勉励语精神，认真落实学费资助、复学升学、就业创业等优惠政策。要密切配合兵役机关，面向毕业生、在校生、新生开展有针对性的宣传，集中播放征兵公益宣传片，发放应征入伍宣传单。落实好预订兵工作机制，为大学生入伍开辟绿色通道，鼓励更多大学生参军入伍。

（1）公民应征入伍要满足的政治条件和基本身体条件以及年龄规定

1）政治条件　征集服现役的公民必须热爱中国共产党，热爱社会主义祖国，热爱人民军队，遵纪守法，品德优良，决心为抵抗侵略、保卫祖国、保卫人民的和平劳动而英勇奋斗。征兵政治审查的内容包括应征公民的年龄、户籍、职业、政治面貌、宗教信仰、文化程度、现实表现以及家庭主要成员和主要社会关系成员的政治情况等。

2）身体条件　公民应征入伍要符合国防部颁布的《应征公民体格检查标准》和有关规定。其中几项基本条件如下。

身高：男性162cm以上，女性160cm以上。

体重：男性不超过标准体重的25%，不低于标准体重的15%。

女性：不超过标准体重的15%，不低于标准体重的15%。

标准体重 =（身高−110）kg。

视力：大学生右眼裸眼视力不低于4.6，左眼裸眼视力不低于4.5。屈光不正，准分子激光手术后半年以上，无并发症，视力达到相应标准的，合格。

内科：乙型肝炎表面抗原呈阴性等。

3）年龄规定　男性普通高等学校在校生为年满18至22周岁，高职（专科）毕业生可放宽到 23 周岁，本科及以上学历毕业生可放宽到 24 周岁；女性普通高等学校在校生为年满 18 到 20 周岁，应届毕业生放宽到 22 周岁。

（2）高校毕业生应征入伍服义务兵役的程序

1）网上报名预征　有应征意向的高校毕业生可在夏秋季征兵开始之前登录"大学生应征入伍网上报名平台"（网址为 http：//zbbm.chsi.com.cn 或 http：//zbbm.chsi.cn）进行报名，填写、打印《应届毕业生预征对象登记表》和《高校毕业生应征入伍学费补偿国家助学贷款代偿申请表》（以下分别简称《登记表》《申请表》），交所在高校征兵工作管理部门。

2）初审、初检　毕业生离校前，在高校参加身体初检、政治初审，符合条件者确定为预征对象，高校协助兵役机关将《登记表》和《申请表》审核盖章发给毕业生本人，并完成网上信息确认。初审、初检工作通常最晚在 7 月中旬完成。

3）实地应征　高校应届毕业生可在学校所在地应征入伍，也可在入学前户籍所在地应征入伍。

4）体检、政审　组织高校应届毕业生在学校所在地征集的，结合初审、初检工作同步进行体格检查和政治审查，在毕业生离校前完成预定兵，9 月初学校所在地县（市、区）人民政府征兵办公室为其办理批准入伍手续。政治审查以本人现实表现为主，由其就读学校所在地的县（市、区）公安部门负责，学校分管部门具体承办，原则上不再对其入学前和就读返乡期间的现实表现情况进行调查。

5）审批　在入学前户籍所在地应征入伍的，高校应届毕业生 7 月 30 日前将户籍迁回入学前户籍地，持《登记表》和《申请表》到当地县级兵役机关参加实地应征，经体格检查、政治审查合格的，9 月初由当地县（市、区）人民政府征兵办公室办理批准入伍手续。

（3）大学生士兵退役后享受的就学优惠政策

1）高职（专科）学生入伍经历可作为毕业实习经历。

2）退役大学生士兵入学或复学后免修军事技能训练，直接获得学分。

3）普通高校应届毕业生应征入伍服义务兵役，退役后 3 年内参加全国硕士研究生招生考试的，初试总分加 10 分，立二等功及以上的免试（指初试）攻读硕士研究生。

4）具有高职（高专）学历的，退役后免试入读成人本科，或经过一定考核入读普通本科；荣立三等功以上奖励的，在完成高职（专科）学业后，免试入读普通本科。

5）应征入伍的高校毕业生退役后报考政法干警招录培养体制改革试点招生时，教育考试笔试成绩总分加 10 分。

6. 支持大学生到国际组织实习任职　各地各高校要加大经费资助、教育教学、升学就业等政策支持力度。高校要结合学科专业特色，加大双语种或多语种复合型国际化专业人才培养力度。将国际组织基本情况、职业发展路径等内容，纳入大学生就业指导教材和课程。进一步完善信息服务平台，及时收集发布国际组织招聘信息，开展专家讲座、政策咨询、社团活动等系列指导服务。鼓励高校与国际组织开展合作交流，进一步拓展实习任职渠道。

（二）推动双创升级，着力促进高校毕业生自主创业

1. 全面深化高校创新创业教育改革　各地各高校要将创新创业教育贯穿人才培养全过程，把创新创业教育和实践课程纳入高校必修课体系，促进创新创业教育与专业教育有机结合、与思想政治教育深度融合。开展好大学生创新创业训练计划、中国"互联网+"大学生创新创业大赛和"青年红色筑梦之旅"活动，着力培养学生的创新意识、实践能力和奋斗精神。

2. 落实完善创新创业优惠政策 各地要配合有关部门深化商事制度改革，进一步完善落实税费减免、创业担保贷款、创业培训补贴等优惠政策。各高校要按照《普通高等学校学生管理规定》要求，进一步细化创新创业学分积累与转换、弹性学制管理、保留学籍休学创业、支持创新创业学生复学后转入相关专业学习等政策，允许本科生用创业成果申请学位论文答辩。

高校毕业生自主创业，可以享受的优惠政策 按照《国务院办公厅关于做好 2013 年全国普通高等学校毕业生就业工作的通知》（国办发〔2013〕35 号）、《国务院关于进一步做好普通高等学校毕业生就业工作的通知》（国发〔2011〕16 号）、《国务院办公厅转发人力资源社会保障部等部门关于促进以创业带动就业工作指导意见的通知》（国办发〔2008〕111 号）等文件规定，高校毕业生自主创业优惠政策主要包括以下内容。

（1）税收优惠 持《就业失业登记证》（注明"自主创业税收政策"或附着《高校毕业生自主创业证》）的高校毕业生在毕业年度内（毕业所在自然年，即 1 月 1 日至 12 月 31 日）从事个体经营的，3 年内按每户每年 8000 元为限额依次扣减其当年实际应缴纳的营业税、城市维护建设税、教育费附加和个人所得税。对高校毕业生创办的小型微利企业，按国家规定享受相关税收支持政策。

（2）小额担保贷款和贴息支持 对符合条件的高校毕业生自主创业的，可在创业地按规定申请小额担保贷款；从事微利项目的，可享受不超过 10 万元贷款额度的财政贴息扶持。对合伙经营和组织起来就业的，可根据实际需要适当提高贷款额度。

（3）免收有关行政事业性收费 毕业 2 年以内的普通高校毕业生从事个体经营（除国家限制的行业外）的，自其在工商部门首次注册登记之日起 3 年内，免收管理类、登记类和证照类等有关行政事业性收费。

（4）享受培训补贴 对高校毕业生在毕业学年（从毕业前一年 7 月 1 日起的 12 个月）内参加创业培训的，根据其获得创业培训合格证书或就业、创业情况，按规定给予培训补贴。

（5）免费创业服务 有创业意愿的高校毕业生，可免费获得公共就业和人才服务机构提供的创业指导服务，包括政策咨询、信息服务、项目开发、风险评估、开业指导、融资服务、跟踪扶持等"一条龙"创业服务。各地在充分发挥各类创业孵化基地作用的基础上，因地制宜建设一批大学生创业孵化基地，并给予相关政策扶持。对基地内大学生创业企业要提供培训和指导服务，落实扶持政策，努力提高创业成功率，延长企业存活期。

（6）落户 取消高校毕业生落户限制，允许高校毕业生在创业地办理落户手续（直辖市按有关规定执行）。

3. 加大创新创业场地和资金扶持力度 各地各高校要加强大学科技园、创业孵化基地等创新创业平台建设，为大学生创新创业提供场地支持。各高校要积极推动各类研究基地、实验室、仪器设备等教学资源向创新创业学生开放。有条件的地区要积极推进设立高校毕业生就业创业基金，高校要通过政府支持、学校自设、校外合作、风险投资等方式多渠道筹措资金，支持大学生自主创业。

4. 加强创业指导与服务　各地各高校要进一步建立健全各级各类大学生创业服务平台，为大学生创业提供项目对接、财税会计、法律政策、管理咨询等深度服务。鼓励各高校聘请行业专家、创业校友、企业家等担任大学生创业团队指导教师，鼓励专业教师、实验室老师全程指导大学生创新创业。

（三）强化服务保障，着力提高就业创业指导服务水平

1. 健全精准信息服务机制　加强部省校三级就业服务体系建设，建立毕业生求职和用人单位需求数据库，运用大数据技术实现供需智能匹配，为毕业生精准推送政策、岗位和指导。要进一步发挥校园招聘市场的主体作用，鼓励组织分层次、分类别、分行业的校园招聘活动，支持举办区域性、行业性联合招聘活动。高校举办的大型校园招聘活动要向其他高校有组织开放。做好在内地（祖国大陆）高校就读的港澳台毕业生就业服务工作。

由各级人力资源社会保障部门举办的公共就业和人才服务机构，为高校毕业生免费提供政策咨询、就业信息、职业指导、职业介绍、就业援助、就业与失业登记或求职登记等各项公共服务，按规定为登记失业高校毕业生免费提供人事档案管理等服务。此外，还定期开展面向高校毕业生的公共就业和人才服务专项活动，比如每年5月"民营企业招聘周"、每年9月"高校毕业生就业服务月"、每年11月"高校毕业生就业服务周"等，为高校毕业生和用人单位搭建供需对接平台。

2. 提升毕业生就业能力　各地各高校要加强高校学生职业生涯发展教育，对低年级学生着重进行职业生涯启蒙，对高年级学生着重提升职业素质和求职技能。要结合就业形势和毕业生特点，帮助毕业生调整就业预期，找准职业定位。要多方搭建社会实践、实习实训、职业体验等实践平台，增强学生专业技能和职业能力。鼓励学生在取得毕业证书的同时考取行业企业认可度高的多种类型的培训（或认证）证书。

3. 强化就业困难群体帮扶　各地各高校要准确掌握建档立卡贫困家庭、少数民族、身体残疾等毕业生情况，建立帮扶台账，做到分类帮扶、精准发力。高校要建立校院领导、专业教师、辅导员等全员参与的"一对一"精准帮扶机制。充分挖掘校友、行业企业等社会资源，优先为困难群体推荐岗位。各地要积极创造条件，争取专项资金，开展就业困难毕业生专项培训，提高其就业能力。要配合有关部门落实好求职创业补贴政策，做好离校未就业毕业生的信息衔接和服务接续工作。

4. 切实保护毕业生就业权益　各地各高校要加强校园内招聘活动管理，严禁发布性别、民族、院校、学习方式（全日制和非全日制）等歧视性信息，严格审核用人单位资质、工作岗位信息，重点审核就业中介机构和境外用人单位，严密防范招聘陷阱、就业欺诈、"培训贷"、传销等不法行为。普及就业创业有关法律法规知识，提高大学生的法律意识和维权意识。加强毕业生和用人单位诚信教育和管理，做到诚信签约、诚实履约。

5. 加快高校就业创业指导队伍建设　各地各高校要加快建设一支职业化、专业化、专家化的就业创业指导队伍，在专业技术职务评聘和绩效考核中充分考虑指导教师的工作性质和工作业绩，予以适当支持。要建立高校毕业生就业创业指导教师培训机制，开展专业培训，鼓励指导教师到行业企业挂职锻炼。要定期对辅导员、班主任等就业工作人员进行集中轮训，全面提高政策水平和工作能力。

6. 积极发挥高校毕业生就业状况反馈作用　各地各高校要进一步落实高校毕业生就业质量年度报告编制发布制度，着力完善统计指标和内容，按时向社会发布高校毕业生就业质量年度报告。加快形成就业与招生计划、人才培养联动机制。各地要根据经济社会发展需要以及本地区毕业生就业总体状况，主动对接地区、行业、产业需求，进一步建立完善高校学科专业、培养层次、培养类型动态调整机制，努力实现本地区高等教育规模和结构的科学配置和布局。

（四）加强组织领导，着力深化思想教育和宣传引导

1. 强化组织领导 各地各高校要认真落实就业工作"一把手"工程，切实做到"机构、场地、人员、经费"四到位。高校主要负责同志要亲自部署，分管领导要靠前指挥，院系领导要落实责任，辅导员（班主任）要密切关注毕业生就业进展情况。健全就业、招生、教学、学工、团委、科研等机构分工负责、协同推进的工作机制，千方百计促进毕业生就业创业。

2. 深化思想教育和宣传引导 各地各高校要组织大学生学习习近平总书记关于青年成长成才的重要论述，教育引导毕业生把个人理想融入国家和民族事业当中，鼓励毕业生到基层、西部、祖国最需要的地方建功立业。要广泛宣传解读国家和地方促进就业创业的政策措施，帮助毕业生知晓政策、用好政策，营造就业创业良好舆论氛围。

3. 进一步加强就业工作规范管理 各地各高校要建立就业统计工作责任制，健全毕业生参与的就业状况统计核查机制。各高校要认真落实统计工作"四不准"要求，即不准以任何方式强迫毕业生签订就业协议，不准将毕业证书、学位证书发放与签约挂钩，不准以户档托管为由劝说毕业生签订虚假协议，不准将顶岗实习、见习证明材料作为就业证明材料。各地要对高校毕业生就业工作及数据进行认真核查，对查实的弄虚作假等问题要严查严处，并进行通报。

二、地方就业政策

为了有效地促进地区的就业工作，各个省、自治区和直辖市都在国家总的就业指导原则基础上，根据本地区的情况制定出相应的政策性文件，对外省进入本省的工作人员都做出了一定的鼓励或是限制规定。

以河北省为例，河北在全省范围内全面实行社会保障卡替代就业创业证，除规定情形外不再发放纸质《就业创业证》。社会保障卡将作为劳动者办理就业失业登记、接受就业服务和享受各项就业创业扶持政策的主要身份凭证、享受政策载体和资金落实渠道。自2017年7月起，全省同步启动社会保障卡替代就业创业证工作。2018年河北省高校毕业生就业创业扶持政策清单具体如下。

（一）自主创业政策

1. 免收行政事业性收费 毕业2年内高校毕业生从事个体经营（除建筑业、娱乐业以及销售不动产、转让土地使用权、广告业、房屋中介、桑拿、按摩、网吧、氧吧等）的，自取得营业执照起3年内免收管理类、登记类和证照类等有关行政事业性收费。

2. 自主创业税收优惠 在人力资源社会保障部门公共就业服务机构登记失业半年以上的人员、零就业家庭、享受城市居民最低生活保障家庭劳动年龄内的登记失业人员和毕业年度内高校毕业生等人员表创办个体工商户或个人独资企业的，按每户每年9600元为限额依次扣减其当年实际应缴纳的营业税、城市维护建设税、教育费附加、地方教育附加和个人所得税。纳税人年度应缴纳税款小于上述扣减额的，以其实际缴纳的税款为限；大于上述扣减额的，应以上述扣减额为限。补贴期限 3 年。

3. 个人创业担保贷款　高校毕业生（含大学生村官和留学回国学生）创业可申请创业担保贷款，额度最高不超过 10 万元；对符合条件的借款人合伙创业或组织起来共同创业的，贷款额度可按照人均不超过 10 万元、总额度不超过 60 万元确定贷款规模。贷款期限最长不超过 3 年。贫困县全额贴息，其余地区第 1 年全额贴息，第二年贴息 2/3，第 3 年贴息 1/3，可以展期 1 次，展期期限不超过 1 年，展期期限内贷款不贴息。对高校毕业生由财政部门给予全额贴息。

4. 初次创业社会保险补贴　毕业 5 年内高校毕业生初次创业（包括从事个体经营、创办小微企业和在民政部门注册的社会组织，除国家限定行业外）并缴纳社会保险费的，按其实际缴纳的社会保险费给予补贴。补贴期限不超过 3 年。

5. 高校毕业生社会保险补贴　毕业 2 年内未就业的高校毕业生申报灵活就业办理就业登记并缴纳社会保险费的，按不超过其实际缴费额的 2/3 给予补贴。补贴期限不超过 2 年。

6. 一次性创业补贴　毕业 5 年内高校毕业生初次创业并正常经营 6 个月以上的，按每人 5000 元给予一次性补贴。

7. 小微企业场地租金补贴　毕业年度高校毕业生初次创办小微型企业（不包括入驻创业园区和创业孵化基地的），且租用经营场地和店铺的，自创办之日起 3 年内，可向创业所在地人社部门申请租金补贴。补贴标准为租赁场地面积 100 平方米以下的，每年不超过 3000 元；100 平方米以上的每年不超过 5000 元。实际租金低于上述标准的，据实补贴。补贴期限最长不超过 3 年。具体补贴标准由各设区市、财政直管县确定。

8. 创业孵化基地房租物业水电费补贴　毕业年度高校毕业生自主创业，对提供低成本、便利化、全要素创业服务的创业孵化基地（含创客空间、创新工场等新型孵化模式）和入驻高层次人才、高技能人才创业园中的科技型小微企业，自入驻之日起给予最长不超过 3 年的房租物业水电费补贴。对发展前景好、带动就业多的入驻企业和创业项目，可延长孵化期限 1 年。具体补贴办法由各设区市、财政直管县制定。创业园区、创业孵化基地和入驻项目均要经过当地人社部门、财政部门认定批准。

（二）企业吸纳政策

1. 企业吸纳税收优惠　商贸企业、服务型企业、劳动就业服务企业中的加工型企业和街道社区具有加工性质的小型企业实体，在新增加的岗位中，当年新招用在人力资源社会保障部门公共就业服务机构登记失业半年以上且持有就业创业证或就业失业登记证（注明"企业吸纳税收政策"）人员，与其签订 1 年以上期限劳动合同并依法缴纳社会保险费的，按实际招用人数予以定额依次扣减营业税、城市维护建设税、教育费附加、地方教育附加和企业所得税优惠。定额标准为每人每年 5200 元。按上述标准计算的税收扣减额应在企业当年实际应缴纳的营业税、城市维护建设税、教育费附加、地方教育附加和企业所得税税额中扣减，当年扣减不足的，不得结转下年使用。期限不超过 3 年。

2. 小微企业创业担保贷款　对当年新招用包括大学生在内的符合创业担保贷款申请条件的人员达到企业现有在职职工总数 25%（超过 100 人的企业达 15%）以上，并与其签订 1 年以上劳动合同的小微企业，经办金融机构可对其发放最高不超过 200 万元、期限不超过 2 年的创业担保贷款。小微企业可自行选择享受财政部门按照贷款合同签订日贷款基础利率 50% 贴息或创业担保贷款担保基金提供担保中的一项政策支持（小微企业认定标准按照

《中小企业划型标准规定》。（工信部联企业〔2011〕300号执行）

3. 吸纳就业补贴　新招用毕业2年内高校毕业生的中小微企业，且与其签订1年以上期限劳动合同并按规定缴纳社会保险费的，每招用1人给予一次性1000元补贴。

4. 中小微企业吸纳高校毕业生社会保险补贴　中小微企业新招用毕业2年内高校毕业生，且与其签订1年以上期限劳动合同并按规定缴纳社会保险费的，按企业为高校毕业生实际缴纳的基本养老保险费、基本医疗保险费、失业保险费和工伤保险费给予补贴，不包括个人应缴纳的部分。补贴期限不超过3年。

（三）就业援助政策

1. 高校毕业生求职补贴　对在毕业年度有就业创业意愿并积极求职创业的，所在家庭为贫困残疾人家庭、建档立卡贫困家庭、正在享受城乡低保家庭、烈士家庭子女、本人正在享受国家助学贷款以及本人残疾、特困人员中的高校毕业生，给予一次性求职补贴。补贴标准每人2000元。

2. 高校毕业生就业见习补贴　离校2年内未就业高校毕业生、国家和省级贫困县及少数民族县离校2年内未就业中职学校毕业生参加就业见习，并按月足额发放其基本生活费的单位，按当地最低工资标准给予就业见习补贴，所需资金由见习单位和当地政府共同分担。分担比例由各地确定。对见习期满留用率达到50%以上的单位，可提高补贴标准10%。见习补贴期限最长不超过12个月。

（四）职业培训政策

1. 技能培训补贴　贫困家庭子女、毕业学年高校毕业生、城乡未继续升学的应届初高中毕业生、农村转移就业劳动者、城镇登记失业人员按每人最高不超过2200元，紧缺急需职业（工种）培训补贴标准不超过2500元给予补贴，具体标准由各地确定。每人每年只能享受一次职业培训补贴。

2. 企业在职职工岗位技能培训　对企业新录用贫困家庭子女、毕业学年高校毕业生、城乡未继续升学的应届初高中毕业生、农村转移就业劳动者、城镇登记失业人员，签订1年以上期限劳动合同、并于签订劳动合同之日起1年内参加由企业依托所属培训机构或政府认定的培训机构开展岗位技能培训的，培训后取得职业资格证书或职业技能等级证书、专项职业能力证书、培训合格证书的，给予职工个人或企业一定标准的职业培训补贴。具体标准由各地确定。每人每年只能享受一次职业培训补贴。

3. 创业培训补贴　贫困家庭子女、毕业学年高校毕业生、城乡未继续升学的应届初高中毕业生、农村转移就业劳动者、城镇登记失业人员、创业3年内的小微企业主，按每人不超过1200元给予补贴。每人每年只能享受一次职业培训补贴。

4. 创业实训补贴　贫困家庭子女、毕业学年高校毕业生、城乡未继续升学的应届初高中毕业生、农村转移就业劳动者、城镇登记失业人员创业培训后到创业实训基地安排实训，可按每人每月300元得标准，给予创业实训基地不超过3个月的创业实训补贴。

5. 劳动预备制培训补贴　贫困家庭子女、毕业学年高校毕业生、城乡未继续升学的应届初高中毕业生、农村转移就业劳动者、城镇登记失业人员，每人最高不超过当地技工学校相同培训时间的学费实际收费标准给予职业培训补贴。其中农村学员和城市居民最低生活保障家庭学员，在其受训期间给予一定标准的生活费补贴，补贴标准由各地按照中等职业学校国家助学金标准确定。每人每年只能享受一次职业培训补贴。

6. 家庭手工业培训补贴 贫困家庭子女、毕业学年高校毕业生、城乡未继续升学的应届初高中毕业生、农村转移就业劳动者、城镇登记失业人员，结合各地家庭手工业发展状况，由各地根据手工业培训难易程度、时间长短、培训成本等实际情况，在省规定的职业技能培训标准范围内，合理确定相应手工业项目培训课时及质量标准，加强培训监管与考核，按规定给予职业培训补贴。每人每年只能享受一次职业培训补贴。

7. 职业技能鉴定补贴 贫困家庭子女、毕业学年高校毕业生、城乡未继续升学的应届初高中毕业生、农村转移就业劳动者、城镇登记失业人员通过初次技能鉴定并取得职业资格证书或专项职业能力证书的，可一次性给予职业技能鉴定补贴。技能鉴定补贴具体标准由各地确定，但最高不超过《河北省物价局河北省财政厅关于规范我省职业技能鉴定考核收费项目标准的通知》（冀价行费〔2013〕53 号）或河北省物价局备案的收费标准。

（五）引导鼓励到基层就业政策

1. 基层和艰苦边远地区工资待遇倾斜 对在艰苦边远地区或国家扶贫开发工作重点县机关事业单位工作的大中专毕业生，试用期（见习期）工资直接按试用期（见习期）满后工资确定，转正定级时级别工资档次（薪级工资）可高定 2 档（2 级），调出该地工作时取消高定的工资。到乡镇机关事业单位工作的大中专毕业生，符合条件的发放乡镇工作补贴。

2. 机关招录公务员 加大省市党政机关从基层吸纳优秀高校毕业生的力度，在干部人才选拔任用机制上，向在基层工作的优秀高校毕业生倾斜。加大从基层机关遴选和招调公务员的力度，市级以上机关补充公务员，应安排 80% 比例从基层遴选或招调。

3. 事业单位招聘工作人员 艰苦边远地区事业单位招聘工作人员，按照招聘规定实行"四放一选"的招聘措施：放宽学历、专业限制；放宽年龄、工作年限限制；放宽开考比例限制；放宽分数线限制；加大选聘人才力度，县级可建立高层次和急需紧缺人才目录，定期进行更新，对于纳入目录的人才，或通过公开招聘无人报名的岗位，可通过选聘方式进行招聘。事业单位管理类岗位面向社会公开招聘时，省属单位应安排不少于 10%、市属单位安排不少于 20% 岗位公开招聘或招调有基层工作经历的人员。

4. 专业技术职称评定 提高乡镇事业单位中级、高级职称岗位设置比例，在规定的比例上限内上浮 2~3 个百分点；对职称外语和计算机应用能力考试不作统一要求，在职称评聘时向长期坚守在乡镇工作的人员给予倾斜；乡镇事业单位按岗位结构比例设置不出专业技术 7 级岗位的，可以设置 1 个专业技术 7 级岗位，用于引进人才或聘任副高职称人员。

5. 鼓励参加"三支一扶" 我省每年以公开招募、自愿报名、组织选拔、统一派遣的方式招募高校毕业生，主要安排到乡镇从事支教、支农、支医和扶贫工作（简称"三支一扶"）。服务期限为 2 年。招募对象主要为全国普通高校应届毕业生。服务期间，发给志愿者每人每月的生活补贴分别为研究生 2150 元、本科生 2050 元、专科生 1950 元，并按有关规定为其办理服务期内的养老、医疗、工伤保险。

6. 鼓励参加大学生村官选聘 从全日制本科及以上学历毕业生中，定向推荐选聘大学生村官。聘期两年。任职期间，享受村官补贴（研究生 2600 元/月、本科生 2200 元/月，民族地区分别增加 200 元/月。年底考核合格的增发 1 个月补贴）。担任村"两委"副职及以上职务的，保留大学生村官补贴，同时可享受同级村干部补贴。养老保险、医疗保险参照当地乡镇事业单位干部标准执行。服务期满、考核称职以上的大学生村官报考研究生，初试总分加 10 分，同类条件下优先录取，其中报考人文社科类专业研究生的，初试总分加

15 分。可报名参加服务基层项目人员定向考录，考录为机关公务员和事业单位工作人员的，其聘任期计算工龄。

7. 鼓励参加"农村义务教育阶段学校教师特设岗位"项目　从具有相应的教师资格条件、年龄在 30 岁以下、本科及以上或高等师范专科应往届毕业生中，招聘到项目实施县的乡村学校任教。符合招聘条件，参加招聘在笔试成绩中加 5 分。特岗教师在三年聘任期内，没有试用期，在工资津贴、各类补贴补助、社会保障、公积金缴存、职称评聘、评先评优、年度考核、参加培训等各方面享受当地公办教师同等待遇。服务期满、每年年度考核合格，且自愿留在本地学校的，在编制和岗位总量内，经县教育部门审核，县人社部门批准，由县教育部门办理事业单位人员聘用手续。符合相应条件的优秀特岗教师，可按规定推荐免试攻读教育硕士。

8. 鼓励参加"大学生志愿服务西部计划"　从普通高等院校应届毕业生或在读研究生中选拔招募，实施基础教育、农业科技、医疗卫生、基层青年工作、基层社会管理等专项服务。服务期为 1~3 年，服务协议一年一签。服务期间，享受工作生活补贴，艰苦边远地区补贴根据国家政策标准予以发放，交通补贴按规定发放。志愿者依实际服务年限计算服务期及工龄；服务期间考核合格、服务期满报考硕士研究生的，3 年内享受"初试总分加 10 分，同等条件下优先录取"的优惠政策；服务期满，报考公务员、事业单位时享受相关优惠政策。

（六）其他扶持政策

1. 鼓励大学生参军入伍　高校毕业生在部队服役经历视为基层工作经历，按有关规定享受在基层工作高校毕业生同等政策待遇。应征地为河北省的大学生士兵，退役 3 年内，在省内各类企业吸纳就业、自主创业、落户、升学、公共就业人才服务等方面享受应届高校毕业生同等政策待遇。学费补偿、国家助学贷款代偿及学费减免标准，本专科生每人每年最高不超过 8000 元，研究生每人每年最高不超过 12 000 元。

2. "名校英才"房租补助政策　省直事业单位招聘的符合享受"名校英才"房租补助政策的，可按 1000 元/月标准领取 5 年房租补助。

3. 先落户后就业政策　对毕业后暂未落实工作单位的，可将户口迁至当地人才交流中心；对已落实工作单位的，可凭工作单位证明、学历证明、劳动合同在工作地办理落户；对毕业后自愿迁回原籍的，可凭毕业证、报到证直接迁回原迁出地址。

第三节　影响大学生就业的微观因素

影响大学生就业的微观因素有很多方面，主要包括了教育程度、个人条件、家庭环境以及机遇四个方面的内容。

一、教育程度

教育是根据一定社会的现实和未来的需要，遵循年轻一代身心发展的规律，有目的、有计划、有组织、系统地引导受教育者获得知识技能，陶冶思想品德、发展智力和体力的一种活动，以便把受教育者培养成为适应一定社会（或一定阶级）的需要和促进社会发展的人。教育奠定了一个人的基本素质，这对个人的就业产生很大的影响。

扫码"学一学"

（一）受教育程度的影响

受教育的程度不同，在进行就业选择的时候会有不同的方向和侧重。如受教育水平较高的人，在就业之后的发展空间较大，即使工作不满意，再次选择工作的竞争力依然较强。

（二）所学专业的影响

大学时期所选择的专业对以后的就业有很大的影响，一般情况下，人们在选择职业或是变换职业的时候，都会首先考虑是否与所学专业挂钩，即使不对口，也会凭借所学知识发展其他的专业。但是有的专业专业性质较强，这对就业的影响会更大，如学生在大学学习工程专业，毕业之后想要从事医学工作会很难。

（三）不同层次教育的影响

不同层次的教育会让大学生形成不同的思维模式以及人生观念，进而影响着他们对待自己与社会的态度，也影响着他们的就业选择与职业生涯规划及发展。

二、个人条件

（一）自身条件

1. 健康状况　所有的职业都要求要有健康的身体，没有一个好的身体，就不能继续坚持工作，因而为了能够保持健康的身体素质，在工作和学习之余应多加强体育锻炼。但锻炼要学会制订体育锻炼计划，及避免盲目进行。在身体状态不良，睡眠或休息不好，长期患病或初愈阶段，以及疲劳时，身体的协调性会显著下降，此时是不适合进行体育锻炼的。大学生应该根据自己个人爱好，锻炼目的，生活条件，身体情况确定锻炼时间，还要注意无氧运动和有氧运动的区别。无氧运动包括短跑、跳远等，这种运动短时间内消耗体能很大，使心、肺、脑等器官的供血、供氧在短时间内减少，肌肉在没有持续的氧补给的情况下工作对健康没有多大好处。所以尽可能少做些无氧的运动。在无氧运动后唯一能补偿的方法是营养的增量，要求在膳食中增加磷和糖的含量为脑组织提供营养，改善神经控制和增强神经传递。有氧运动包括步行、慢跑、骑自行车、游泳、跳绳等，这种运动以增强人体吸入和输送氧气为目的，是保持全面身心健康的最有效、最科学的运动方式。它适合于绝大多数人的锻炼，经常参加锻炼可以使个体的注意、记忆、观察、思维和想象等能力得到充分发展，提高活动效率，还可以使其获得良好的情绪体验、乐观自信、精神振奋、精力更加充沛，从而对人的智力功能具有促进作用。因为有氧锻炼也叫有氧代谢运动，是在氧气充分供应的情况下进行的体育锻炼，所以对于超重、脂肪较多的学生是最适合的运动。另外不利于大学生健康的因素还有熬夜。现如今许多大学生表示会经常熬夜，所以"熬夜已成为一种习惯"。社会竞争日益激烈，使大学生面临着越来越大的就业压力，在完成繁重的学习任务之余，还要考各种证书或找工作，这些成为熬夜的最大推动力。再就是由于晚上没有统一的就寝时间，大部分学生早上没有早操、学业和社会工作的要求，导致很多学生睡得很晚。值得注意的是，晚睡的学生很少是因为学业，通常是因为聊天或网游等与学习工作无关的闲事。"身体是革命的本钱"，大学生健康体魄既是中华民族旺盛生命力的体现，也是自身最可宝贵的财富。有两种东西失去后你才知道它的价值，这就是青春和健康。不要等到失去健康才想到健康就为时已晚矣。大学生们要注重自己的健康，珍惜自己的健康，才能迎接未来的挑战，走出自己职业生涯之路的精彩。

2. 性别　虽然男女平等也被当今社会普遍接受，但性别在职业选择上仍然具有很大的影响。尽管有些工种确实是需要由男性来从事，如矿下作业、高压铺设等，但更多人仍是在潜意识中歧视女性就业者。这就要求就业人员，尤其是女性就业人员在职业选择的时候考虑到相应的问题，提前做出应对。

3. 年龄　一个人从出生时起到计算时止生存的时间长度，通常用年岁来表示。

灵魂医学理论把人类计算年龄的方法大致分为四种。

知识拓展

灵魂医学理论在中国历史文化底蕴基础上，冲破了阻碍中西医学继续发展的桎梏——所研究对象的不完整性，完成了极有可能改变整个医学现状、远远高于初级医学理论体系的新的医学、人生理论框架体系。它是一门建立在生物体灵魂三定律和现代科学技术基础上的、以完整人——肉体人和灵魂人为研究对象，对躯体疾病和灵魂疾病——心理、道德、社会疾病以及人生社会领域进行探索研究的现代医学哲学框架理论体系。

（1）历法年龄　年代年龄或者说时序年龄，此为出生后按日历计算的年龄，也叫实足年龄，是最常用的计算年龄的方法。

（2）生物年龄（寿命）　生理学年龄，这是根据正常人体生理学上和解剖学上发育状态所推算出来的年龄，表示个体组织结构和生理功能的实际衰老程度，可用来预计某一个体未来的健康状况，估计其寿命。

（3）心理年龄折叠　心理学"智力测验"中的术语，指根据标准化智力测验量表测得的结果来衡量人体的智力水平，把心理学年龄与历法年龄相对照，就能看出智力绝对水平的高低。

（4）相对年龄折叠　灵魂医学相对有效年龄（寿命），是指人类区别于其他生物（主要包括动物）的、由最高级灵魂所支配进行的、符合人类社会伦理道德规范，以及有利于自然、社会良性发展的各种生命活动包括脑力活动所占用的时空。可见，人类一切由最高级灵魂支配进行的符合人类社会伦理道德规范，以及有利于自然社会良性发展的各种生命活动包括脑力活动所占用的时空就是人类相对有效年龄。反之，就是无效年龄，甚至年龄是负数。所以，人类相对有效年龄计算方法应为相对年龄等于实际年龄加上或减去超出或低于同层次普通人士年平均劳动量或者年创造物质精神财富的倍数。因此，一个既勤奋，又劳动效率高，其个人工作量相当于几个人、几十个人、几百个人甚至几千个人的工作量，那么他的寿命相对于一般同层次人士则大大延长，年龄也相应地大大增加。至于存在于社会上的杀人放火、偷盗抢劫、地痞流氓、投毒强奸等各种超过伦理道德底线的犯罪分子，以及灵魂医学所讨论的违背伦理道德及患有社会疾病的人，他们的有效年龄理应是短的，甚至是负数。

中国早有"三十而立，四十而不惑，五十知天命，六十花甲，七十古稀"的说法，作为新时期的大学生更应该把握最佳年龄优势，合理地运用时间以期能够获得最高的回报。

（二）心理因素

健康的心理因素，有利于大学生树立正确的人生观与价值观。在漫长的人生道路上难免会遇到坎坷曲折，只有拥有健康的心理因素才能保持乐观的人生态度，确立目标，克服困难，从而走向成功。健康的心理因素包括情绪稳定，人际关系和谐，适应能力强，意志坚定等。处于青春期的大学生，是社会的一个特殊的群体，自我保护意识仍不够强烈，容易受到外界的干扰与诱惑，情绪感情也日益丰富。因此，大学生应该要学会控制自己的情绪，让智力、性格全面发展，提高人格，与同学朋友和谐相处，建立良好的人际关系。良好的人际关系会使一个人身心都感到愉快，从而拥有适应多种复杂环境及其变化能力。

三、家庭环境

家庭是人生的第一个课堂，是造就一个人涵养，影响一个人一生的重要因素。受到家庭的长期影响，会让人形成一定的价值观念和思维定式，甚至会不自觉地受到家庭的影响而去选择职业。家庭对于大学生就业的影响主要表现在以下三个方面。

1. 对专业选择的影响 学生在选择专业的时候，经常后受到家庭中父母或是亲人的影响。需要注意的是，家长应当在学生在选择职业的时候留有充分的自由空间，一味地强制选择，会让学生产生厌烦情绪，即使专业再好也提不起兴趣，得不偿失。

2. 对职业选择的影响 由于大部分的大学生都是独生子女，家长不愿意让孩子做辛苦的工作，在平时会时常表现出对艰苦行业的不认可，这种观念自然会潜移默化地影响孩子的职业选择。其实家长应该改变择业观念，认识到对每个学生最好的职业其实是最适合他的职业。

3. 对职业变动的影响 父母或是亲人对大学生的就业通常是扮演直接帮助或是施加影响的角色，导致有些人变动工作不是因为对目前的职业不满意，而是为了家庭，去选择那些收入高、较为稳定的工作，这是对家人负责的义务。但要在职业变动前一定要考虑清楚，避免因为影响过大而导致失去兴趣，限制自己能力的发挥。

四、机遇

机遇指后天的机遇和时间，被理解为有利的条件和环境。可以按照字面意思理解为忽然遇到的好运气和机会。在就业时，机遇往往表现为一个难得的岗位或是一个适合的职业等，机遇的出现虽然具备偶然性，只要善于抓住机会就能拥有更多新的条件，发现更多新的机会。机会青睐的是那些有准备的人，正如爱因斯坦所说的那样："机遇只偏爱有准备的头脑。"

案例分析

2018年7月，汪某从某大学毕业后就职于一家私营医院，他是天津某高校毕业生。2018年3月，汪某与医院、学校三方签订了全国普通高等学校毕业生就业协议书，协议约定汪某在规定时间到用人单位报到，用人单位做好接收工作，学校申请列入建议就业计划并负责办理派遣手续，同时约定第1年为见习期，服务期为3年，未按规定完成服务期的，每相差一年支付1万元违约金，不满一年按一年计算，双方权利义务从报到后签订的劳动合同为准，2018年7月10日公司与汪某签订了一份劳动合同，期限4年并规定了3个月的试用期，不久汪某发现公司在管理和经营方面都不理想，认为自己不适宜在该公司上班，于是在2018年8月中旬，根据劳动法和劳资规定，向公司提出了解除合同申请，公司扣压了他的人事档案，不履行办理解除劳动合同的手续，并要求汪某支付4万元的违约金。

　　请对案例进行分析，公司的做法是否合法合理？

思　考　题

1. 简述大学生的就业制度。
2. 简述影响大学生就业的宏观因素。
3. 简述影响大学生就业的微观因素。

扫码"练一练"

（李　谭）

职业概述

学习目标

1. 掌握职业的含义、特点。
2. 熟悉职业的意义与分类原则。
3. 了解正确的职业观。
4. 帮助大学生树立正确的职业观。

第一节　职业的含义、特点与意义

马克思说过"人的本质是劳动"。每位医学生都要步入社会，都将通过职业活动实现个人价值同时为社会做出贡献，并推动社会的发展，社会通过职业活动对个体贡献进行补偿回报以维持个体稳定生活。众多的职业分工及相应的从业者的工作构成了整个社会的基本结构，职业成为人们在社会生存和发展的手段，人们都会与职业结下不解之缘，不可避免地要成为一名职业人。

一、职业的含义

1. 职业的产生与发展　人类社会发展的进程表明，职业是社会分工的产物，是随着社会生产力水平的提高和社会分工的形成而产生和发展的。人类群居组合成家庭或部落以后，原始萌芽状态的社会分工随之产生。如男性外出作战、打猎捕鱼，女性采摘果实、照顾小孩等。这既有利于从业者发挥自身优势，也体现了社会群体对从业者某种优势的鼓励和认可，但这只是按照性别进行的简单自然分工，所以还谈不上职业的存在。在原始社会末期，出现了最初的社会大分工，农业、畜牧业和手工业逐渐分离开来。后来又出现了专门经营交换的商业，开始了脑力劳动和体力劳动的分工。人们在社会生活中逐渐就某一类社会任务承担一定的职责，并以此作为区分于他人的标志，从而逐渐形成了专门的职业。所以，职业可以说是社会劳动分工发展和人类文明进步的必然产物。其中，社会分工是职业产生的基础和依据。原始社会后期三次社会大分工的出现，催生了职业并推动了职业的分化和发展。进入奴隶社会和封建社会后，多数人从事农牧劳动，少数人从事手工业劳动，职业的种类相对比较简单。进入资本主义社会后，生产力迅猛发展，工业革命使人解放了出来，

大规模机器生产得以推广，劳动分工与协作关系更加广泛和复杂，分工越来越细，职业越发分化，职业的数量和种类达到万种以上，形成了一个纷繁复杂的职业世界。

随着科技革命时代的到来，现代社会出现了农业社会、工业社会和后工业社会及信息社会多元并存的局面。人类活动日益丰富多彩，社会职业的变迁也出现了前所未有的变更，生产力的不断变革已经十分明显地改变着职业的构成，接连出现了一系列的新兴工业，如电子学和计算机科学、航空工业、海洋工业、生物技术等，加速了信息的流动，增加了文化的多样性，也促使现代职业的内容不断更新，对从业者的文化知识和职业技能的要求也不断提高。科技的进步导致未来职业最明显的发展趋势就是以单纯体力劳动为主的职业越来越少，脑力劳动在职业中的含量越来越高，脑力劳动与体力劳动相结合，成为人类创造物质财富的主要劳动形态。

2. 职业的内涵　谈起职业，人们就会想到日常生活中各种各样的劳动岗位和与劳动岗位相关的各种工作，如医生、护士、药师、教师、记者等。这些工作由于性质、任务、对象和方式不同，我们称之为不同的职业。

职业是指人们为了谋生和发展而从事的相对稳定、有收入、分专业类别的社会劳动，这种劳动取决于社会分工。离开职业，人们就无业可就，就业就是人们谋取职业，并从职业中获得必要生活和生产资料，实现人生价值的过程。职业与工作联系很大，工作是指为了进行某种活动或达成某项任务，个人所需扮演的某些角色及被分配的若干职位。职业是特定的社会分工任务的这些角色及职位的总和，一个职业有时包括好几项工作，如从事护士职业，除了护理工作之外，有时还兼任其他的行政、科研、教学等工作。工作是比职业更具体的概念。行业的概念与职业又不同，同一行业中有许多不同的职业，不同的行业中也会有相同的职业，如在医疗行业中，包含有医师、药剂师、护师、医学检验师等职业；文秘职业则出现在各行各业中。与职业有关的另一个概念是专业，它是指专业化程度比较高的职业。

简单地讲，职业是指人们在社会中所从事的有稳定、合法收入的活动，是指"参与社会分工，利用专门的知识与技能，创造物质财富、精神财富，获得合理报酬，满足物质生活、精神生活的工作"。这其中包含了五种关系：①个人与他人的社会关系，强调职业首先必须是一种社会分工；②职业与知识技能的关系，每种职业必须具有相应的知识和技能；③知识技能与财富的关系，只有具备了相应的知识技能才能创造相应的财富；④创造财富与报酬的关系，相对于创造的财富必须获得合理的报酬；⑤获得报酬与需求的关系，从事某职业的人通过获得的报酬来满足个人的物质需求和精神需求。

二、职业的特点

1. 职业的特征　一项社会活动要称为职业，则必须具备以下特征。

（1）社会性　职业充分体现社会分工，劳动者所从事的每项职业均系他人所需，并且与其他社会成员相关联。社会成员在一定的职业岗位上为社会做贡献，社会也以全体成员的劳动成果作为积累而获得持续的发展和进步。

（2）经济性　从个人角度讲，劳动者所从事的某项职业是以获得现金或实物等报酬为目的的。可以说，职业是个人获得经济收入的来源，是个人维持家庭生活的手段。从社会角度讲，职业的分工是社会经济运行的主体，职业劳动所创造的社会财富，成为社会的存在和发展的物质基础。

（3）稳定性　任何一种职业都要经历一个从酝酿到形成，从发展到完善再到消亡的变化过程。一般来说，构成职业生存的社会条件变化是比较缓慢的，职业的生命周期便相对地具有稳定性。

（4）技能性　任何一种职业岗位，都有相应的职业要求，而要完成职业要求，必须有特定的职业素质和专业技能。

（5）规范性　主要是指职业主体符合并遵守国家法律规定和社会伦理道德标准。

（6）群体性　处于同一企业或同一部门的从业者，总会形成语言、习惯、利益及目的等方面的共同特征，这实际上类似于形成群体文化，从而不断产生群体认同感。

2. 职业的要素　一般来讲，职业是由以下几个要素构成的。

（1）职业名称　职业的符号特征，它一般由社会通用称谓来命名。

（2）职业主体　从事一定社会分工活动的劳动者，必须具有承担该职业所需要的资格和能力。

（3）职业客体　职业活动的工作对象、内容、劳动方式和场所等。

（4）职业资格　劳动者在从事职业活动中所运用的自然技术、社会技术与思维技术的总和。

（5）职业报酬　承担该职业工作所取得的各种报酬。

三、职业的意义

人类社会历史表明，人们要在社会上生存，为了解决衣、食、住等问题，就必须进行劳动。劳动作为人类谋生的手段，是人类社会的普遍现象。而职业作为社会分工情况下长期从事某一种具有专门业务和特定职责，并以此获得生活主要来源的社会活动，其基本要素是劳动。职业作为一种社会历史现象，并不是从来就有的，也不是永恒不变的，而是与社会生产力的发展引起的社会分工紧密联系在一起的，生产力越发展，社会分工就越发展，职业也会越发展。马克思和恩格斯曾指出："当分工出现之后，任何人都有自己一定的特殊的活动范围，这个范围是强加于他的，他不能超出这个范围……只要他不想失去生活资料，他就始终应该是这样的人。"正是社会分工的相对固定化，形成了具有专门社会职能的各种职业，人们在不同工作性质的岗位上所从事的工作目标、内容、方式与场所等存在很大的差异，又形成了不同的社会角色。

职业生活和家庭生活、公共生活一起，构成了人类复杂的社会生活。如果说婚姻和家庭是人类种族延续的社会组织形式，职业生活是人类社会生活得以发展的社会组织形式，职业活动就是人类实现物质生活资料和精神生活资料的基本实践形式。职业涉及每一个在社会存在的个体，职业生活是人一生的主体，是人生旅途中最关键和最辉煌的阶段。

知识拓展

　　职业对于我们绝大多数人来说都具有无可取代的意义。从你踏入社会做第一份工作起，每天你有三分之一的时间在职场度过，直至退休，约有 35 年时间。以平均寿命 70 岁计算，工作时间占到了你整个生命的一半。工作作为谋生手段是被大多数人认可的，这也是工作的最基本的目的。那么是不是意味着，如果我们衣食无忧，就可以不去工作了呢？美国社会学家怀兹曾进行过这样一项调查：当你拥有一笔不必工作也能维持生计的遗产时，你会不会脱离职业人的行列？结果发现，竟然有80%的人回答：即使自己生活富裕，仍然愿意继续工作。理由如下：

——工作是一种乐趣；

——希望自己的内心经常保持充实感；

——以此维持自己的健康；

——通过工作可以促进人际交往；

——证明自己是活生生的人；

——保持自尊心；

……

由此我们可以看出，职业对每个人而言除了谋生的功能外，还具有更为重要的意义，那就是证明自己的社会存在、实现自我价值。

第二节 职业分类

扫码"学一学"

我国是最早开展职业分类的国家，2500年前的《春秋·古梁传》中写道："古者立国家，百官具，农工皆有职以事上。古者有四民，有士民，有商民，有农民，有工民。"《周礼·冬官考工记》中写道："国有六职，百工与居一焉。或坐而论道，或作而行之。"通篇论述了王公、士大夫、百工、商旅、农夫与妇功等不同职业的分工和职责。随着社会发展，劳动分工越来越细，职业不断增加，职业分类的必要性日益突出。

一、职业分类的意义与方法

1. 职业分类的意义 随着职业种类逐渐增多，人们对职业的认识和管理越来越困难。为了加强职业的认知、管理和运用，必须对职业进行适当的归纳和分类。职业分类就是采用一定的标准和方法，依据一定的分类原则，对从业者所从事的各种专门化的社会职业所进行的全面、系统的划分与归类，是以工作性质的同一性为基本原则，对社会职业进行的系统划分与归类。职业分类的目的是将社会上繁杂的、数以万计的工作类型，划分成类系有别、规范统一的层次或类别。

现代职业分类是工业革命的产物，也是现代人文精神的反映。职业分类不但是职业的外在特征-社会需求性特征的反映，也是职业的内在特征-个人发展性特征的体现。

2. 职业分类的指导原则 职业分类既涉及国家经济管理、社会经济统计、劳动力市场运行和预测、职业和职业介绍、职业教育培训以及职业资格认证等，与企业生产经营活动相联系的企业内工种、职务、岗位和工作的设立和变化，以及企业劳动力资源的配置和管理；也涉及个人就业和从业发展方向的确定和变更、个人职业道路的选择以及个人职业能力的培养掌握等。因此，职业分类是一项复杂的工作。

我国当前职业分类的基本指导原则如下。

（1）科学性 职业分类要遵循职业活动的内在规律，客观反映社会劳动分工的实际状况。

（2）适用性 职业分类的确定要从实际情况出发，充分考虑各个产业、行业、部门的

工作性质、技术特点、劳动组织和工作条件的状况，要适应我国现行国民经济管理、经济信息统计、全国和地区性劳动力调查、劳动力市场运行管理、职业教育和职业培训、职业技能鉴定考核以及职业指导和就业服务等工作的实际需要。

（3）先进性　职业分类要跟踪和体现社会经济发展、科技进步和产业结构的变化。在人类社会从工业经济时代向知识经济时代过渡、生产力急剧发展变化的大背景下，许多代表工业经济时代的传统职业日趋衰亡，代表知识经济时代的新兴职业不断涌现出来。职业分类要及时反映职业变化趋势，具有时代感和前瞻性。

（4）开放性　职业分类是一项动态性很强的工作，旧的传统职业消失，新的新兴职业产生。过去的职业扩散、普及为通用的技能，如电脑技术。为此，职业分类要保持开放性，随时根据国家经济结构、产业结构，以及企业生产经营活动的变动，及时增补加入新兴的职业，删减或调整旧的职业。

3. 职业分类的方法　基本依据是工作性质的统一性。按照工作性质的统一性进行职业分类，一方面是根据职业活动工作特征的相异程度进行职业划分，另一方面是根据职业活动工作特征的相同程度进行职业归类。

职业分类的基本方法是工作分析法，它是将任何一种职业活动依据其工作的基本属性进行分析，按照工作特征的相异与相同程度进行职业的划分与归类。

任何一个国家的职业分类都是建立在一个分类结构体系之上，针对体系中的每个层次，依据不同的原则和方法，才能实现总体结构的职业划分与归类。根据国际职业分类的通行做法，职业分类一般划分为大类、中类、小类和细类4个层次。大类层次的职业分类是依据工作性质的统一性，并考虑相应的能力水平进行；中类层次的职业分类是在大类范围内，根据工作的任务与分工的统一性进行；小类的职业分类是在中类的范围内，按照工作的环境、功能及其相互关系的统一性进行；细类的职业分类即为职业的划分与归类，它是在小类的基础上，按照工作分析法，根据工艺技术、对象、操作流程和方法相似统一性进行，细类是最基本的职业类别。

二、国内外职业的分类

1. 我国职业的分类　分类依据是《中华人民共和国职业分类大典》，1998年12月编制完成，1999年5月正式颁布实施，是我国第一部对职业进行科学分类的权威性文献。由于它的编制与国家标准《职业分类与代码》（GB 6565—86）的修订同步进行，相互完全兼容，因此，它本身就代表了国家标准。

知识拓展

1986年我国首次颁布了《职业分类与代码》（GB 6565—86），并启动了编制国家统一职业分类标准的宏大工程。1992年，在中央各部委的大力支持与协助下，原劳动部组织编制了《中华人民共和国工种分类目录》，这个目录将当时我国近万个工种归并为分属46个大类4700多个工种，初步建立起行业齐全、层次分明、内容比较完整、结构比较合理的工种分类体系，为进一步做好职业分类工作奠定了坚实的基础。1995年2月，原劳动部、国家统计局和国家技术监督局联合中央各部委共同成立了国家职业分类大典和职业资格工作委员会，组织社会各界上千名专家，经过 4 年的艰苦努力，于 1998 年 12 月编制完成了《中华人民共和国职业分类大典》，并于 1999 年 5 月正式颁布实施。

《中华人民共和国职业分类大典》借鉴了国际先进经验，特别是《国际标准职业分类》ISCO-88，从我国实际国情出发，在充分考虑我国经济发展、科技进步和产业结构的基础上，按照工作性质同一性的基本原则，第一次对我国社会职业进行了科学的划分和归类，全面反映了我国社会职业结构，填补了我国社会职业分类领域的空白，开始与国际职业分类接轨。大典中的每一个职业都有编码、名称、职业定义和职业描述以及归入该职业的工种组成，对职业的性质和工作活动的内容、范围以及与工种的联系做了准确的界定和表述。

《中华人民共和国职业分类大典》把我国职业划分为由大到小、由粗到细的四个层次：大类（8 个）、中类（66 个）、小类（413 个）、细类（1838 个）。细类为最小类别，亦称职业。八个大类分述如下。

（1）国家机关、党群组织、企业、事业单位负责人 包括 5 个中类，16 个小类，25 个细类。包括中国共产党中央委员会和地方各级党组织负责人；国家机关及其工作机构负责人；民主党派和社会团体及其工作机构负责人；事业单位负责人；企业负责人。

（2）专业技术人员 包括 14 个中类，115 个小类，379 个细类，即从事科学研究和专业技术工作人员。其中包括科学研究人员，工程技术人员，农业技术人员，飞机和船舶技术人员，卫生专业技术人员，经济业务人员，金融业务人员，法律专业人员，教学人员，文学艺术工作人员，体育工作人员，新闻出版、文化工作人员，宗教职业者，其他专业技术人员。

（3）办事人员和有关人员 包括 4 个中类，12 个小类，45 个细类，即在国家机关、党群组织、企业、事业单位中，从事行政业务、行政事务的工作人员，以及从事安全保卫、消防、邮电等业务的人员和其他办事人员。

（4）商业、服务业人员 包括 8 个中类，43 个小类，147 个细类，即商业、服务业人员，指从事商业、餐饮、旅游服务、运输、医疗辅助及社会和居民生活等服务工作的人员。包括购销人员，仓储人员，餐饮服务人员，饭店、旅游及健身娱乐场所服务人员，运输服务人员，医疗卫生辅助服务人员，社会服务和居民生活服务人员，其他商业、服务人员。

（5）农、林、牧、渔、水利业生产人员 包括 6 个中类，30 个小类，121 个细类，即从事农业、林业、畜牧业、渔业及水利业生产、管理、产品粗加工的人员。包括种植业生产人员，林业生产及野生动物植物保护人员，畜牧业生产人员，渔业生产人员，水利设施管理养护人员，其他农、林、牧、渔、水利业生产人员。

（6）生产、运输设备操作人员及有关人员 包括 27 个中类，195 个小类，1119 个细类，即从事矿产勘查、开采、产品生产制造，工程施工和运输设备操作的人员及有关人员。包括勘测及矿产开采人员，金属冶炼、轧制人员、化工产品生产人员，机械制造加工人员，机电产品装备人员，电力设备安装、运行、检修及供电人员，电子元器件与设备制造、装配调试及修理人员，橡胶和塑料制品生产人员，纺织、针织、印染人员，裁剪缝纫和皮革、毛皮制品加工制作人员，粮油、食品、饮料生产加工人员，烟草及其制品加工人员，药品生产人员，木材加工、人造板生产及木材制品制作人员，建筑、浆制、造纸和纸制品加工人员，建筑材料生产加工人员，玻璃、陶瓷、搪瓷及其制品生产加工人员，广播影视制品制作、播放及文物保护作业人员，印刷人员，工艺、美术品制作人员，文化教育、体育用品制作人员，工程施工人员，运输设备操作人员及其有关人员，环境监测与废物处理人员，检验、计量人员，其他生产、运输设备操作人员及有关人员。

（7）军人　包括 1 个中类，1 个小类，1 个细类。

（8）不便分类的其他从业人员　包括 1 个中类，1 个小类，1 个细类。

这几种分类方法符合我国国情，简明扼要，具有实用性，也符合我国的职业现状。如医院院长这一职，它属于第一大类——国家机关、党群组织、企业、事业单位负责人；中类——事业单位负责人；小类——卫生单位负责人。其他如各类医院院长、学校、科研单位负责人都属于这一类。医院里面医师等职业则属于第二大类——专业技术人员；中类——医疗卫生技术人员；小类——医疗机构医师。这一职业是指在医疗机构从事疾病诊断、处方、治疗和预防的人员。

从 2004 年起，国家根据社会经济发展需要，建立新职业定期发布制度，并不断补充与修订国家职业分类体系。根据国际经验，每 7~10 年，就需要重新出版国家《职业分类大典》的新版本，以便及时、科学、准确地反映我国经济结构、产业结构、职业结构和生产力发展变革的真实面貌和水平。

2. 国外职业的分类　目前世界上已经有 140 多个国家制定了职业分类，但大都较为粗糙，往往只有名称和编码，没有明确的范围和定义，而且相互之间很难比较。联合国国际劳工组织一直致力于帮助世界各国完善自己的职业分类，并力图通过提供一个国际范本，促进世界各国的职业分类相互接近，或者提高相互之间的可比较性。

国际劳动组织（International Labour Organization，ILO）是一个以国际劳工标准处理有关劳工问题的联合国专门机构。1919 年，ILO 根据《凡尔赛和约》，作为国际联盟的附属机构成立。总部设在瑞士日内瓦，它的培训中心位于意大利都灵，秘书处称为国际劳工局。该组织曾在 1969 年获得诺贝尔和平奖。ILO 提供的范本就是《国际标准职业分类》，简称 ISCO（International Standard Classification of Occupations）。我国使用的职业分类以美国、日本、加拿大为例。

（1）国际标准职业分类　国际标准职业分类 ILO 为给各国提供统一准则而制定的职业分类标准。早在 1923 年的第一届国际劳工统计学家会议上人们就讨论了制定职业分类国际标准的需要。1949 年，这一项目正式启动。1958 年《国际标准职业分类》初版发行，之后又经 1968 年、1988 年、2008 年三次修订，形成目前的最新版本《国际标准职业分类（2008）》（简称 ISCO-08）。

1958 年《国际标准职业分类》第一版上就指出，ISCO 的主要目的有三点：①便于各国统计数据间的比较；②指导各国政府进行国家职业分类体系的修订；③在国际背景下辨识某些特殊的地域性职业提供途径。几十年来，ISCO 确已成为世界各国制定和修订职业分类体系的蓝本，也为促进国际相关领域的交流做出了贡献。

ISCO 将职业区分为大类、小类和细类，自 ISCO-88 起，又在大类和小类之间增加了中类，使分类更加细致完整。ISCO 的前两版 ISCO-58 和 ISCO-68 对职业进行分类所依据的基本标准是该职业所要完成的工作类型，这其中暗含着完成该工作所需具备的技能。到了 ISCO-88 和 ISCO-08，技能水平和技能的专业程度作为划分标准被明确提出来并得到了进一步的强调。

ISCO 目前的最新版本是 ISCO-08，它通过于 2007 年 12 月 ILO 召开的国际标准职业分类修订大会。08 版在维持 88 版的基本原则和主要框架的基础之上，进行了一系列的改变（见表 4-1）。这些改变一是鉴于各国在参照 ISCO-88 进行分类并投入实际应用时所获取的一些经验，二是基于世界范围内工作的最新发展。

表 4-1　ISCO-88 与 ISCO-08 的比较

类别	ISCO-88	ISCO-08
大类	1 立法者、高级官员和管理者	1 管理者
	2 专业人员	2 专业人员
	3 技术人员和专业人员助理	3 技术人员和专业人员助理
	4 办事员	4 办事员
	5 服务人员及商店和市场销售人员	5 服务人员及销售人员
	6 农业和渔业技术员	6 农业、林业和渔业技术员
	7 工艺及有关人员	7 工艺及有关人员
	8 机械机床操作员和装配工	8 机械机床操作员和装配工
	9 非技术工人	9 非技术工人
	10 军人	10 军人
中类	28	43
小类	116	125
细类	390	436

从上表中可以看出 ISCO-88 与 ISCO-08 大类的变化及中、小、细类的增加。总体而言，08 版比起前一版本分类更加细化，其中新增或更新的中类有：生产及专门服务管理人员，招待、零售及其他服务管理人员，工商管理专业人员，资讯及通信科技专业人员，法律、社会和文化专业人员，商业及行政专业助理人员，法律、社会、文化及有关专业助理人员，资讯及通信技术人员，数字和材料记录文员，个人护理工作者，电气和电子行业工人，食品加工、木材加工、服装及其他工艺及相关行业工人，清洁工及佣工，食品制作助理人员，垃圾工人和其他基层劳工，有军衔的军队干部，无军衔的军队士官，其他军阶的军人。

此外，从跟以往各版本的比较中我们可以发现，08 版很多更新的内容可能是出于对 88 版在应用中所产生问题的补救。这体现在 68 版一些被 88 版废除的类别又重新出现在 08 版上，例如，重新将店主从其他的管理者中分离出来，以及重新引入自行车修理员、炊事助理等。

（2）美国职业分类体系　美国是从事职业分类问题研究最早的国家，也是较早建立职业分类系统的国家之一，其职业分类的方法有如下许多种。

1）美国国家标准职业分类 SOC　早在 1850 年，美国就模仿标准行业分类系统

(Standard Industrial Classification，SIC)，建立了包括 322 个职业的分类系统。到了 20 世纪中期，随着社会的迅速发展，原有的分类系统已不能适应新世纪服务型职业和高科技职业的发展要求，由此便成立了标准职业分类修订政策委员会（Standard Occupational Classification Revision Policy Committee，SOC Committee）来对原有的 SOC 80 进行重新修订，于是 SOC 2000 应运而生。在美国劳动部公布的 SOC 2000 中，将美国的职业分为 23 个大类、97 个中类、461 个小类、840 个细类，对具有相近工作职责、技能训练水平、教育水平的具体职业岗位归属于一个细类中，它包括了从洗碗工、搬运工到经济学家、律师等各个职业。由于经济和科学技术的快速发展，许多新兴职业相继出现，于是美国从 2005 年起，又再一次对职业分类系统做出修订，最终产生了美国现行的职业分类系统，即 SOC 2010。同时，美国也计划在 2013 年开展 SOC 2018 的修订工作。

例如美国 O * NET（Occupational Information Network）是在劳动部支持下的一个专业职业信息网，也是全美最大的职业信息数据库，其成果已得到了国内外的认可，其信息既可用于学生求学、求职者，也适用于社区学院、需要继续教育者、人力资源工作者和研究工作者等职业数据库相联系，适应了时代发展的需求。

2）按照脑力劳动和体力劳动的性质、层次进行职业分类　这种分类把工作人员划分为白领工作人员和蓝领工作人员两大类。白领工作人员包括：从事专业性和技术性工作的人，如会计、工程师、律师和法官、作家、艺术家等；农场以外的经理和行政管理人员；销售人员；办公室工作人员。蓝领工作人员包括：手工艺及类似工人，如石匠、木匠等；非运输性的技工，如组装工、钻探工等；运输性的技工，如公共汽车司机、调度员等；农场以外的工人，如建筑工人、园艺工人、伐木工等，服务性行业工人，如清洁工、健康服务人员等。这种分类方法是社会学者们的笼统职业分类，特点是简明扼要。

3）安妮·罗欧的职业分类　这种分类是便于职业指导的职业分类方法，即安妮·罗欧的职业分类系统。该方法根据职业活动的重点，把职业划分为 8 种类型，即服务性职业、商业性职业、组织性职业、技术性职业、户外性职业、科学性职业、一般文化性职业、艺术和娱乐性职业。

（3）加拿大职业分类系统　形成于 1971 年，这一年由加拿大移民与就业部编辑出版了《加拿大职业岗位分类词典》（CCDO），CCDO 出版后，广泛应用于人口统计、就业、职业培训、经济预测等领域，成为极有参考价值的工具书，受到普遍的欢迎。但是由于编辑 CCDO 时，主要参考了美国的职业分类词典（Dictionary of Occupational Titles，DOT），所以在使用中也暴露了不少问题。美国的职业分类词典有若干种，是由不同的部分或组织编写的，DOT 只是其中一种，它的问题是只注重行业，而忽略了某一行业里由于技能水平的差异而造成的职业差异。因此影响 CCDO 也存在分类不清的问题。比如，木工和木工的辅助工，都划在了一起，无法区分和确定两种人不同的技能水平要求。为弥补 CCDO 的不足，从 CCDO 问世后不久，每年都要补充一些新的资料。从 1988 年开始，加拿大移民与就业部组织 40 余名专家编辑 CCDO 修订本，历时 4 年完成了修订工作，形成了 NOC（National Occupational Classification）职业分类系统，经过多次修订，现行的版本为 NOC-S2006。

加拿大职业分类体系根据职业特点，划分为九大行业。每一行业都按照职业对知识、技能和能力的要求，划分为两个层次，即管理层和技术层；在技术层，依据不同职业，对知识、技能和能力及职责范围的不同要求，划分为若干个技能水平；在每一技能水平里，包含数目不同的职业；在每一职业里，又包含一定数量的工作岗位。具体内容如下。

1）用 1~9 自然数表示九大行业　1 表示金融、行政事务；2 表示自然科学、应用科学；3 表示医疗保健；4 表示社会科学、教育、政府部门、宗教；5 表示艺术、文化、体育；6 表示产品销售与服务；7 表示手工艺、交通设备操作及相关行业；8 表示基础工业；9 表示生产加工业与公用事业。

2）用 0 和 A、B、C、D 表示技能水平　0 表示管理层不分技能水平的高低；A、B、C、D 表示技术层的技能水平。在商业、金融和医疗保健行业，技术层的技能水平为 A、B、C 三级；在自然科学、应用科学和社会科学、教育、政府部门、宗教及艺术、文化、体育等行业，技术层的技能水平为 B、C、D 三级。

3）用编码表示职业类别　职业类别依次为主类、子类和细类。主类为职业大类，子类为职业小类，细类为具体的职业。主类有 26 个，子类有 139 个，细类有 522 个。其中管理层的主类有一个，技术层的主类有 25 个。主类为两位数，子类为三位数，细类为四位数。从左向右数，第一、二个数字表示行业和技术水平，即主类；第三个数字表示小类的顺序，与主类相加即为子类；第四位数字表示小类里的职业顺序，与子类相加即为细类。如在管理层，高级管理人员的主类编码为 00，子类编码为 001，细类编码为 0011~0016；高级以下的管理人员的主类编码为 01~09，子类编码为 011~091，细类编码按照行业的不同在数量上有所差异，如金融、行政事务行业，编码为 0111~0114，表示有四个职业。生产加工与公用事业，编码为 0911~0912，表示有两个职业。又如在技术层的某个细类编码为 7411，主类为 74，表示在按自然数排列第 7 个行业，即手工艺、交通设备操作及相关行业，职业技能水平在四级；子类为 741，表示是汽车驾驶员；细类为 7411，表示是汽车驾驶员里的卡车司机。

加拿大的 CCDO 是迄今为止世界上各工业发达国家已出版的类似工具书中篇幅最大、内容最为充实的一部书，并且它在不同社会制度的国家中具有广泛的通用性。

（4）新加坡职业分类　《新加坡标准职业分类》（Singapore Standard Occupational Classification，SSOC）由新加坡统计局推出的国家职业分类体系，至今已是第六版。

SSOC 依据的基本原则是所要完成工作的主要类型，工作主要任务相同的人从事同一类型工作，应被划入相同的职业群。用来定义众多工作种类的基本概念是技能，技能是指完成一项工作的任务和职责所需的能力。与 ISCO 一样，SSOC 将技能定义为两个维度，技能水平和技能的专业程度。

技能水平根据应受教育层次的不同划分为四个等级：①第一级技能水平被定义为接受初等教育或未接受教育；②第二级技能水平被定义为接受中等或中等后教育；③第三级技能水平被定义为接受过比前面更高等级的教育但不等同于大学教育；④第四级技能水平被定义为接受过比前面更高等级的教育，等同于本科或研究生教育。依据四级技能水平，SSOC 中的大类进行如下划分（见表4-2）。

表 4-2　SSOC 中大类的技能水平划分

	大　类	技能水平
1	立法者、高级官员和管理人员	—
2	专业人员	4 级技能水平
3	辅助专业人员和技术人员	3 级技能水平
4	职员	
5	服务人员和商店与市场销售人员	
6	农业和水产业工人	2 级技能水平
7	手艺（工艺）人和相关行业的工人	
8	设备与机械操作和装配工	
9	清洁工、劳工和相关行业的工人	1 级技能水平
X	未分类职业的从业者	—

2010 年 2 月，新加坡职业分类最新版本 SSOC 2010 出版。SSOC 2010 采用了国际标准职业分类 2008（ISCO-08）的基本框架和原则。这次修订不仅配合了国际标准的变化，也反映出劳动力市场的发展，特别是新职业的出现，相较于 SSOC 2005，SSOC 2010 在大类上基本没有变化，但中小类明显细化，并囊括进了一批新兴职业。新增或更新的中类有：行政和商业管理者，生产及特别事务管理人，招待、零售及相关服务管理者，卫生技术人员，信息和通信技术的专业人员，保健辅助专业人员，信息与通信技术员，一般文员及打字员，数值和材料记录文员，个人服务工作人员，起居照顾员，垃圾工人和其他基层劳工，电气和电子行业的工人，农业、渔业及相关劳工，食品制作和厨房助理，保安服务工作人员。

三、职业的更新和演变趋势

在当今时代，随着科学技术的迅猛发展，出现了农业社会、工业社会和后工业社会及信息社会多元并存的局面。人类活动日益丰富多彩，社会职业的变迁也出现了前所未有的更替和变化，生产力的不断变革已十分明显地改变着职业的构成，特别是作为第一生产力的科学技术日新月异的发展，促使现代职业的内容不断更新，对从业者的文化知识和职业技能的要求不断提高；新的职业不断涌现，而职业更新的周期越来越短。科技的进步导致未来职业最明显的发展趋势就是以单纯体力劳动为主的职业越来越少，脑力劳动在职业中的含量越来越高，脑力劳动与体力劳动相结合，成为人类创造物质财富的主要劳动形态。

同时，社会发展、科技进步带来经济结构、产业结构的调整变化，社会职业随之发生变化。如第一、第二产业的传统职业数量、从业人员总量和比例减少，但随着第三产业的快速发展使之成为新生职业的密集区，信息服务业成为发展速度最快的职业群，"信息职业"占各种新生职业总和 40% 以上。有专家认为，信息产业有可能从第三产业领域独立出来，成为第四产业。管理咨询业对社会和个人的影响越来越大，已成为第三产业领域另一个发展最快的职业群。在第三产业领域，提高生活质量、满足消费需求的服务性职业也有突破性的发展，涌现出许多新的职业。总体来看，职业的发展呈现以下趋势。

1. 由单一型向复合型转化　从目前就业情况分析，职业岗位的要求和劳动方式逐步由简单向复杂方面转化，同一职业岗位，过去单一技能就能胜任的工作，现在职业内涵发展扩大了，往往需要相关专业的知识和技能，需要跨专业的知识和技能才能胜任。

2. 由封闭型向开放型转化　职业岗位工作的范围和面向的服务对象越来越广泛，接受信息的渠道也必须加大。人们相互之间的交往和协作大大加强，所以要求人们具有开放的观念和心态，彻底摆脱封闭的状态。另外，开放型体现在职业岗位工作的性质上，也增加了一些以人与人之间联络、沟通、信息咨询和交易为表现形式的内容。

3. 由传统工艺型向智能型转化　传统工艺型在科技含量上相对滞后，在技术更新速度方面比较缓慢，有时跟不上时代前进的步伐。生产力发展的关键之一是增加职业岗位科技含量，改善劳动组织和生产手段，提高劳动生产率，能熟练应用信息管理方法的智能型操作人员，是今后职业岗位更新、工作内容更新需要的新型人才。

4. 由继承型向知识创新型转化　知识经济的到来，要求社会成员必须不断树立创新意识，在自己的职业岗位上进行创造性劳动。今后，只有创造型人才才能更好地胜任职业岗位职责。

准确把握职业变迁趋势，对高职高专学生至关重要，它能够对职业目标的选择提供思路，对职业生涯发展规划提供方向，高职高专学生应密切关注职业变迁和发展趋势，更好地适应变革中的职业环境，防止择业的盲目性。

第三节　树立正确的职业观

职业观是在长期的职业实践中逐步形成的，有其产生和发展的规律，它一经形成，又反过来影响甚至指导具体的职业工作和职业行为。特别是当一种职业观内化为从业人员价值体系的一部分时，往往表现出很强的自主性，这种自主性可能达到与职业组织力量相抗衡的程度。如对为什么要选择职业、选择什么职业、什么是好职业、个人适合从事什么职业劳动等的不同看法。正是由于在这些问题上的看法不同，也就产生了不同的择业方向及职业行为。有人择业方向正确，有人进入误区；有人在职业劳动中成绩卓著，有人毫无作为，甚至屡次在择业竞争中失败。由此可见，职业观对高职高专学生职业选择具有非常重要的作用。

一、职业观

1. 含义　人们对某一特定职业的根本看法和态度，也是社会对从事某种专业工作人员较为恒定的角色认定。

职业观由 3 个要素构成：维持生活、完善个性和服务社会，三者不同的地位和比例，构成不同的职业观，包括职业地位观、职业待遇观、职业苦乐观等。

2. 作用

（1）择业者选择职业的指导思想　社会生活中职业化程度越高、职业地位越巩固的职业，人们对其从业者的角色认定也越明确。如医护人员被称为"白衣天使"，邮递员被叫作"绿衣使者"，教师被视为"园丁""蜡烛"等。

（2）影响人生的发展前景　职业观是人生理想在职业问题上的反映，是人生观的重要组成部分；正确的人生观决定正确的职业观。在劳动力市场上，每个择业者都自觉或不自觉地以一种职业观指导自己选择职业。

扫码"学一学"

二、正确职业观的形成

1. 正确的职业观　一种全新的职业观认为，工作不是重负，工作是充满喜乐的游戏、实现人生价值的礼物，甚至是尽情抒发情感的艺术活动，这种观点是符合时代潮流的职业观，是每位高职高专学生必须具备的。高职高专学生只要在择业时不去舍本逐末、不急功近利、不为身外之物而耗尽生命本身，就能够获得这样一种职业观。这种职业观可以说是新的，也可以说是永恒的，它体现了人类对生命过程意义的思考。在"我们从哪里来、到哪里去、现在要做什么"的问题当中，新职业观所回答的，就是我们"现在要做什么"的问题。人生短暂而有限，而其中职业所占的比重越来越大，我们如何从人生意义的高度来把握职业观，如何从生命信仰的高度来认识职业对个体的意义，确实是关系到我们生命本身、存在本身的大问题。

新职业观是以每个个体的生命信仰为基石的职业观，它谋求生命信仰的实现与工作完全融为一体，它使我们每个人能在工作中体验到爱、美、快乐、意义与永恒。在这种职业精神的关照下，人才能活得有价值、有意义，否则就像划过天空的流星，就像去而不返的轻风，到头来仍是虚无与荒谬。也只有将工作与生命信仰紧紧联系起来的新职业观，才能既满足每位职业人士的生命渴求，又推动企业、地区、国家的兴旺发达和文明进步。

2. 如何培养正确的职业观　正确的职业观从根本上说就是为人民服务的职业观。择业要以国家需要为重。追求美好的生活、理想的职业和个人的前程是正常的，但要清楚地认识到美好的生活来自于奋斗，个人理想和前途根基于国家的前途、人民的事业。因此，个人择业首先要服从国家和社会的需要，要充分考虑国民经济和社会发展的需要，把择业同民族的振兴、祖国的富强联系起来，并以此为己任，要提倡无私奉献的精神。

但是，在市场经济的条件下，劳动确是谋生的手段，就业确实又是在劳动力市场上出卖自己的劳动能力，劳动力是有价格的，就业需要讲报酬，也就是说就业是有私的，怎样才能把这种无私与有私统一起来呢？古人说："以其无私故成其私""已愈为人已愈有，已愈与人已愈多"。就业首先要考虑的应是奉献，社会、人民需要什么，我们就去干什么；干就要把它干好。也就是说树立为人民服务、为社会奉献、敬业爱岗的精神。同时，也要认识到依照法律，按照按劳分配的原则，你付出了劳动，社会必然会对你的奉献予以恰当的回报。具体来说，就业是劳动者与用人单位确立劳动关系，明确双方的权利义务。当你在自己的工作岗位上贡献自己的才能与劳动后，用人单位应当给你恰当的报酬。

就业首先要为满足社会需求，适应用人单位的需要，在岗位上要提倡奉献精神，同时要体现按劳分配、多劳多得的原则，贡献愈大，回报愈高。这就是以其无私故成其私的道理。而一味地追求私利，一切从个人利益出发，不讲贡献，只讲索取，到头来，为私而私不成。

一个具有无私奉献精神又有才能的人，必是一切用人单位欢迎的人，也是获得丰富报酬的人。

3. 形成正确职业观需注意处理的几种关系

（1）处理好职业观与金钱的关系　金钱是一种成就的报酬，它是在确定职业观时首先要面对的问题。有些经济条件不太好的大学毕业生在求职时，将金钱作为首选，从根本上讲这并没有错。但是对于一些人来说，拥有的知识、能力、经验和阅历还不足以使其一走上社会就获得大量金钱回报。怀有一夜暴富的心理是不正常的，更是危险的，容易被社会上的不法分子利用，甚至误入歧途。特别是面对严峻的就业形势，更应理性地降低对金钱的期望值，把眼光放远一些，应尽可能地将自我成长和自我实现作为在毕业求职时的首选职业观。

（2）处理好职业观与个人兴趣、特长的关系　职业观、个人兴趣和特长是人们在择业时需要考虑的最重要的三个因素。在确定职业观时，一定要考虑它是否与自己的兴趣和特长相适应。据调查，如果一个人从事自己不喜欢的工作，很少有人在他选择的职业上成功；而如果选择了自己喜欢的工作则可以充分调动人的潜能，获得职业发展的原动力。此外，选择一项自己擅长的工作也许会事半功倍。

（3）处理好职业观的排序与取舍的问题　职业观的特性决定了他不会是人们的唯一，人性的本能也会驱使人们希望什么都能得到，但在现实生活中"鱼和熊掌不可兼得"。然而在职业选择中，人们却不能理性对待。既然是选择，就要付出代价，只有舍，才能得。所以，要对自己的职业进行排序，找出你认为最重要、次重要的方面，并提醒自己不可能什么都得到。否则就会患得患失，终其一生也不清楚自己到底想要什么，更谈不上职业生涯的成功和对社会的贡献了。

（4）处理好职业观中个人与社会的关系　人不能离开社会而独立存在，个人只有在工作中为社会做贡献才能实现自己的职业价值。当然我们并不是说要忽略择业中的个人因素，只去尽社会责任，这样不但不利于个人，也是社会的损失。如陈景润解得开哥德巴赫猜想，却讲不明白一节数学课。因此，我们反对只为个人考虑、毫不考虑国家和社会需要的职业价值观。

（5）处理好淡泊名利与追逐名利的关系　当一个人有了名利才有资格去谈淡泊，没有名利说淡泊那叫"吃不到葡萄说葡萄酸"。名利是人的欲望使然，欲望可以使人成就大的事业，也可使人自我毁灭。以合理、合法、公正、公平的方式追名逐利在一定程度上对个人对社会都会有益，但它需要一定的度，该知足时则知足，该进取时则进取。

案例分析

孟梦和很多时尚的上海女孩一样，总是不安于平淡的生活，充满了对新鲜事物的向往和好奇。这种个性造成她求职走上坎坷之路。本科时，孟梦选择了很有前途的临床医学专业，毕业后顺理成章地进了医院做医生。可是很快孟梦对这种一成不变的生活方式厌倦了。于是不顾家人的反对毅然辞职，到了一家酒店。初到酒店，一切从最基础的工作干起，包括给经理做文书工作及前台接待。放弃大有前途的医生不做，却在酒店里伺候人，大家都觉得孟梦的做法不可思议。无论出于对酒店的浪漫想象也好，还是对这一行业的看好也罢，孟梦决定在酒店里尝试新的挑战。功夫不负有心人，孟梦对于市场的天生敏感被一位伯乐发现，从此她囊括了酒店的市场营销、人力资源管理等所有的培训机会。半年不到，就出落成一个英姿飒爽的培训师兼管理人员，从一个"打杂的"蜕变成一名高级酒店管理人员。2017年，孟梦的一个创意为酒店开创了新的盈利业务，做出了大贡献，酒店上层准备升她为部门经理。但三四年的酒店工作，已经使孟梦对酒店的管理了如指掌，没有了当初的好奇，而看看以前的同学，有的在医生岗位已经晓有名气。她逐渐发现，原来医生很实用，并且即使做医生也不一定是待在医院里朝九晚五的生活方式。于是孟梦这匹难以驯服的烈马动了"吃回头草"的念头。可是自己已经离开那个领域三四年了，现在"回头"合适吗？综合考虑自己的条件和资源，自己有做市场的能力，但是放弃医生的职业又可惜，哪条才是最适合自己的路？应该怎样为自己定位？

请对案例进行分析，帮助孟梦规划职业。

思 考 题

1. 职业的含义是什么？职业与工作、专业、行业的区别是什么？

2. 职业分类的指导原则是什么？

3. 你认为如何才能形成正确的职业观？

（王　璐）

扫码"练一练"

第五章

职业能力与职业素质

学习目标

1. 掌握确立目标职业的要素。
2. 熟悉确立目标职业的原则及职业发展目标的发展条件。
3. 了解确立目标职业的要素及职业发展目标的构成。

第一节 确立目标职业的要素和原则

扫码"学一学"

大学生在完成学业后，面临的最主要的任务就是确立目标职业，这既是公民履行义务的前提，更是个人生存和发展的基础。面对社会经济的快速发展和日益细分的行业及岗位，只有在了解和掌握确立目标职业的要素和原则后，才能从容对待人生中的重要选择。

一、确立目标职业的要素

大学生目标职业的确定受到多种因素的影响，既有显性的因素，也有隐性的因素。这些因素大致可以分为主体因素和客体因素两大类。

1. 主体因素 主体自身产生的、与自我意识密切关联的影响因素，包括个性、兴趣、能力、价值取向等，它们往往是决定大学生目标职业选择的主要因素。

（1）个性 性格、气质是个性当中的稳定因素，性格如何、气质怎样，对大学生的职业选择乃至职业成功发挥着持续作用。约翰·霍普金斯大学心理学教授，美国著名的职业指导专家约翰·霍兰德和助手创立了人格类型与职业类型的学说，他认为每个职业的人都可以按下列六种个性进行描述：①现实型，这种人手巧、有劳动兴趣，喜欢花时间干一些机械的事情。他们喜欢并且善于完成更具体的任务，一般搞农业和机械业的人这种特征较为显著；②调研型，以科学家为代表，具有爱思考和精确性的特点；对于抽象事物能耐心处理，但不喜欢社交和领导活动；③艺术型，以艺术家和音乐家为代表，具有创造、不顺从和表现自我的特征；通常不喜欢例行的工作和重复性的任务；④社会型，以教师和辅导员为代表，喜欢人际倾向的活动，通常以服务为主，外向并喜欢了解人；但是不大喜欢严禁的组织和机械操作；⑤企业型，以销售者和管理者为代表，喜欢以社交能力来操纵别人，以达到经济上的收获；⑥常规型，以会议和簿记业者为代表，喜欢从事资料型工作，不喜欢含糊不清的活动。以内向型大学生为例，他们一般不会选择需要较多自我表现、自我强调的职业，如推销员、演说员、律师、记者这类职业。即使选择了这类职业，也会感到极不适应，由此造成的障碍会影响他们的职业成功，而图书管理、理论研究、微机操作等职业对他们有较强的吸引力，因为这类职业较少与人交往，需要高度的细心和耐心，需要在安静和孤独中完成工作。

知识拓展

约翰·霍普金斯大学（The Johns Hopkins University）是一所世界顶尖的私立大学，位于美国马里兰州巴尔的摩市。霍普金斯大学尤以其医学、公共卫生、科学研究、国际关系、文学、艺术以及众多应用科学研究领域的卓越成就而闻名世界。霍普金斯大学在美国乃至世界高等教育发展史中做出了许多开创性的贡献。开办于1878年的霍普金斯大学出版社是美国现今仍然运作的历史最悠久的大学出版社。1889年，大学建立了全美最早的护理学院之一。霍普金斯医学院是美国第一所开展研究生教育的医学院，成为日后许多医学教育机构效仿的对象。1909年，大学首倡成人教育。1916年，大学创办全美第一所公共卫生学院。

（2）兴趣　最好的老师，兴趣在大学生职业选择过程中发挥着重要作用。社会学研究表明，自主选择与自己兴趣、爱好、能力相符的职业的劳动者，其劳动生产率比不符合要求的劳动者要高40%。另据资料表明，如果一个人对某一工作有兴趣，就能较长时间保持高效率而不感到疲劳；而对工作缺乏兴趣的人，只能发挥其全部才能的20%~30%，也容易筋疲力尽。大学生之所以在职业中取得了突出成就，或者拥有专业优势而无工作业绩，一个重要原因就是职业兴趣问题。兴趣产生的内在驱动力形成不断进取的工作精神，在不自觉中会推动他们排除种种困难。兴趣爱好也会发生变化，但一旦确定，就会为职业发展提供驱动力，为职业成功奠定基础。

（3）能力　完成一定活动的本领，包括完成一定活动的具体方式以及所必需的心理特征。能力常与知识相提并论，任何一种职业的完成都需要能力和知识的参与和配合。能力属于动态系统，知识属于经验系统，掌握知识必须以一定的能力为前提，知识的掌握又要求相应能力的提高。

大学生能够跨入大学校门，这一事实已证明他们具备了一般能力，即在基本活动中表现出的能力，如观察能力、反应能力、抽象概括能力等。同时，大学生经过多年的基础学习和专业学习，也具有了特殊能力，即在专门活动中要求的能力，如写作能力、数学能力等。无论是一般能力，还是特殊能力，他们都对大学生的职业选择提供了参照系和定位器。在专业选择中，能力因素起到了参考作用，写作能力差的人一般不会选择新闻、文学专业，而语言能力差的人一般不会选择英语、教育专业；在职业选择中，能力因素则起到了定位器作用，不善驾驭文字的大学生是不会首先考虑文职工作的，而具备了初步的理论研究能力，并获得实际成绩的大学生很可能在所学专业上继续深造，以求获得能力的最大限度发挥。

以自身能力强弱作为职业选择考虑因素，是当今大学生中的普遍现象。尽管他们会出现能力的错误估计，但进行选择时仍把能力作为一个方面来权衡。低能力大学生有意识地选择高能力型职业，或高能力大学生有意识地俯就低能力型职业，都是现实存在的。这两种选择或是造成了职业不适应感，或是造成了人才资源的浪费，除非选择者有充分自信或职业具有足够诱惑力，大学生还是应当尽量在自己能力允许的职业群中寻找合适方位，这样职业成功的可能性才会大大增强。

（4）价值取向　一个人意识系统的核心部分，而且在根本上制约着主体因素的其他方面。它是隐藏极深的稳定因素，不易被观察和感觉到，但这丝毫不妨碍价值取向因素成为影响大学生职业定向与选择的本原因素。

价值取向是价值观的具体化和方向化，价值观是一个人对各类事物的一般性态度，这种态度表现出比较明确而单一的趋向和情感，便成了价值取向。随着价值观的基本定型，大学生的价值取向也基本定型。具体到职业认识领域，大学生对某种价值的追求与排斥，对某类事物的偏好与厌恶，对某种情感的向往与躲避便成为价值取向中与职业最密切的部分。一个大学生可以为了维持生计而工作，为了避免生活空虚而工作，或者为了实现自己的梦想而工作。在大学生看来，一种工作可能具有多种意义，这些意义直接作用于职业定向与选择。

排除现实职业，仅仅考察职业追求，这种追求也是大学生价值取向的表现，或者说对某种价值的追求。一类职业必然体现为一定的价值，必然为一定的价值所支撑。从价值角度而言，如果职业现象下的价值支撑荡然无存，那么这类职业就丧失了存在的意义。与其说大学生追求物质实惠型的职业，不如说这是对现实生存的关注、对经济利益的渴望，而这也恰恰成为大学生对低收入职业群产生强烈排斥态度的原因。一部分大学生之所以对精神实现型职业有强烈向往，并不是因为他们对现实生存和物质实现采取漠视甚至否定态度，只是因为他们价值取向结构中精神需求和精神实现超过了物质需求和物质实现，仅仅在于价值观结构中的精神性因素在职业选择中占据了优势地位。

以上是从大学生主体这一角度谈到了价值取向对职业定向与选择的影响。其实，大学的价值取向、职业社会的价值取向和家长的价值取向都参与了大学生职业定向与选择的构建过程，只不过它们都已融入大学生主体的价值观系统，成为其价值观系统的一部分。

2. 客体因素　职业选择中环境因素的总和，也包括职业本身因素。如果说主体因素起着基础性作用，那么客体因素则发挥了制约和平衡的牵制作用。

（1）社会评价　职业社会对各类职业所持的倾向性态度总会通过传媒、习惯、舆论等各种渠道渗透到大学生职业评价心理中，成为大学生社会化认识的重要一面。职业的社会评价受到社会心理的强有力制约。一般来说，有什么样的社会心理，就有什么样的社会评价，尤其是在传统心理仍然根深蒂固的当代社会，职业的社会评价往往体现出浓厚的传统色彩和保守色彩。这一点越是在不发达地区，便越是明显。个体工商户虽腰缠万贯，但其社会评价一直不高，这一现象与古代流行的轻商观念有密切联系，而恰恰是轻商意识成为大学生进入个体者行列的主要心理障碍。

职业的社会评价又是一动态发展过程。20 世纪 50 年代，社会公众对农民职业表现出极大兴趣，60 年代社会兴趣转移到工人身上，70 年代以军人为职业向往，改革开放后的 80 年代，行政干部、金融职员成为热门职业，90 年代随着市场经济的建立与发育，下海成为许多人义无反顾的职业目标。某种职业被青睐，之所以会如此迅速地演变，正是各个时代的具体内容决定的。

职业的社会评价对大学生职业选择的影响是潜移默化的，它已经进入大学生的社会认知领域，成为不自觉的考虑因素，尤其是他们对某种职业缺乏深入了解与切身感受时，社会评价作用会格外突出。大学生的社会评价内容也会发生变迁，观念的更新、思想的冲击、价值取向的调整都会改变其原有的内容，以至重新排列、组合理想职业的序列。不过，不管怎样变迁，社会评价对大学生职业选择的影响是始终存在的，问题仅在于影响的大小。

（2）经济利益　在当今大学生职业选择中扮演着愈加重要的角色。发展中的商品经济必然导致金钱意识的抬升，这不仅是一件好事，其中间还存在着极大的转换性和可能性。职业必须具有物质激励才能保持长久的吸引力，否则将无法获得选择者的青睐。但是，金钱意识如果一味膨胀，必然损害许多职业的本色，职业将不再是"职业"，而蜕化成获取经济利益的工具。

从历史上来看，以上现象是对传统职业选择意识的强烈反弹。计划经济下的职业选择坚决排斥经济因素的介入，不同职业的经济收入几乎是同一的，大学生毕业后的工资由国家统一规定，各种职业的收入差异相当小，小到在职业选择中完全不被考虑的程度。随着经济结构的改革，经济收入在不同职业之间的差距开始迅速扩大，以至扩大到某些职业收入让人无法接受、引起社会不满的程度，加上灰色收入的大量存在，引起了社会民众心理的失衡。

对于刚刚走出学校、尚未迈入职业社会的大学毕业生来说，经济因素不可能被演绎得淋漓尽致。他们只能在其能力范围内追求经济收入，获得经济收入。但是，如果大学生付出的劳动不能以合理的经济报酬加以实现，那么这就会促使其重新选择职业，并且将经济利益放到其考虑因素中更加重要的位置，经济杠杆在当代大学生职业选择中发挥着举足轻重的作用。

（3）家庭　在人生大事上将会留下深刻痕迹。其中，大学生职业选择就融合了家长意志。职业选择的前奏是专业选择，许多家长对子女的专业选择并不是耳提面命式的命令，父母的影响更多地通过家庭环境的熏陶，逐渐融入大学生的心理结构。一些家庭中，孩子从父母的言谈举止和谆谆教诲中，感受到职业的艰辛，很多大学生就会拒绝选择父母从事的职业。而另一些家庭的孩子，在长期的家庭成员接触中，很可能继承父母的职业价值观，从而走上父母的职业道路。但是，当子女与家长在职业目标上发生冲突，或者子女极力摆脱家长的意志的时候，就会产生矛盾。父母们有一个天然的倾向，即把对子女的爱同对子女的控制乃至干涉简单地等同起来。父母对子女常说的一句话是"我这样做是为了你好"。"这样做"是父母对子女的控制措施，"为了你好"是父母对子女的爱的表达，通过这么简简单单的一句话，父母控制子女就会获得合法形式和情感支持。

大学毕业后，又面临着具体职业的选择。这时家庭作用又会凸现出来。不过，此时它的影响力已远不如昔，因为大学生专业知识已较为丰富，职业意识也更加明晰，心理正在日渐成熟，相应地对家庭的心理依赖也就大为减弱。但是，家庭作为大学生的后盾力量，对职业选择发挥的影响不会根本上丧失，尤其当子女在职业选择道路上犹豫不决并寻求帮助时，父母意志的作用又会放大，对子女的职业选择产生重要影响。有些大学生完全按照自己的意愿选择了某种职业，有些大学生则被引入父母正在从事或者希望子女从事的职业。在后者的情况下，子女被看作父母希望的延伸，或者家庭的代表，他们的使命是实现父母的理想。这种职业选择的效果不能一概而论，不过，这也在无形中隐藏了一种危险，即如果职业实践不如人意，那么子女很可能会将这种结果归咎于父母，让父母来承担职业实践不理想的责任。

职业选择对于每一个大学生的一生都具有十分重要的意义。尽管大学生的职业选择受到了多重因素的影响乃至干扰，但是大学生经过多年学习，必须从首次选择职业开始。经过现实职业尝试后，他们发现了适合自己特征以及与自己能力相适应的职业，或坚持首选职业，或做出职业修正，直至寻找到合适职业。也就是在这一过程中，大学生的职业意识完全现实化，职业能力与职业要求、职业现实与职业理想才能获得平衡。

二、确立目标职业的原则

1. 符合自身的特点，择己所爱　每个人性格不同，能力也有差异，兴趣特长不一样，在选择确立自己的目标职业时，必须结合自身的特点考虑，充分考虑自己的人格特征、职业价值和兴趣爱好。不同的职业对人的性格、能力技能要求是不相同的。同样的职业，对别人来说可能很适合，却不一定适合自己，所以不能盲目追随社会上的时髦职业，而应该结合自己的能力、性格、兴趣特长等各方面综合考虑，准确定位，尽量选择确实能发挥出自己优势的目标职业。从事一项自己喜欢的工作，工作本身就能给人一种满足感，从职业中体会到人生的价值和意义，得到生活的乐趣。

2. 结合自己的专业，择己所能　任何职业都要求从业者掌握一定的技能，具备一定的能力。一个人不可能所有技能都全部掌握。在确立目标职业时，还要考虑到自身的能力、性格等人职匹配。目标职业要具有可实现性，既要合理又要有挑战性，即目标职业必须符合个人实际与社会需要，同时需要个人经过不懈努力才能够实现，也就是说，目标职业必须是经过努力可以实现的，同时又具有一定的难度，并不是唾手可得的。

3. 满足社会的需求，择世所需　社会需求处于不断变化之中，旧的需求不断消灭，同时新的需求不断产生。不同的职业在不同的时期有不同的社会需求，今天的抢手货明天可能会变得无人问津，生活处于不断变化之中。目标职业的确定必须遵循社会的发展规律，适应社会人才结构的需求。大学生在确立自己目标职业时，要对职业的社会需求有清晰正确的认识，结合个人的因素，服从社会的需求，才能做到社会需求与个人因素相结合，实现社会需求与个人能力的统一。

4. 实现自己的价值，择己所利　职业对一个人来说，是一种谋生的手段和获得幸福的途径。在确立目标职业时，既要将人的价值体现在对社会所做的贡献上，也要考虑自己将来的预期收益。理性而明智的人都会权衡利弊，以利益最大化原则，从一个社会人的角度出发，在一个由个人工作、社会声望、收入等变量组成的函数中找到最大值。

第二节　职业发展目标的构成与发展条件

每个人成长的阶段性决定了职业发展目标的阶段性。职业发展的目标分为时间阶段目标和性质类别目标，我们从一个个具体目标的实现中获得荣誉感和成就感，最终实现长远目标。职业发展目标的实现不是一帆风顺的，大学生必须认真分析实现职业发展目标的内部和外部条件，这既是选择职业目标的需要，也是实现职业目标的要求。

扫码"学一学"

一、职业发展目标的构成

（一）职业发展目标的含义

职业发展目标是指人们对未来职业表现出来的一种强烈的追求和向往，是人们对未来职业生活的构想和规划。简而言之，就是你想成为一个什么样的人，你的人生预期达到哪些目标。职业发展目标的设定是职业发展规划中的核心部分，它能引导和评估个人目标和现实之间的差距，综合分析你的优势和不足。

分析职业发展目标，首先要对职业发展目标构成进行目标分解。所谓目标分解就是根据观念、知识、能力差距，将职业生涯长期的远大目标分解为有时间规定的长、中、短期的分目标，直至将目标分解为某确定日期可以采取的具体措施的过程。目标分解的过程是将目标清晰化、具体化的过程，是将目标量化成可操作的实施方案的有效手段。

（二）职业发展目标的分解

我们可以按时间和性质这两种方式来分解职业发展目标。

1. 按时间分解目标

（1）长期目标 从人生追求开始，人生的追求是确定职业发展长期目标的指南针。职业发展的长期目标要和人生追求、价值观相一致。长期目标设定要以简洁、重点突出为主要，一旦设立就不要频繁更改。长期目标一般为 10 年、20 年、30 年，是中期目标、近期目标所追求的最终目标。

（2）中期目标 把长期目标分解成若干个中期目标，每个阶段都有一个具体目标。它是通向职业生涯发展目标的一座又一座山峰。中期目标由远而近，越来越清晰，越来越具体。

（3）近期目标 当前可实行的、可实现的目标。也就是说近期目标要更加具体、更加清晰。比如找到一份适合自己的工作，就是一个近期目标。近期目标清晰而有挑战性，只要坚持不懈地努力，一定可以实现。

2. 按性质分解目标

（1）外职业生涯目标 包括职务目标、工作内容目标、经济目标、工作地点目标和工作环境目标等。

1）职务目标 应当具体明确，比如医师、护师、药师等。

2）工作内容目标 可以详细列出在某一阶段计划完成的工作内容。

3）经济目标 结合切合实际和考虑自己能力素质，大胆规划一个具体的数目，比如一年要达到多少年收入，三年后要达到多少年收入。

4）工作地点目标和工作环境目标 可以列出自己对工作地点和工作环境的特殊要求。

（2）内职业生涯目标 包括职业生涯过程中的知识、经验的积累，观念、能力和内心感受，主要指工作能力目标、工作成果目标、心理素质目标、观念目标等。

1）工作能力目标 工作能力是对处理职业生涯中各种工作问题能力的统称，如策划能力、管理能力等。工作能力目标应当切合实际，具有挑战性，并与该阶段的职务职称目标所要求具备的条件相适应。

2）工作成果目标 工作成果是进行绩效考核的一个重要指标，所以扎实的工作成果会给我们极大的荣誉感和成就感，也为晋升之途铺砌了阶梯。

3）心理素质目标　心理素质在当今社会越来越受到人们的重视，只有心理素质合格的人才能正视现实，努力去克服困难，冲向卓越。

4）观念目标　观念是对事物的态度和价值观。随时更新自己的观念，让自己总是站在前沿地带，是规划个人职业生涯的重要一步。

总之，在设定自己职业发展目标时，可根据自己的喜好以及外部环境分析来科学设定。

（三）确立职业发展目标应注意的问题

确立职业发展目标就是要选择适合自己的发展目标，因为职业发展规划不是对个人职业前途不切实际的幻想，而是对个人职业前途脚踏实地地展望，是追求成功职业发展和人生发展的规划。不同的发展目标对从业者智能、个性等方面的要求不同，与个人所处的环境关系密切。确立职业发展目标应注意以下问题。

1. 深刻认识自己和社会　确立职业发展目标是以深刻认识自己和社会为前提，深刻认识自己是指对自己的职业志向、爱好、专业知识积累等全方位的分析和审视。使自己确定职业发展目标同自己内心的职业发展期望相吻合；深刻认识社会是指对所从事的行业、职业的社会需求以及从事职业的本质特征进行深刻的洞察和把握，使自己确立的职业发展目标同外部社会环境相协调，因此，在深刻认识自己和社会基础上确定的职业发展目标才是最有价值的。

2. 科学设定目标　职业发展目标是引领职业生涯发展的一个灯塔，因此，职业发展目标要科学，而不要盲目和草率。科学设定目标是指，职业目标要可量化、可考核和可实现。可量化，用数据描述职业发展目标；可考核，所设定的职业发展目标是能够用于考核和评估的；可实现，所确定的职业发展目标经过努力是可以实现的。大学生要充分认识科学的设定目标在个人职业发展中的重要作用，科学设定目标能够激励我们向着未来职业生涯成功的彼岸努力。

3. 推进目标实施　确定了职业发展目标，并不等于职业发展目标就能实现，人的职业发展目标从确定到实现有一个相当漫长、曲折，需要付出艰苦努力的过程。因此，推进职业发展目标的实施就显得至关重要。推进职业发展目标实施的方法：①坚定目标信念，在目标实施过程中，不要轻易更改目标和降低目标，要表现出"咬定青山不放松"的精神；②强化行动能力，在实施职业发展目标领域要表现出较强的行动能力，少说、多做，在行动上下功夫，并长期坚持不懈；③定期检查和修正，实施职业发展目标，其时间周期较长，定期检查修正职业发展目标是非常必要的。

二、职业发展目标的发展条件

职业发展目标的发展条件有外部、内部两类。外部条件主要指本人可能有的发展的机遇，即家庭状况、区域经济特点和行业发展动向。内部条件主要指自信心和现实的个性特点、学习状况、行为习惯及变化趋势。

（一）外部条件

外部条件包括社会环境因素、社会经济因素、社会需求因素和家庭环境因素。

1. 社会环境因素　社会环境对职业本身的发展和选择起着重要的作用，决定着个体对社会职业的接受程度和态度倾向，进而决定职业观念和职业行为。社会环境因素主要包括社会文化环境、经济发展水平、政治制度和氛围、价值观念。

（1）社会文化环境　社会文化是影响人们择业的基本因素，主要包括教育水平、教育条件和社会文化设施等。在良好的社会文化环境中，个人能力受到良好的教育和熏陶，从而为职业发展打下更好的基础。

（2）经济发展水平　在经济发展水平高的地区，企业相对集中，个人职业选择的机会就比较多，因而有利于个人职业的发展；反之，在经济落后的地区，个人职业选择的机会就相对较少，个人职业发展也会受到限制。

（3）政治制度和氛围　政治和经济是相互影响的，政治不仅影响一国的经济体制，而且影响着企业和组织体制，从而直接影响个人的职业发展；政治制度和氛围还会潜移默化地影响个人的追求，从而对职业生涯产生影响。

（4）价值观念　一个人生活在社会环境中，必然会受到社会价值观念的影响，大多数人的价值取向，在很大程度上都是为社会主体价值取向所左右的。一个人的思想发展、成熟的过程，其实就是认可、接受社会主体价值观念的过程。社会价值观念正是通过影响个人价值观而影响个人的职业选择的。

2. 社会经济因素　社会经济对人的职业生涯发展有一定的影响，如经济增长率、经济景气度、经济建设的重点转移等。当经济振兴时，百业待举，新的行业不断产生，机构增加，编制扩容，为就业及晋升创造了条件。比如，过去的计划经济转为市场经济，加上知识经济社会的到来，无疑给人的生活方式带来巨大的变化，对人的就业、人的发展、人的素质提出更高的要求。

此外，国际化经营、经营贸易国界的消失，对人的素质提出更高的要求。它要求经营人才不但精通专业技术和经营知识，还要精通外语、熟悉国际贸易法及适应异国他乡的生活等。

3. 社会需求因素　一般来说，社会的大众需求是促进行业发展的长远动力，是大学生择业时要考虑的重要外在因素。大众的才是长远的，才有发展。所以择业时要多分析一下，某个职业（行业）在社会中的作用怎样，对大众的生活会有什么样的影响。要注意的是，社会需求总是先于政府导向的。如果一个行业（职业）既有政府的支持，又是社会大众的需求所在，那么这个行业（职业）的发展趋势一定是很好的。

4. 家庭环境因素　在我们现今社会里，家庭给大学生的职业选择和发展带来的影响是不容忽视的。

（1）职业方向性　家庭成员从事的具体工作方向，往往会对孩子起一个示范和指导作用，如一个家庭父子几代人都在从事同一个职业。

（2）职业趋向性　大学生由于家庭条件的差异，在同等的能力之下，一些人往往会优先选择短期能看见经济效益，容易入行的职业；另一些人会着眼长远，选择那种需要长期积累才能在职业上有所成就的行业。

（3）职业回避性　还有一些家庭，其父辈由于在他们从事的职业中不成功，或者虽然成功，但是职业感觉并不快乐，而父母对子女的影响力又很大，往往会导致他们的子女在职业选择上，选择一个完全不熟悉的领域就业，而这种跨行业的选择往往会使子女从业的时候很盲目，在对职业缺乏认识的情况下会遇到更多预想不到的困难。

心理学家发现，一个人只会为自己的选择负责任。因此，在进行职业选择时，大学生首先要有勇气为自己的职业发展和人生承担责任。同时参考来自父母等亲属的建议和帮助，做出自己的职业选择。

（二）内部条件

内部条件主要是指职业理想、自我价值观、能力素质、兴趣取向、个性特征等。最重要的是弄清楚自身的优势和弱点，为成功的职业发展打下良好基础。

从心理学的角度讲，人们通常不喜欢很宽泛的选择所带来的不确定感。但在职业选择上缩小选择的范围很可能成为对事业的毁灭性决定，因此，大学生在工作选择上最好拥有较大空间。可是，我们又总是要朝向一个目标才能确保目标的实现。那么，如何进行职业选择，评估变得尤为重要。一个很有用的技巧就是通过"矩阵"的方法走出决策的犹疑。

将你主要的优势、需求及可能的职业选择列成一个矩阵，纵向列出你的主要优势和主要需求，横向列出你可能会选择的职业，用5分制标准对你列出的优势和主要需求在相应"可能职业"中进行评估，分别将"可能职业"每列中的数据相加，得到的最高分就是你要选择的职业。如表5-1所示。

表5-1 职业选择评估表

	可能职业 A	可能职业 B	可能职业 C
主要优势			
1. 成就	3	2	4
2. 完美	4	3	4
3. 交往	2	2	5
4. 统率	5	3	3
主要需求			
1. 财务经济	3	3	3
2. 娱乐多样性	3	4	4
3. 工作时间自由	2	4	3
4. 创业积累	2	2	4
总和	24	23	30

案例分析

医学专业学生职业发展规划书

一、自我分析

1. **职业兴趣** 喜欢同各种观念、思想打交道，偏爱具有研究性、钻研性的工作，以从事反映和提高智能的活动为乐趣，独立，好奇心强。在工作中，以从事研发性工作为志向，主张工作的逻辑性、条理性，凡事主张理性解决，喜欢推敲细节。往往愿意单独工作，喜欢独立思考而寻求问题的解决；对工作执着，但不太喜欢被条条框框捆住手脚；喜欢表达的精确性，偏好以脑力活动为满足感；喜欢满足好奇心和创造性的活动，有自觉的科学意识，在对人际、事物的处理上显得比较刻板；比较自信。适宜的工作环境：研发工作，有自主性的独立环境，不过分受外界的干扰和约束，对其智力有充分肯定，不过分涉及人际、事物，有创作性激励的工作。

2. **个人性格** 基本描述为具有友善、负责、认真、忠于职守的特点，只要认为应该做的事，不管有多少麻烦都要去做，但却厌烦去做认为毫无意义的事情。

务实、实事求是，追求具体和明确的事情，喜欢做实际的考虑。善于单独思考、收集和考察丰富的外在信息。不喜欢逻辑的思考和理论的应用，拥有对细节很强的记忆力，诸如声音的音色或面部表情。

与人交往时较为敏感，谦逊而少言、善良、有同情心，喜欢关心他人并提供实际的帮助，对朋友忠实友好，有奉献精神。虽然在很多情况下有很强烈的反应，但通常不愿意将个人情感表现出来。

做事有很强的原则性，尊重约定，维护传统。工作时严谨而有条理，愿意承担责任，依据明晰的评估和收集的信息来做决定，充分发挥自己客观的判断和敏锐的洞察力。

可能的盲点：有高度的责任心，会陷入日常事务的细节中去，以至于没完没了地工作。每件事情都会从头做到尾，这总是让自己过度劳累，压力很大时，会过度紧张，甚至产生消极情绪。

由于现实、细致，有时容易忽略事情的全局和发展变化趋势，难以预见存在的可能性。建议周到考虑解决问题的不同方法和可能性，需要增强对远景的关注。

总是替别人着想，以至于让人感觉"关心过度"，需要学会给别人空间。在工作中，过多的承受和忍耐，不太习惯表达，却将情绪在家庭和生活中发泄出来。

不停地制订计划并保证完成，以至于经常花费更多的时间和投入更多的精力来完成工作，建议给自己安排必要的娱乐和放松的活动，不要总是"低头拉车"，需要考虑"抬头看路"。

3. 职业价值观　最突出的职业价值观是支持满足、赞誉赏识。支持满足是指期望在职业中获得管理层的支持，比如获得充分的培训机会，能够在单位规定范畴内获得应有的待遇。

二、职业分析

1. 家庭环境　父母希望我成为一名优秀的医生。

2. 学校环境　就读学校是一所医学高等学府，专门培养医学方面的人才。本人就读的专业也是临床医学方向。

3. 社会环境

（1）经济　我国国民经济保持了适度快速增长，抑制通货膨胀取得了明显成效。社会总供求基本平衡，金融财政形势基本稳定，人民生活水平继续提高。

（2）人口　劳动力人口出现拐点，人口老龄化不断加速，我国已经步入老龄社会。

（3）科技　计算机、因特网广泛使用，新材料不断被发现，新技术不断涌现。

（4）政治与法律　新一轮医疗体制改革成效初现。

（5）社会文化　职称评定机制调动了个人学习进修的积极性，有出国学习进修的机会。

4. 行业环境　行业发展迅速，国家颁布了一系列促进医疗改革的政策，人们随着物质生活的提高，对身体健康方面的医疗需求也不断上升，随着人口老龄化的不断加速，医疗需求的缺口更大。

5. SWOT分析

（1）优势　性格果断、意志坚强、知识丰富、兴趣广泛；友善、负责、认真、忠于职守，好独立，好奇心盛；务实，实事求是，追求具体和明确的事情，喜欢做实际的考虑，善于单独思考、收集和考察丰富的外在信息，不喜欢逻辑的思考和理论的应用，拥有对细节很强的记忆力；谦逊而少言、善良、有同情心，喜欢关心他人并提供实际的帮助，对朋友忠实友好，有奉献精神；做事有很强的原则性，工作时严谨而有条理，愿意承担责任；依据明晰的评估和收集的信息来做决定，充分发挥自己客观的判断和敏锐的洞察力。

（2）劣势　工作经验不足、人际关系不擅长，会陷入日常事务的细节中去，以至于没完没了的工作；每件事情都会从头做到尾，这总是让自己过度劳累，压力很大时，会过度紧张，甚至产生消极情绪；由于现实、细致，有时容易忽略事情的全局和发展变化趋势；需要学会给别人空间，在工作中，过多的承受和忍耐，不太习惯表达。

（3）机会　人们对医疗服务需求增多，就业机会有所增加。

（4）威胁　毕业生就业形势严峻，竞争激烈。

三、职业发展规划

根据以上各方面的分析，特制定以下职业目标。

1. 职业发展目标

（1）近期职业目标　毕业以后在医院找到一份与专业对口的工作。

（2）中期职业目标　晋升成为医院的住院医生。

（3）远期职业目标　成为能够独当一面的主治医师、专家。在某一领域有所建树，能够发表一些论文。

2. 学习期间具体计划

[大学一年级]

能力目标：适应大学的新生活，巩固知识金字塔的基础，展现自我魅力。

实施计划

（1）平时认真学习，学好医学基础课程。

（2）认真学习英语，准备等级考试。

（3）积极参加社团、学生会等组织。

（4）参加各种活动。

[大学二年级]

能力目标：通过英语和计算机等级考试。

实施计划

（1）不放松对大学其他课程的重视与学习。

（2）学习计算机的基础知识，理论与实际操作两手都要抓，两手都要硬。

（3）扩大自己的生活圈子，结交更多更好的朋友。

（4）认真学好专业知识，培养学习、工作、生活能力，全面提高个人综合素质。

[大学三年级]

能力目标：通过实习锻炼自己的实践能力，了解医院的组织结构和运行模式。

实施计划

（1）认真参加实习，在实践中检验自己的知识和能力掌握情况。

（2）有意识锻炼自己的表达能力和医患沟通能力。

3. 职业生涯规划

[职业生涯规划的早期规划]

时间：工作以后的一两年内。

职位：普通医生，经济月收入×元。

能力：能做到医患沟通无障碍，与上级沟通无障碍。

[职业生涯规划的中期规划]

时间：开始工作五年之内。

职位：住院医生。

经济：月收入×元。

能力：能够独当一面，处理大小事务。

成果：写一至两篇学术论文。

[职业生涯规划的中长期规划]

时间：开始工作十年之内。

职位：主治医师。

经济：月收入×元。

能力：在一个领域里有所作为，成为这一领域的好手。

成果：写出多篇学术论文。

四、评估调整

由于社会环境、家庭环境、个人因素等发生变化以及各种不可预见因素的影响，计划始终赶不上变化，实际情况不会按照设想发展。为了能够更好地把握人生，有必要对规划方案做出及时的调整。一般情况下，我将每半年做一次评估，对既定规划方案做出调整。当有特殊情况或者突发事件出现时，我将立即进行相应的调整。

五、结束语

计划定好固然好，但更重要的在于其具体实施并取得成效，这一点时刻都不能忘记。任何目标，只说不做到头来都只会是一场空。然而，现实是未知多变的。定出的目标、计划随时都可能受到各方面因素的影响。这一点，每个人都应该有充分的心理准备。当然，包括我自己。因此，在遇到突发因素的不良影响时，要注意保持清醒冷静的头脑，不仅要及时面对、分析所遇到的问题，更应快速果断地拿出应对方案，对所发生的事情，能挽救的尽量挽救，不能挽救的要积极采取措施，争取做出最好的矫正。我相信，即使将来的作为与目标相比有所偏差，也不至于相距太远。

其实，每个人心中都有一座山峰，雕刻着理想、信念、追求、抱负。每个人心中都有一片森林，承载着收获、芬芳、失意、磨砺。但是，无论眼底闪过多少刀光剑影，只要没有付诸行动，那么，一切都只是镜中花、水中月，可望而不可及。一个人，若要获得成功，必须得拿出勇气，付出努力、拼搏、奋斗。成功，不相信眼泪；成功，不相信颓废；成功，不相信幻影。成功，只垂青有充分磨砺、充分付出的人。未来，掌握在自己手中；未来，只能掌握在自己手中。人生好比是海上的波浪，有时起，有时落，三分天注定，七分靠打拼！爱拼才会赢！

药学专业学生职业发展规划书

一、药学专业环境及评价

药学专业的就业方向十分广阔，与药品相关的各个领域（主要包括药品研究开发、生产、管理、营销及使用）都需要药学专业的毕业生。具体而言有医院、科研院所、制药企业、医药公司、国家药品管理机关等单位。

药学专业学生毕业后可从事一切与药物有关的工作。

科研人员——在研究所、制药企业的研发部门，从事药物的研发工作。

医院药剂师——在医院药剂科，从事制剂、质检、临床药学等工作。

药检人员——在药检所从事药物的质量鉴定和制定相应的质量标准。

公司职员——在医药贸易公司或制药企业从事药品生产、流通及国内外贸易公司、国家药品管理机关等工作。

二、药学专业的现状及前景

据了解，药学毕业生在选择工作时主要考虑单位的发展方向和知名度、是否能给自己提供充足的发展空间、工作地点和薪酬水平。目前，学校结合市场需求，开设的专业和招生数量与人才需求基本吻合。学生应注重对自己动手能力的培养，能结合自己的专长，选择适合的工作。

就业选择的结构性矛盾，突出表现在地域差别上。药学类毕业生主要选择在京、津、沪和浙、苏、粤、鲁等沿海城市、省会城市就业，而一些著名的大型药企由于地域问题，很难招到满意的人才。

三、药学专业环境分析

1. 优势 我国医院临床药学工作开始以来，得到了充分的重视和支持，并将其工作作为评定医院等级的一项重要内容，因此在各地大医院中工作开展得较好。在岗位方面，毕业生到制药企业从事生产和销售居多，这方面人才也是企业招聘的主体。现在医药学方面的发展前景很好，目前随着人们的生活水平不断地提高，对医疗、保健方面的需求会大大增加，所以只要有能力，前景就很好。

2. 劣势 由于我国具体的国情和两阶段培养的药师，在医院中大多数仍在从事于调剂工作和药品采购供应以及从事制剂生产，他们缺乏坚实的临床医学和相关临床知识，难以胜任临床药学工作，这与发达国家培养的药师，在相关临床专业知识方面差距极大。当前由于经济利益的驱动，许多医院领导只关心医院的经济利益，因此，难以支持将药剂科人力、财力投向临床药学，故影响了临床药学工作的广泛深入发展。但是随着医疗卫生体制改革的进行，药剂科应主动转变观念，积极推进开展临床药学，在一些有条件的医院积极推进药学监护。药学监护的对象是患者，其工作目标和达到的结果是为所有接受药物治疗的患者改善生命质量和身心健康，保证其用药的安全和有效，而临床药学的工作对象，大多是住院患者和为临床医师提供各种监测数据和资料信息。这些意见采纳与否取决于医院和患者。此外，临床药学的工作目标大多是某些种类的药物和疾病状态，所以其工作范围有一定局限性。因此实施药学监护，必然要求药师应具有广泛的知识能力，才能做好此项工作。

3. 机遇 在全国就业形势不容乐观的情况下，药学类毕业生的就业前景仍然普遍看好。医药英才网负责人介绍说，总体来看，药学类毕业生供小于求，各医药公司、制药企业是吸收这类毕业生的大户，制药业对人才的需求是稳中有升。据中国药科大学、沈阳药科大学、四川大学华西药学院、北京大学医学部药学院就业工作负责人介绍，近几年，这几所学校的毕业生就业率接近100%，总体供需比达到1:3~1:4。目前从教学资源情况看，各学校都没有扩招计划。对药学毕业生来说是一个机会。

4. 威胁 医药市场没有形成统一的规范。现在假药经常出现，药品质量得不到保障，导致消费者对很多药品心存怀疑。而且现在越来越多的人开始关注医药行业，导致行业内的竞争十分激烈。

四、职业发展规划

职业目标：执业药师

[2012~2013 年]

成果目标：通过实习，总结出适合当代药学学生的基本理论。

职务目标：药店普通职员。

能力目标：具备在经济领域从事具体药品的理论基础，通过实习具有一定的实践经验；接触了解药品流通程序。

[2014~2017 年]

学历目标：通过执业药师考试。

职务目标：担任药店骨干，获得更多学习的机会。

能力目标：熟练处理本职务工作，逐步发展自己独立开店的能力

[2018 年以后]

成果目标：拥有自己的药店，用自己扎实的理论基础和热情的服务去造福社会。

成功标准：个人事务、职业生涯、家庭生活的协调发展。只要自己尽心尽力，能力得到提高和发挥，每个阶段都有切实的自我提升，我相信我会活得很精彩。

五、职业发展规划总结

从踏入医学殿堂的那一刻起，我便深刻地认识到"精医术，懂人文，有理想，能创新"是新时期下的药师所应具备的素质。古训"健康所系，性命相托"时刻提醒我刻苦学习，奋发向上。理论学习中，我克己求严，勤奋认真，顺利完成了必修课程。在良师益友的指导帮助下，系统掌握了药学知识，为日后从业打下了扎实基础。

作为一名药学专业的学生，只学习书本知识是远远不够的，是不能学以致用的，理论和实践相结合才能用我们所学的知识服务社会，所以，我即将深入基层在药品销售岗位接受锻炼。零售药店与医院药房的不同，医院药房的药师只需凭医师处方发药，而零售药店的顾客大多是对药品认识较少的非专业人员。所以，销售人员在对顾客销售药品时，要尽可能地多向顾客说明药品的用途及性能，对每一个顾客负责。实现自己的价值，为人民服务。

思 考 题

1. 简述确立目标职业的要素及原则。

2. 简述职业发展目标的构成。

3. 简述职业发展目标的发展条件。

4. 请结合专业特点设计一份自己的职业发展规划。

扫码"练一练"

（李永升）

职业适应

1. 掌握角色转换需注意的问题；职业适应的对策，职业素质、职业意识、职业道德、职业形象及职业化人才素质的含义。
2. 熟悉角色转换的阶段和影响职业适应的因素。
3. 了解大学生与职业人的区别、角色转换的重要性及职业适应中的问题。

第一节　完成从学生到职业人的角色转换

当大学生毕业走上工作岗位的时候，就意味着告别学生时代，开始了职业生活，但这并不等于实现了从大学生到职业人的角色转换。大学生与职业人有着本质的区别，角色转换是初入职场的大学生面临的主要困惑。大学生应该正视困惑，充分认识角色转换的重要性，了解角色转换的方法和途径，以积极主动的态度来实现角色转换，走好职业生活的第一步。

扫码"学一学"

一、大学生与职业人的区别

1. 大学生与职业人　从大学生到职业人是一种社会角色的重要转换。从大学生到职业人，其核心是从"要"到"给"的转变，是从"索取"到"贡献"的转变。

学生时代因为父母的付出，可以从家里"要"到宠爱与照顾；因为老师的付出，在学校里"要"到知识与技能；因为社会的付出、国家的付出，可以在社会中"要"到社会的资助与培养。不需要考虑贡献，可以尽管去"索取"。

2. 大学生与职业人的根本区别

（1）承担的责任不同　大学生以学习、探索为主要任务，为了学习去尝试，即使错了，学校和老师也是会原谅的。所以要是给大学生一个简单的角色定位，那就是你可以做错，你做错了不用承担过多的社会责任，因为大学生有天然的豁免权。其次，大学生最快乐的事情就是有依靠，在学习方面可以依靠老师，有什么问题都可以向其请教；在生活上有什么困难可以依靠父母。总之，大学生在学校里基本没有负担。

成为一个职业人以后，应尽快地适应社会。首先必须学会服从领导和管理，迅速适应

上级的管理风格；职业人如果在工作中犯了错误，就要承担成本和风险的责任，承担相应的社会责任。

实践表明，凡是从大学生到职业人的社会角色转换比较快的人，则容易更早地获得单位的认可，能更快地寻找到新的起点，也就更容易享受到事业成功和生活幸福的喜悦。因此，大学毕业生应正确面对社会，正确处理工作与人际关系上的诸多矛盾，克服各种心理障碍，培养良好的适应能力，尽快适应工作环境，迈出成功的第一步。

（2）面对的环境不同　大学生在校园里是寝室、教室、图书馆、食堂四点一线的简单而安静的生活方式，单纯而简单的校园文化气氛。但职业人在紧张的职场上，面临的社会环境则是快速的节奏，紧张的工作和加班；没有了寒暑假，自由支配的时间少；要承受不同地域的生活环境和习惯；由于缺乏实际工作经验，开始工作时往往不能得心应手；感觉工作压力显著增加，给心理造成很大的负担。

（3）面对的人际关系不同　处理好人际关系是每一个大学毕业生走上社会后必须学会的课题。大学生人际交往比较单纯，社会上的人际关系相对于学校中的同学关系、师生关系要复杂得多，一时感觉不适应。事实上不同的环境对人的影响和要求也不同。

（4）面对的文化环境不同　作为学生在大学里，学习时间可弹性安排，有较长的节假休息日，教学大纲提供清晰的学习任务；学术上多鼓励师生讨论甚至争论；布置作业或工作规定时间完成；公平对待学生；以知识为导向；学习的过程，以抽象性与理论性为主要原则等。但作为职业人在单位里，规定上下班时间，不能迟到早退，经常加班加点，节假日很少，工作任务急又重；领导或上司通常对讨论不感兴趣，甚至比较独断；对待职工不一定很公平；以经济利益为导向明显；要完成上司或领导交给一件件具体的、实实在在的工作任务等。

因此，大学生要充分认识大学生与职业人的根本区别，重视进入职场后的角色转换。

二、角色转换的重要性

根据社会心理学的角色理论，大学毕业生从学生角色到职业角色的转变，必然伴随着角色冲突、角色学习和角色协调等一系列过程。因此，大学生在毕业前夕，应该对择业素质、自我评价、职业能力等进行深入细致的了解和调查分析，对自身合理定位，找出不足，提高心理承受能力，加强角色认知，做好上岗前的各项准备，顺利地实现角色转变。

1. 有利于大学生根据职业素质要求完善自身知识结构，确立择业目标　学生进入大学后，学习的主动性和目标性减弱，容易忽略职业生涯设计与规划。大部分学生在临近择业时，奔波于多个用人单位之间求职，寻求理想的就业单位，过多注重择业的结果，而忽视平时的就业准备。通过角色认知，有助于大学生强化"学业是择业的基础和前提"的意识，帮助学生提高竞争的"实力"。因此，大学生要勤奋学习，全面提高自身综合素质，注重各种能力的培养和提高。如今，校园中出现的"驾考热""计算机热""辅修课热""英语考级热"等，都是大学生为适应角色转变、实现人生理想所做出的积极努力。

2. 有利于大学生尽快适应职业生活　完成大学学业，走上工作岗位，依靠自身的职业劳动维持生存，实现人生价值，这是大学毕业生人生征途上的一个重大转折。在这个人生转折过程中，谁能够尽快地、主动地从学生角色进入职业角色，实现角色转变，谁就能够在事业之初掌握优先发展权。目前，医学院校大学生最后一年都要开展毕业实习，毕业生要合理规划，争取在这个阶段尽快进入职业适应期，提前完成角色转变。

3. 有利于大学生在激烈的人才竞争中脱颖而出 21世纪经济领域的竞争归根结底是科技的竞争、人才的竞争，谁拥有高科技和高级人才，谁就将在激烈的竞争中立于不败之地。大学毕业生作为高校培养的高级人才是用人单位争夺的焦点，但作为高等教育大众化阶段的毕业生同样面临着相互之间的竞争。竞争是无情的，适者生存、优胜劣汰是不以人的意志为转移的客观规律。初次进入就业大军必然面临着来自各方面的挑战和竞争，只有尽快进入职业角色，熟悉业务，才能在激烈的人才竞争中稳操胜券，脱颖而出。

4. 有利于大学生将来的成才和创业夯实基础 从学生角色到职业角色的转变，实质上是从继承知识和储备知识向创造性地运用知识和创造知识的转变过程。一个单位发展的关键在于创新，而人才的本质特征就是创造性或创新性。能否主动、快速、顺利地实现角色转变，通过创新性劳动创造最大的经济效益和社会效益，反映了毕业生素质和能力的高低。大学生应以积极的态度，主动适应岗位需要，投身于职业实践之中，不断积累知识和经验，调整和完善自身的知识和能力结构，为自己将来成才和创业打下扎实的基础。

三、角色转换的阶段

1. 大学生角色转换的阶段 大学生在角色转换过程中有些不适应是自然的，应对这一点有充分的认识。加强角色转换意识，积极缩短适应期，而不应因此产生职业心理障碍，失去信心。如果把求职比作职业生活的序幕，那么就业才是正剧的开始。大学生步入社会舞台之初，仍需要通过角色期待、角色领悟、角色实践、合理流动四个阶段来实现角色转换。

（1）在角色期待阶段，立足现实，增强独立意识 刚走上工作岗位的大学生应尽快从对大学生活的沉湎中解脱出来。学生时代相对单纯、自由，学习生活上依赖老师和家长，工作后大学生要承担一定的社会责任，要在工作中独当一面，人们也开始把大学生作为一个独立的社会人看待，这就要求大学生有独立意识。

（2）在角色领悟阶段，虚心学习，树立岗位意识 大学毕业生作为职业岗位的新手，必须充分了解和熟悉工作环境的情况，工作对象的特点和规律，从而对新工作有个比较全面的认识和把握。因此，应主动关心和收集有关信息，如本职业的传统和现状、本单位的历史和前景等。在工作之余，应主动与单位的领导和同事交往，多了解情况；对本职工作所需要的知识、技能，尽早有针对性的注意积累，这样才能在适应角色上领先一步。

（3）在角色实践阶段，大胆探索，加强协作意识 大学生理论方面有一定积累，但在具体的实践活动中还是一个新手，面对许多实际工作，缺乏经验和办法，但没有必要因此自卑、退缩，相反应该打破由"天之骄子"的说法而造成的心理压力，敢于实践，善于请教，才能把理论知识和实际工作结合起来。在实践过程中，良好的人际关系是事业成功的重要保证。在学习时代，同学之间虽然也有一定的协作，但完成学习任务主要还是靠自身的努力。而在现代的生产活动和科研活动中，集体的协作体现出越来越重要的作用。如果不能很快地适应这种协作关系，就难以处理好同事之间的人际关系，难以在工作中打开局面。因此，增强协作意识，不但能更快、更好地完成角色转换，而且对今后的迅速成长，走向成功都具有重要意义。

（4）在合理流动阶段，审慎决策，促进角色转换 我国是个人职业岗位相对稳定的国家，许多人第一次选择的职业会成为其长期从事的职业，甚至是终身职业。在这种条件下，人们就业以后往往会立足本职，努力做好工作以求得进一步的发展。但也应该看到，在社会主义市场经济体制的新形势下，社会分配角色逐渐减少，职业流动也越来越频繁。职业流动是指劳动者在不同职业之间的变动，也是角色转换的过程。当一个人不适于在原岗位上发展时，也可以另辟蹊径，转换职业，寻求新的目标和新的成才道路，去创造新的业绩。人不适于某个单位，可能有自身的原因，也可能有单位本身或领导的问题。只有在对环境的积极适应、主动寻求和进行力所能及的改变过程中，才使自己强大有力。合理的职业角色转换不仅能满足社会的需要，也符合个人追求成就的愿望。

需要指出的是，并不是所有的职业流动都是合理的。合理的职业流动能够促进职业角色的转换，反之将使角色转换发生障碍。合理职业流动是指由于个人的能力不能发挥，或确实不适合某一职业而流动。但是有的流动却是受社会环境的其他因素的影响，如从众心理，这山望着那山高，这样的流动仍然不能解决角色的适应问题。因此，选择应当是审慎的，盲目的非科学的强迫性转换，会对社会造成一定的损失，对个人角色适应也是不利的。

2. 大学生角色转换的方法与途径　许多毕业生走上工作岗位以后，产生对新环境的诸多不适应。主要表现在心理上、生活上、工作上、人际关系上和工作技能上的不适应。任何人对环境都有一个适应过程，大学生角色转换可以通过以下方面去努力。

（1）要有良好的心态和心理承受力　社会与学校相比，生活环境、工作条件、人际关系都有着很大的变化，难免给那些心存幻想、踌躇满志的大学毕业生造成心理反差和强烈的冲突。大学生血气方刚，热情奔放，希望自己处处显色，却总是难以引起共鸣，不受重用，甚至遭排斥，倍感失落、郁闷。这时，具备良好心态和心理承受能力是第一位的，要抱着谦虚好学的态度，从基础做起逐步争取领导和同事的认可，才是成功的开始。

（2）增强独立生活能力　过去经济上靠父母资助，生活上有学校管理，学业上有老师指教；参加工作后，往往要自己处理衣、食、住、行等全部事务，一切靠自理、自立，这是毕业生无法回避的一种能力训练。要学会主动调节生活节奏，养成良好的生活习惯，合理安排自己的业余生活，才能适应新环境。

（3）建立良好的人际关系　走上工作岗位后，人际交往能力的发挥是适应环境的关键。应放下架子去和周围的同事、领导交流思想感情，热心地去和他们交朋友。若不善于与人交往，难以沟通，难免会将自己封闭起来，以至带来诸多烦恼与痛苦。

（4）培养应对挫折的能力　受挫折者胜，逆境成才者大有人在。不要怕受挫折甚至讥笑。很多时候都是自己同自己过不去，画地为牢，束缚手脚。"水至清则无鱼，人至察则无友"，也许上级领导并非你所想象的那样难处，把别人的"严厉""难处"当成催化剂，不要偏激地当成一种刁难，或许领导和同事都默默地关注着你，期待着你的成功。受到挫折不能怨天尤人，自暴自弃只会雪上加霜。最好的办法莫过于静下心来反思，从挫折中吸取经验和教训，使今后少走弯路。所谓"吃一堑，长一智"，改换视角，收到"触类旁通"之效，对付挫折的高招往往在你的不断应对和总结中出现。

（5）增强角色意识　社会好比一个大舞台，每个人都有自己的角色位置。毕业生进入新单位后，首先应认清自己在工作环境中所承担的工作角色以及这个角色的性质、职责范围，弄清楚工作关系中上级赋予自己的职权和自己承担的义务。如果角色意识淡漠，一意孤行，我行我素，擅作主张，自己的分内工作推给上司、同事，势必与新环境格格不入。

（6）努力成为"复合型人才"　　刚步入社会的职业人，一般要经历"新鲜兴奋-观察思考-协调发展"这样一个变化过程。学校培养的是专门人才，而实际工作中碰到的问题往往是综合性的，涉及各学科、多领域的知识。社会需要的是"复合型人才"，因此，要使自己胜任工作、适应环境，只有随时调整自己的知识、能力结构和思想及行为方式，才能不因工作中出现困难而止步不前。因为社会不仅看学历和文凭，更看重能力。

四、角色转换需注意的问题

1. 大学毕业生应谦虚、好学。毕业生刚迈入工作岗位应本着一切从零开始的态度、牢记"三人行，必有我师焉"，虚心向自己的同事们学习工作经验，尽快熟悉自己工作岗位的种种业务知识，结合实际工作将自己所学知识灵活运用，这样才会发现工作的真实乐趣，这个过程是个充满挑战的过程，也是大学毕业生完成角色转换必须经历的重要一步。这期间毕业生要坚定自己的信心，完全摒弃大学时代的那种无忧无虑的自由角色。

2. 大学毕业生要学会适应新的工作环境，妥善处理工作中的人际关系。走出校门，离开熟悉的校园、老师、同学、朋友，甚至远离家乡、父母，来到一个陌生的环境，面对新的人群，多数毕业生会有一种陌生感、孤独感，个别人还会有一种无所适从感，这时往往表现为毕业生与同事们之间缺乏沟通关系生疏，而老同事们则感觉毕业生"清高"不愿与之交谈，久而久之就会与周围的同事之间筑成了一道无形"屏障"，这对于毕业生以后开展工作是非常不利的。

毕业生到一个新的工作岗位之后，要充分认识新的环境、新的岗位，本着实事求是、诚心待人的态度与人沟通交往，缩短与周围同事之间的距离。在自己受到委屈或误解时，胸怀大度，克制感情，冷静处理，工作中出现错误时，应主动承担责任。人际关系好了，在工作生活各方面，同事和领导都会给予积极的帮助，对自身的成长是大有裨益的。

3. 毕业生要不断学习、锐意进取，高标准要求自己，用工作成绩赢得同事的认可。毕业生刚离开校园踏上工作岗位，从大学生转换成职业人，往往开始会忽视学习。一些毕业生离开了校园会认为，学习是学生时代的"义务"，现在是职业人不需要再学习，这是非常不可取的。大学生只是人才的坯子，要锻炼成才，还需要在社会这个大熔炉里锻造，只有不断探索新的方法，才能保证自己适应瞬息万变的社会。通过学习让自己掌握更多的知识和技能，以优秀的表现赢得同事和领导的认可和信任，这对于从"大学生"到"职业人"转变也是至关重要的。

总之，初入职场的大学毕业生，只有充分认识自己，知道自己的优点与缺点、优势与劣势、所适与所不适，在这样一段特殊的转换时期内保持一颗积极上进的心，才能顺利实现角色的转变。

第二节　影响职业适应的因素与对策

大学生从学校到职场，都要度过一段时间长短不一的职业适应期，这是任何一个人都无法避免的问题。影响大学生职业适应的因素，有的是来自社会的问题，有的是大学生自身的问题。人的适应能力是可以培养的，这是培养适应能力的前提。大学生要充分认识影响其职业适应的因素，认真对待和主动克服从学生到职业人角色转换过程中出现的问题，

扫码"学一学"

为实现自己职业发展目标奠定坚实的基础。

一、影响职业适应的因素

影响大学生职业适应的因素，既有社会性因素，也有大学生自身的因素。社会因素需要全社会的共同努力来改善，自身因素则需要大学生们自己去发现并积极克服和解决。影响大学生职业适应能力的因素主要反映在三个方面。

1. 职业定位 一些大学生不切实际，对社会现实缺乏基本的判断力，没能根据现实情况的变化及时调整自己的心理定位，在就业选择时比较盲目，有的因为用人单位的待遇未达到自己的预期而拒绝就业；有的为了挤进自己如意的用人单位不惜放低身价，这种极端现象反映了大学生在就业择业时在职业定位问题上的不成熟。进入了职场后，因为期望值过高、优势心理作祟而影响其职业适应力。

2. 职业心态 由于大多数大学生从未经历过社会的磨砺，心态容易浮躁。一方面总是考虑自己能从社会从工作中得到什么，而很少思考自己为他人和集体所做的贡献。另一方面，很多大学生在就业时抱着"骑驴找马"的心态，总是想着先随便找到一个工作，随时都考虑是否能够跳槽或有更佳的选择，因此在工作的过程中不免会受到这种不安定心态的影响，不能脚踏实地地工作。这些心态上的偏差都会影响单位对大学毕业生的评价，从而影响大学生的职业发展。

3. 职业经验 现今许多用人单位非常看重实际工作经验，具有相关工作经验的应聘者往往会优先考虑，这恰恰是多数大学生就业的短板。对于没有任何经验的学生群体来说，单位需要花费很多人力、物力、财力进行培养，同时还会担心培养后人才的流失问题。有时候培养的资本远远高于短时间内毕业生能够为单位所提供的价值。正是基于考虑这些因素，单位在人才招聘上的要求和大学生本身普遍缺乏工作经验之间出现矛盾，这成为影响大学生职业适应力的因素。

总之，大学生在当前的职业社会情境下已经失去以往的优势。社会原因和大学生个人原因两方面的因素，引发了大学生出现职业适应性欠佳的现象。大学生若想从根本上解决这一问题，顺利圆满地完成职业角色的转换，就必须要从自身查找原因，并且积极克服，以提升个人的职业适应力。

二、职业适应中的问题

大学生在走向职场的职业适应过程中，往往会面临着新问题。有些人由于受到社会因素、家庭因素尤其是自身认知能力、人格心理发展、意志品质以及情绪情感等因素的影响，不能正确认识角色转换的实质，或者在角色转换中不能持之以恒，于是在从学生到职业人的转换的职业适应过程中容易出现以下问题。

1. 对学生角色的眷恋 一些毕业生在职业适应过程中容易眷恋学生时代的生活，出现怀旧心理。经过十多年的读书生涯，对学生生活的体验可以说是非常深刻了，学生生活使得每一位学生在学习、生活和思维方式上都养成了一种相对固定的习惯。因此，在职业生涯开始之初，许多人常常会自觉或者不自觉地把自己置身于学生角色之中，以学生角色的社会义务和社会规范来要求自己、对待工作，以学生角色的习惯方式来待人接物、观察和分析事物。

2. 对职业角色的畏惧 面对新环境，一些大学生在刚走进新的工作环境时，不知道工作应该从何入手，如何应对，在工作中缩手缩脚，怕担责任，怕出事故，怕闹笑话，怕造成不良影响。于是工作上就放不开手脚，前怕狼后怕虎，缺乏年轻人的朝气和活力。

3. 主观思想上的自傲 有的毕业生对人才的理解不够全面和准确，认为自己接受了比较系统正规的高等教育，拿到了学历，学到了知识，已经是比较高层次的人才。因此，往往看不起基层工作和基层工作人员，甚至认为一个堂堂的大学毕业生干一些琐碎的不起眼的工作是大材小用，有失身份，从而出现轻视实践、眼高手低的现象。

4. 客观作风上的浮躁 一些毕业生在角色转换的过程中受社会环境的影响，表现出不踏实的浮躁作风和不稳定的情绪情感。一阵子想干这项工作，一阵子又想干那项工作，不能深入工作内部了解工作性质、工作职责以及工作技巧。近年来，毕业生要求调整单位的人数增多，就是因为一些学生就职很长时间后还不能稳定情绪和进入职业角色，反而认为单位有问题，没有适合自己的职位。事实上，如果不能静下心来踏踏实实地学习，适应工作，不管什么样的单位都不会适合。

三、职业适应对策

1. 调整职业期望值 大学毕业生有着远大的理想和抱负，对未来职业生活充满了憧憬。但大学毕业生应清醒地认识到，理想与现实之间是存在一定差距的。大学生走向工作岗位以后，要正确认识自己在工作环境中的位置和所承担的角色，正确认识该角色的性质、职责范围和自己所承担的义务，这是顺利度过适应期的重要一步。因此，大学毕业生不要存在不切实际的幻想，要根据现实环境及时调整自己的期望值，安心本职工作，学会主动调整和适应新的职业环境，培养职业兴趣，不断积累工作经验和资本，对自己的职业生涯做出合理的规划，为自己的职业发展目标实现打下坚实的基础。

2. 融入职业新环境 刚刚走上工作岗位的毕业生，应当尽快地从学生角色中转换过来，全身心地投入新的职业环境中去。大学毕业生的特点是比较单纯，进入新环境后往往还以学生的方式处理问题，结果周围同事可能不理解、不支持。初入职场的毕业生，要学会多从他人角度出发考虑问题，这样才会得到大家的支持和认可。如果不能尽快实现角色转换，不仅会影响心理情绪，还会影响职业兴趣的培养和工作成绩的取得。在这个过程中要着重锻炼自己的心理承受能力、独立生活能力以及应对挫折的能力。任何人都是集体中的一分子，不能游离于集体之外。毕业生只有尽快熟悉职业环境，认清自己的角色和职责，融入新集体，适应新角色，才能更多地得到大家的支持和帮助，利于自己未来的职业发展。

3. 增强人际交往和团结协作意识 大学毕业生在实现角色转换过程中，良好的人际关系是前提，有效的团结协作是保证。大学生到新的工作岗位后，要重视发展良好的人际关系：①恪守人际交往的规则，做到平等待人，热心助人，诚实守信，律己宽人；②克服人际交往中的心理障碍，如嫉妒、自卑和多疑等不健康的交往心理，要以积极的态度与人交往，在交往中尊重别人，相信别人；③遵守社会交往的礼仪，大学生在交往中要掌握一些常用的礼节，比如握手、打电话、交谈等的礼节，从而提高自己的交往水平。同时，有效的团结协作是职业角色转换的重要保证。在现代的职业活动中，团结协作的作用越来越重要。很多工作不是一个人能完成的，往往需要很多的人共同合作才能完成。大学毕业生如果不能很快地适应这种协作关系，就难以在工作中打开局面。因此，增强人际交往，加强团结协作，不但能更快、更好地完成角色转换，而且对今后的职业目标的实现，顺利走向成功都具有重要意义。

4. 提高职业竞争力　社会生活中的任何个体，只有经过对复杂的社会环境的观察、认知、模仿、认同、内化等一系列的学习和实践过程，才能达到对社会能动地适应。因此，适应社会的过程，是一个循序渐进、螺旋式上升的过程，需要不断地学习实践。大学毕业生在学校里所学的知识是有限的，大部分知识和能力必须在工作实践中学习和锻炼。因此，大学生到了陌生的工作岗位上，一定要从头学起，虚心向在工作岗位上工作多年，具有丰富的专业知识和实践经验的技术人员、领导、同事学习，尽快熟悉并掌握有关的业务知识。大学生只要放下架子，虚心学习，开动脑筋，善于观察，就能从他们身上学到许多观察问题、分析问题和解决问题的方法和能力，就能逐渐完善自我，提高独立开展工作的能力，更好地承担角色责任，尽快地实现角色转换。

总之，大学毕业生角色转换的顺利与否，影响其职业发展。大学毕业生只有确立正确的职业发展目标，积极调整心态，做好职业生涯规划，提高综合竞争力，为实现自己职业发展目标做好充分的准备，才能在职业发展道路上发挥自己的才干，实现更高的职业目标。

第三节　职业适应的必备素质

职业素质是劳动者在一定的生理和心理的基础上，通过教育培训、劳动实践和自我修养等途径形成和发展起来，在职业活动中发挥作用的一种基本品质。当今社会，越来越多的单位在招聘员工时，更加注重员工的职业素质。所以，大学生在进入职场之前，要努力提高个人的职业素质，注重品德修养，为职业发展夯实基础。

一、职业素质

1. 职业素质的含义　素质包括先天素质和后天素质。先天素质是通过父母遗传因素而获得的素质，主要包括感觉器官、神经系统和身体其他方面的一些特点；后天素质是通过环境和教育而获得的。因此，可以说素质是在人的先天生理的基础上，受后天的教育训练和社会环境的影响，通过自身的认识和社会实践逐步养成的比较稳定的身心发展的基础品质。

职业素质就是为了达到职业要求、全面地履行职责、合格的职业人所必须具备的综合素质。它既可以指从事某一职业必须具备的基本素质，也可以指能够获得优秀职业成就的卓越素质或胜任特征。我们可以说，职业素质就是指劳动者在一定的生理和心理的基础上，通过教育培训、劳动实践、自我修养等途径而逐渐形成和发展起来的，能在相应的职业活动中发挥作用的内在要素和品质。这些基本品质与具体职业密切相关，从而对现代职业活动起到关键作用。在现代生活中，职业是实现人生意义和价值的主要场所，职业生涯既是人生历程中的主体部分，也是最具价值的部分。因此，职业素质是素质的主体和核心。

一般说来，人对职业的适应与不适应，主要取决于人的职业素质是否达到了职业对人的要求。不同的职业有不同的素质要求，不同的企业（或组织）乃至不同的职业岗位，对从业者的职业素质都有自己的要求，从业者往往要在工作实践中才能深刻体会这些特殊的素质要求。不过，除了特殊的专业知识、技能、企业文化以外，大多数用人单位对从业者还有一些共同的要求。

在现代生活中，职业成为人生的重要舞台。职业的成功不仅仅取决于个体素质的高低，更在于整个职业群的素质水平。在群体交往中，一方面个体素质得以体现，另一方面个体素质之间相互碰撞、吸收、融合、取长补短。成功的职业生涯一方面是个体素质的展现过程，更重要的一方面，也是个体素质不断提高的过程。

2. 职业素质的特征 一般说来，个体职业素质具有以下特征。

（1）职业性 不同的职业，要求的职业素质是不同的。如对医生的职业素质要求不同于教师的职业素质要求，对公务员的职业素质要求不同于科研人员的素质要求。

（2）稳定性 一个人的职业素质是在长期的工作中日积月累形成的。它一旦形成，便产生了相对的稳定性，没有特殊原因不会自动丧失。如一位医生在几年的工作中，逐渐形成了在医德医风、沟通能力和人文关怀等方面的一系列职业素质，并保持了这些素质的相对稳定性。

（3）内在性 从业人员在长期的职业活动中，经过自己学习、认识和亲身体验，形成了一定的判别能力。这种有意识的积淀和升华，就是职业素质的内在性。比如在工作中我们常常说，把这些事交给某人去办，有把握，放心。人们之所以放心他，就是因为他的内在素质好。

（4）整体性 一个从业人员的职业素质和他的整体素质有关。我们说某人的职业素质好，不仅指他的思想政治素质、职业道德素质好，也指他的科学文化素质、专业技能素质好，甚至还包括身体心理素质好。一个从业人员虽然思想素质好，但科学文化素质、专业技能素质差，就不能说这个人的整体素质好。所以，职业素质的一个很重要的特点就是整体性。

（5）发展性 一个人的素质是通过教育、自身社会实践和社会影响逐步形成的，它具有相对性和稳定性。但是，随着社会发展对人们不断提出的要求，人们为了更好地适应、满足、促进社会发展的需要，总要不断地提高自己的素质，因此，素质具有发展性。

3. 职业适应的基本素质 每个劳动者无论从事何种职业，都必须具备一定的素质，但不同职业对素质的要求是不同的。人对职业的适应与不适应，主要取决于人的职业素质是否达到了职业的要求，不同的职业对人的要求就是对其职业素质的特殊要求。如果缺乏良好的职业素质，即使职业岗位提供的条件再好也无济于事。

（1）健康素质 包含两个方面，即身体健康和心理健康。身体在人发展的每个阶段都是重要的，要时时保持健康的身体。有很多学生因为身体健康原因而丧失了工作机会，也有些学生因身体健康状况不佳，不能适应现代社会的工作节奏，影响了工作和个人发展。部分学生自我心理调节能力相对滞后，面对"供需见面""双向选择"的就业方式，精神焦虑，无所适从，不能主动积极地适应社会。因此，大学生在校期间就要加强体育锻炼，增强体质，提高认知能力，保持身心健康，提高工作竞争力。

（2）能力素质 能力分为一般能力和特殊能力。一般能力即智力，是人的基本能力，主要包括感觉能力、知觉能力、记忆能力、思维能力和想象能力。一般能力是从事任何工作必须具备的能力。特殊能力是指完成特定任务所必须具备的能力，如飞行员除了"视力好"以外，还要求对空间距离的判断非常准确，要求两眼的深度感要好。

（3）道德素质 主要是培养自身的道德认识、道德情感、道德意志、道德行为、道德修养、组织纪律观念等，也就是通常所说的要有职业道德感。

（4）专业素质　高职高专院校的人才培养目标就是培养高技能专业人才，重视专业技能的培养。因此，大学生在校期间要努力学习专业本领，在就业竞争中才能突显出自己的专业优势。专业素质的培养着重专业知识、专业理论、专业技能、必要的组织管理能力等。

（5）社会交往和适应素质　"人脉"是大学生就业的重要基础，也是事业成功的重要保证和依据。大学生应与比自己优秀的人交往，这样才会学到更多的知识及人际交往艺术，自己才会进步，所谓"有压力才会有动力"就是这个道理。社会交往和适应素质的培养应着眼于语言表达、社交、社会适应能力三方面。

（6）学习、创新方面的素质　学习是一个终身的任务，创新意识和能力来源于不断的学习过程。当今科技发展日新月异，要想不落后于时代，走在时代的前列，就必须终身学习。因此，大学生一定要培养和提高自身的学习能力、信息能力、创新意识、创新精神和创新能力，适应社会快速发展的需要。

（7）审美素质　当前，很多大学生缺乏审美观，对美的理解比较狭隘，不能通过审美陶冶情操，提升品位。审美素质是一种发现美、体验美的主观感受。审美素质的培养应着重培养美感、审美意识、审美观、审美情趣和审美能力等五个方面。

二、职业意识

1. 职业意识的含义　职业意识是人脑对职业的反映，是人们对职业活动的认识、评价、情感和态度等心理成分的综合反映。它来自于具体的职业实践，是职业人通过对职业实践的总结分析形成的本职业约定俗成、师承父传的职业认识和主要观点。职业意识支配和调控着一个人的职业行为和职业活动。

随着社会的发展，职业意识又用法律、法规、行业自律、企业条文来体现。它是每一个人从事某一工作岗位最基本也是必须牢记和自我约束的思想指导。同时，它反映着人们对职业的意向、情感、态度及主要观点，贯穿一个人职业发展的全部历程。

职业意识的基本内容包括目标意识、岗位责任意识、服务意识、团结协作意识、质量意识、公平竞争意识、法纪意识、全局意识、忧患意识、机遇意识等。

2. 树立职业意识的意义　大学生的职业意识影响着现在的职业准备、未来的职业选择、职业发展以及人生命的质量。

（1）影响职业准备　大学生处于专业准备阶段，职业意识影响职业目标的确定、职业能力和职业素质的培养，也就是影响职业准备。提到职业意识，很多大学生觉得很抽象，他们认为当前的天职是学习书本知识。尽管应该关注就业，但认识、深入了解并培养职业意识还为时过早。他们没有意识到自己处于职业准备期，需要培养职业意识，进而明确职业方向，强化职业素质和能力，提高职业竞争力。职业意识早已成为用人单位选用人才的标准，提高就业竞争力必须树立并强化职业意识，通过对职业发展的学习，认识到它是就业和开展工作的前提，才会在职业意识认知与培养的基础上确定职业方向，进行职业发展规划，有针对性地提高素质与能力。

（2）影响职业选择　大学生就业深受其职业意识的影响。面对三百六十行的就业机遇，他们有着不同的选择。究其原因，是他们具有的不同职业意识所表现出来的对于不同职业的观点、看法、情感体验、印象及态度倾向等，影响着职业选择。在就业时各有所爱的职业选择，其主要影响因素就是职业意识。

（3）影响职业发展　意识影响实践。职业意识作为人们对职业的认识、所持有的主要观点，支配、调节着人们的职业活动，影响着工作态度、工作状况及成效，从而影响着个人道德和职业发展。

（4）影响生命质量　对工作的评价，人们往往看重工作的对象、内容、报酬、环境、声望等，其实工作不单是一个做什么事和得多少报酬的问题，更是一个生命价值的问题。对工作的认识、情感体验、主要观点的层次，影响着一个人的生命价值。

3. 职业意识的培养

（1）培养创新意识，积极主动学习　职业意识中很重要的是创新意识，要想培养较强的创新意识，必须把握大学这个学习机会。首先，要想在将来职业中有较强的创新能力就必须有扎实的知识基础，在大学要学好专业课，并结合各门学科知识发展和完善自我，要特别注意科学思维的训练。主要是发散性思维方法，即从不同的角度、应用不同的方法解决同一问题，研究新情况，揭示新规律。其次，大学图书馆是拓宽视野的好地方，在此可以了解专业以外的知识，拓宽自己的知识面，努力具备专业以外的创新能力。

（2）培养团队协作意识，锻炼合作能力　一个人的能力再好也有力所不及的时候。一项工作的完成往往是很多人共同协作的结果。在学校完成学习任务或社团工作时，应该有意识地充分利用机会培养自己的团队意识，学会主动与其他人配合，学会博采众长，取长补短。

（3）培养服务意识与奉献精神，具备良好的道德素质　奉献精神是一种能鼓舞和激励人们奋发向上的巨大力量。每一个社会中的个体，通过工作创造的价值，一部分支付个人的社会需要，一部分用于国家的整体建设。工作也是对社会、对国家的奉献。所以，大学生必须具备服务和奉献精神，在学校要积极参与爱心活动，主动帮助需要帮助的人，积极参加社会服务类社团活动，多做服务社会的事。

（4）锻炼沟通能力，更好服务社会　没有沟通就没有一切。人有时出于一种本能的保护而不愿意主动和别人交流。但没有好的交流沟通就无从谈起服务与奉献。大学生在走出学校之前，要锻炼好自己的口才和学会必要的沟通技巧。一是积极参加社团活动，学校社团是培养沟通能力的舞台，同时，积极参加知识竞赛、演讲比赛等活动，锻炼自己的口才。二是充分利用寒暑假社会实践活动深入社会，学会与不同职业、年龄、文化背景的人交流，在社会这个大课堂中锻炼自己的沟通能力。

三、职业道德

职业道德是职业素质的核心和灵魂。职业道德对人们的职业行为具有规范和引领作用，能引导人们的职业追求沿着正确的方向发展。一个职业人，即使职业知识再完备、职业技术再熟练、职业能力再强，如果没有良好的职业道德的引领，也难以成为优秀的职业人才。

1. 职业道德的含义　人生在世，最重要的有两件事：一是学做人，二是学做事。做人和做事都必须受到道德的监督和约束。所谓道德，就是依靠社会舆论、传统习惯、教育和人的信念的力量去调整个人与个人、个人与社会之间关系的一种特殊的行为规则。简单地说，道德就是讲人的行为"应该"怎样和"不应该"怎样的问题。

职业道德是指从事一定职业劳动的人们，在特定的工作和劳动中以其内心信念和特殊社会手段来维系的，以善恶进行评价的心理意识、行为规范的总和。它是人们在从事职业的过程中形成的一种内在的、非强制性的约束机制。它一方面鼓励人们去从事社会舆论和政府所倡导的行为，另一方面通过形成社会舆论压力和道德自责感去约束人们不去从事社会舆论和政府反对的行为。由于各行各业的职业活动内容和职业特征不同，其职业道德内容也不尽相同。

职业道德是同人们的职业活动紧密联系的符合职业特点所要求的道德准则、道德情操与道德品质的总和，其含义包括以下几个方面：①职业道德是一种职业规范，受到社会的普遍认可；②职业道德是长期以来自然形成的；③职业道德没有确定形式，通常体现为观念、习惯和信念等；④职业道德依靠文化、内心信念和习惯，通过员工的自律实现；⑤职业道德大多没有实质性的约束力和强制力；⑥职业道德的主要内容是对员工义务的要求；⑦职业道德标准多元化，不同企业可能具有不同的价值观；⑧职业道德承载着企业文化和凝聚力，影响深远。

职业道德是从业人员的立身之本。如今职场，大多数用人单位在招聘员工时最优先考虑的是员工的品德，其次才是职业技能。毫无疑问，职业道德已经成为用人单位选用人才的第一标准。

2. 职业道德的养成　尽管不同职业的职业道德内容不尽相同，但是各种不同职业的职业道德都具有其共同的基本内容。2001年10月中共中央印发的《公民道德建设实施纲要》中，提出职业道德是所有从业人员在职业活动中应该遵循的行为准则，涵盖了从业人员与服务对象、职业与职工、职业与职业之间的关系。"爱岗敬业、诚实守信、办事公道、服务群众、奉献社会"这二十字的职业道德规范，是所有从业人员应当具备的最基本的道德素养，也是所有从业人员在其职业活动中应当遵循的行为准则。

（1）爱岗敬业　为人民服务和集体主义精神的具体体现，是社会主义职业道德一切基本规范的基础，是职业道德建设的首要环节。爱岗就是热爱自己的工作岗位，热爱本职工作，爱岗是对人们工作态度的一种普遍要求；热爱本职，就是各种职业工作者以正确的态度对待自己的职业劳动，努力培养自己对所从事的工作的荣誉感。敬业就是"专心致志以事其业"，即用一种恭敬严肃的态度对待自己的工作，勤勤恳恳、兢兢业业、忠于职守、尽职尽责、认真负责、精益求精。敬业是从业人员对社会和他人履行职业义务、道德责任的自觉行为和基本要求。

（2）诚实守信　与爱岗敬业一样，是社会主义职业道德所有基本规范的基础。诚实就是忠诚老实，不讲假话。诚实要求人做到忠实于事物的本来面目，不歪曲，不篡改事实；同时也不隐瞒自己的真实思想，光明磊落，言语真切，处事实在。守信就是信守诺言、说话算数、讲信誉、重信用、履行自己承担的义务，这是一种做人的品质。讲信誉、重信用、忠诚地履行自己承担的义务是每个职业劳动者应有的职业品质。

（3）办事公道　在爱岗敬业、诚实守信的基础上提出的更高一个层次上的职业道德要求。办事公道就是在办事情、处理问题时，要站在公正的立场上，按照统一标准和同一原则办事的职业道德规范，它要求人们待人处事公正、公平。要做到办事公道，首先要热爱真理、追求正义；其次要遵纪守法、坚持原则；再次要廉洁奉公、不徇私情；最后要照章办事、平等待人。要做到办事公道，就必然会遇到压力、碰上各种干扰，尤其是碰上那些不讲原则、不奉公守法的有权有势者的干扰时，要做到办事公道就要大公无私、不计个人得失、不向有权有势者屈服。

（4）服务群众　为人民服务精神和集体主义精神在职业道德中更具体、更集中的体现。服务群众就是为人民群众服务，让群众满意，对社会有益，不单单是服务性行业的事，因为所有的行业都直接或间接地与人民群众有关，都需要大力倡导为人民服务的观念和无私奉献的精神。一切从业人员心中有人民、工作为人民，这是任何时期都要坚持的。

（5）奉献社会　社会主义职业道德的特有规范，是社会主义职业道德的最高要求，是为人民服务和集体主义精神的最高体现。奉献社会，就是全心全意为社会做贡献。奉献，就是不期望等价的回报和酬劳，而愿意为他人、为社会或为真理、为正义献出自己的力量，包括宝贵的生命。奉献社会的精神主要强调的是一种忘我的全身心投入精神。

奉献社会是一种人生境界，与爱岗敬业、诚实守信、办事公道、服务群众这四项规范相比较，奉献社会是职业道德中的最高境界，同时也是做人的最高境界。爱岗敬业、诚实守信是对从业人员的职业行为的基础要求，是首先应当做到的；办事公道、服务群众需要有一定的道德修养作基础；奉献社会，则是要求每一个人做到一心一意为社会奉献。

职业道德对每一个人来讲都极为重要，职业道德是一个人真正自我的反映，职业道德的培养是由内而外的修炼，一旦形成良性循环，会把个人提升到一个更高的境界。所以，大学生要加强职业道德修养，努力使自己成为一个社会主义现代化国家的合格建设者，一个具有良好道德和高尚人格的职业人。

四、职业形象

1. 职业形象的含义　人们对某种职业的承担者的所有行为和表现的总体印象和评价，它是构成个人形象的基本因素。职业形象本质上也是一种角色形象。职业角色是一个人在一生中扮演的几个最重要的角色之一，人的一生很长一段时间是在职业生活中度过的，而且人的理想、价值在很大程度上也是通过职业实现的。

职业形象是由丰富的内容和多样的形式构成的，包括一系列不同的要素，如果从内涵、外显两个方面去归纳，可以分为内在因素和外在因素。内在因素是职业形象中最重要的方面，包括职业承担者的职业责任感、职业道德、职业认知、职业心理特征和职业技能等，它是职业形象的内涵；外显因素包括职业承担者在职业行为过程中的衣帽服饰、仪表、仪容、言谈举止、姿态动作等，它是职业形象的外显。职业形象不仅来源于人们对职业承担者所表现出来的看得见、摸得着的外在行为的观察，而且源于人们对职业承担者内在精神的感知和体验。职业形象是职业承担者内在精神、各方面活动和所有外在表现这一系列客观状况的反映，是其内在因素和外在因素的有机统一。

2. 职场中个人形象的重要性

（1）得体的塑造和维护个人形象，会给初次见面的人以良好第一印。个人形象包括发型、着装、表情、言谈举止、待人接物、女士的化妆及饰品等。现在服装自由的单位（企业）越来越多了，对于着装也越来越自由化。要想给人以好感，得体的塑造和维护个人形象是很重要的。

（2）个人形象不是个人性的，它承担着对一个组织的印象。服饰礼仪、职业礼仪渐渐成为企业的必修课。服饰礼仪是人们在交往过程中为了表示相互的尊重与友好，达到交往的和谐而体现在服饰上的一种行为规范。职业礼仪是在人际交往中，以一定的、约定俗成的程序、方式来表现的律己、敬人的过程，涉及穿着、交往、沟通、情商等内容。

（3）个人形象是沟通工具。俗话说"人靠衣装马靠鞍"，商业心理学的研究告诉我们，人与人之间的沟通所产生的影响力和信任度，是来自语言、语调和形象三个方面。它们的重要性所占比例是语言占 7%；语调占 38%；视觉（形象）占 55%，由此可见形象的重要性。而服装作为形象塑造中的第一外表，而成为众人关注的焦点。你的形象就是自己的未来，在当今激烈竞争的社会中，一个人的形象远比人们想象得更为重要。一个人的形象应该为自己增辉，当你的形象成为有效的沟通工具时，那么塑造和维护个人形象就成了一种投资，长期持续下去会带来丰厚的回报，让美的价值积累，让个人消费增值。

知识拓展

商业心理学主要是研究在商业活动中经营者和消费者心理活动规律的应用社会心理学分支。其中最活跃的两个部分是广告心理学和消费者心理学。应用社会心理学从一开始便重视心理学在工商业中的应用问题。1908 年，美国应用心理学家 W. D. 斯科特发表了专著《广告心理学》，这标志着商业心理学的兴起。20 世纪 30 年代以来，随着以消费者为中心的市场经销观念的确立，消费者心理学逐渐成为商业心理学研究的主流。1960 年美国心理学会正式组建了消费者心理学分支机构。

（4）个人形象在很大程度上影响着组织的发展。作为一个单位，个人形象在很大程度上影响着单位的成功或失败，特别是企业，这是显而易见的。只有当一个人真正意识到了个人形象与修养的重要性，才能体会到个人形象给你带来的机遇有多大。总之，交往中最需要表现给领导、同事、商务伙伴以及客户以专业稳重的个人印象是至关重要的，因此在出门上班前，正确地选择服装、发饰，注意自身的言谈举止，对你的工作绝对有加分的效果。

3. 塑造良好的职业形象　基本途径与方法，总体来说有三个方面。

（1）培养良好的职业心理　职业心理是指个体在职业选择、职业角色扮演、职业适应、职业形象塑造等活动过程中的心理过程、心理状态和心理特征。

个体的职业心理是通过其个性的心理与所从事职业的相互作用而形成的。个体根据自己的能力、气质、性格和兴趣偏好而去选择、从事、适应一定的职业，在长期的职业活动中，有意无意地按照职业的需求去工作、行动，因而必然打上所从事职业的烙印，形成特定的职业心理。

1）职业选择心理　职业选择指个体依据、运用掌握的职业信息，从自己的职业需要、职业兴趣、职业价值观出发，结合自己的素质特点，寻求合适职业的决策过程。

根据美国职业指导专家霍兰德的职业的人格类型理论，每种人格类型都有相应的职业兴趣，从中也可以看出不同个体的职业选择心理。霍兰德把人格划分成六种类型：实际型、研究型、艺术型、社会型、企业型和传统型。

2）职业适应　个体在进入职业岗位后，心理上必然要发生变化。实际的工作岗位与原来想象中的岗位总是有一定差距的。个体需要对职业及自己所做出的选择做进一步了解、评定，探测自己的职业发展方向、途径，以争取自己在职业中的成功。在职业道路中，个体还会碰到职业中的种种变动，职业与家庭生活的协调等许多问题。要解决好这些问题，保证个人积极成长，最终保证职业组织的发展，都涉及个体对职业的心理适应问题。

个体要增强自身对职业的适应能力，应培养良好的职业心理素质。首先，个体应对自己的能力、智力、性格等方面有一个客观、准确的了解，并积极进行自我教育，把握与适应周围的环境。其次，个体应对自己将从事的职业进行全面了解，逐步培养自己对职业岗位的认同感，从而积极主动地投入职业工作中去。再次，针对自己在职业适应中的不良情绪反应，个体要培养坚强的意志品质予以克服或采取有效的方法予以疏导。

3）职业角色扮演心理 职业角色是个体在一生中所扮演的几个最关键的角色之一。从心理的角度讲，个体在进行职业角色扮演时应注意以下几个方面的问题：①个体要培养良好的职业角色意识。所谓职业角色意识，是指职业承担者对自己所承担的职业角色的看法和认识。如果个体对自己所承担的职业角色非常明确，即职业角色知觉良好，在职业角色行为中能够做出正确的判断，他所担任的职业任务就会完成得很好，也就更容易塑造出良好的职业形象。②个体要加强对职业角色的学习。职业角色学习主要包括两个方面：一是学习职业角色的权利、义务和规范；二是学习职业角色的知觉、情感和态度。前者是职业角色的"硬件"，后者是职业角色的"软件"。③要培养良好的职业角色扮演心理素质。在职业角色扮演中，个体会遇到各种各样的问题，特别是遇到角色冲突的情况，这时就需要有一种过硬的心理素质。

（2）培养良好的职业道德精神 职业道德是人们在一定的职业活动范围内所遵守的行为规范，用以调整职业内部、职业与职业之间、职业与社会之间各种关系。各行各业尽管千差万别，但都有各自的职业道德，它是社会道德在职业行为中的特殊表现。

在现代社会，职业道德是一种高度社会化的角色道德。它不仅是社会道德系统中的一个有特色的、新兴的分支，而且是一个比较有代表性、起中坚作用的道德层面。它具有道德的时代特征，是现实社会的主体道德；它具有社会公共性和示范性，是一种实践化的道德。职业道德是一个社会组织面向社会现实实现自身价值的重要标准，起着对外树立行业形象，对内培养和考评人员素质、协调和统一群体风格的作用。对个体而言，职业道德精神或意识的培养，是塑造其良好的职业形象的关键。

（3）培养良好的职业能力 职业能力是个体职业形象塑造的主体。职业能力的培养包括职业技能的培养、职业创新能力的培养、职业角色转换能力的培养等方面。

1）职业技能的培养 掌握良好的职业技能是个体从事职业活动的前提。在科学技术日益发展的现代社会里，对职业技能的要求越来越高。为此，个体必须通过各种形式的教育和培训，掌握各种职业技能和科学知识，才能适应现代职业的发展。一方面，要勤于业务钻研，不断提高自己的业务能力，做到不仅能胜任自己所承担的工作任务，而且效果、水平是"高、精、尖"的；另一方面，要树立终身学习的观念，不断进行知识积累、更新。特别是在当今知识经济时代，知识就是财富，知识对个体的职业活动越来越具有决定性的影响或作用。

2）职业创新能力的培养 在职业能力当中，创新能力是关键。创新能力不仅表现为知识的摄取、改组和运用，而且是一种追求创新的意识，是一种发现问题、积极探究的心理取向，是一种善于把握机会的敏锐性，是一种积极改变自己并改造环境的应变能力。在职业活动中，个体的创新能力的强弱，直接影响其所承担的职业任务效果的高低。为此，个体首先必须树立创新意识，要善于创造性地开展工作；其次，个体在职业实践中，要有目的、有意识地加强对自身的创造性思维训练，培养自己的想象力、创造力等。

3）职业角色转换能力的培养　随着社会、经济的发展，职业结构也随之在不断发展变化。以我国为例，随着经济体制的转轨和产业结构的调整，人们就业的方式逐渐多元化，而且职业之间的流动、转换日益频繁。以往更多的是一生就从事一项工作、一种职业，但在当今科技发达的时代，社会变迁快速，社会流动性大，如都市人口的膨胀、新地区因开发引起就业、失业人员出现大轮回。因此，无论是地域上的横向流动，还是代际职业、个人职业的升降等综合流动都有加剧的趋势。这就要求个体培养良好的职业角色转换能力，以适应新的职业角色要求。

五、职业化人才素质

人才的职业化趋势日益明显，一个人的职业化程度的高低决定了他的未来的发展，是否具备职业化的意识和职业化的技能、知识，直接决定了发展的潜力和成功的可能。作为一个现代化的人才，必须紧跟时代步伐，用最新的理念和技能武装自己，以在激烈的人才竞争中获得一席之地，并能很快脱颖而出，获得更多的发展机会和更大的发展前途。

林正大先生认为，一个职业化的人才必须具备五项素质，分别是动机、知识、行动、技能和良好的习惯，这五项技能的英文首字母的组合为 MKASH，即所谓的职业化人才的MKASH 原则。他将这五项必备素质比喻为一个车轮，象征车轮带动人才滚滚向前之意。

M，即 Motivation（动机），动机就像车轮的轴心，处于核心地位，动机的大小和强弱决定了车轮的运转速度和运行状况，积极心态影响下的动机会加速车轮的运转，同样可以加速人才的成功与成长；反之，消极心态影响下的动机则对人才的成长不利，不但不利于人才的成长，反而起到了很大的破坏作用。所以我们必须正确认识动机对我们成功的激励性作用，积极调整自己的心态，以积极的心态面对工作和挑战，不断激励与超越自我，实现我们的目标和远景。

其余的 4 项素质就像车轮的 4 根撑条，支持车轮的运转。

K，即 Knowledge（知识），做任何一项工作，首先要具备的就是应对工作的专业知识，要做得更好还得具备与其相关的其他知识，以形成自己的知识体系，支持工作的开展。我们说职业化的人才必须具备专业化知识，做管理的懂管理知识，做财务的懂财务知识，做营销的懂营销知识，没有专业化的知识，无论如何也无法做到职业化，也就无法在激烈的竞争中得到认可，更谈不上发展进取。所以专业化的知识很重要。

S，即 Skill（技能），技能是支持人才开展工作必要手段，只有知识，没有技能，也是寸步难行。试想，一个管理人员不具备沟通的技能，怎么与人沟通，怎么开展工作，没有人际交往技能，怎么与同事合作，怎么管理下属？这些都是我们必须掌握的基本技能，当然还有许多更高层次的技能需要掌握，要看我们做什么工作。技能的锻炼应该提高到与知识同等的高度，并高度重视，才可能将知识转化为力量，转化为效益。

A，即 Action（行动），具备了良好的动机，专业化的知识，熟练的技能水平是不是就可以了呢？不是。接下来一个重要的素质就是行动的能力。有的人方方面面都比较优秀，知识水平很高，能力很强，可就是做不出出色的工作业绩，原因就在于行动能力的欠缺。汤姆彼得斯说过："快速制订计划并采取行动应该成为一种修养。"我们非常同意他的观点。

要想成为一个职业化的人才，就必须改掉犹豫不决，瞻前顾后，拖拖拉拉的办事作风，在自己认准的事情上果断地采取行动，用行动来证明一切，而不是自己惯性的假想。

H，即 Habit（习惯），习惯决定命运，这句话一点都不夸张。职业化的人才必须具备良好的习惯，无论是生活还是工作，都要时刻注意自己的习惯，改掉曾经的不好的习惯，慢慢养成职业化的行为习惯。良好的习惯给人美的印象和感觉，能在一定程度上帮助你成功。

案例分析

中国社会向来有重学历、重文凭的传统，许多人对于职业资格证书还谈不上有什么深刻认识，一些学生和其他求职者还没有形成起码的职业准入观念。当大多数人拥有了学历后，其差别就是博士、硕士与学士及其各自专业不同。而市场的分工越来越细化，一个人在接受学校教育后能否获得一个满意的工作岗位，或者在劳动力流动的过程中能否适应新的岗位，就成为随之而来的问题。越来越多的用人单位需要的是职业及岗位合适人才，需要员工具备较强的职业素养与技能。随着我国人才评价制度逐渐与国际接轨，我国职业准入制度已初步确立，职业资格证书成为人们择业的"通行证"。在这样的环境下，面对职业资格证，大学生也别无选择！如果想在劳动力市场上提升自己的实力和竞争力的话，就该多准备几个证书。

请对案例进行分析。

思 考 题

1. 简述角色转换的阶段及角色转换需注意的问题。
2. 简述影响职业适应的因素及职业适应对策。
3. 简述职业适应的必备素质。

（李永升）

扫码"练一练"

就业准备

学习目标

1. 掌握就业信息的处理与应用，正确书写或填写求职信、自传、个人简历、求职登记表。
2. 熟悉就业信息的收集原则、求职心理贮备。
3. 帮助大学生做好就业前的准备。

第一节　就业信息准备

就业信息是大学毕业生求职择业的基础和必备条件，谁掌握了就业信息，谁就拥有了成功就业的机会。对就业信息的处理与应用，可以增强求职择业的针对性，减少时间和精力的浪费，做到知己知彼，提高就业的成功率。

一、就业信息的获取途径

就业信息就是通过各种组织和媒介传递的有关就业方面的消息和情况。获取各种就业信息是大学毕业生进行择业决策的重要依据，正确分析和筛选就业信息是大学生顺利就业的保障。一般可以通过下列途径获取就业信息。

1. 学校就业指导部门　学校是用人单位招聘毕业生的一个主要窗口，是连接用人单位和毕业生的主要渠道。除了专场校园招聘、会议通知、电话通知等渠道外，学校还会利用校园网站、社交网络、短信等信息化平台以及就业信息宣传栏等实时发布用人单位需求信息，学校就业指导部门提供的就业信息量大、真实具体、专业针对性强、成功率高，是毕业生求职最主要的信息来源。

知识拓展

用人单位包括国家行政机关、事业单位和企业。国家行政机关即国务院及其所属各部委各直属机构和办事机构；派驻国外的大使馆、代办处、领事馆和其他办事机构；地方各级人民政府及

其所属的各工作部门；地方各级人民政府的派出机构；其他国家行政机关，如海关、商品检验局、公安消防队、监狱、基层税务所、市场管理所等。事业单位一般是国家设置的带有一定的公益性质的机构，但不属于政府机构，与公务员是不同的。一般情况下国家会对这些事业单位予以财政补助。分为全额拨款事业单位，如学校等；差额拨款事业单位，如医院等；还有一种是自收自支的事业单位，是国家不拨款的事业单位。企业是从事生产、流通、服务等经济活动，以生产或服务满足社会需要，实行自主经营、独立核算、依法设立的一种营利性的经济组织。

2. 各类人才市场信息　各级毕业生就业指导部门每年都会举办多次分层次、分专业、分区域、分领域的就业招聘会、人才交流会、毕业生供需见面会等，有的地区、企业还专门组团到其他地区和学校举办专场招聘会，一些中介机构也会开展中小型人才交流会。各种会议有大量的用人单位在现场进行招聘活动，学生可以在短时间内和数量众多的用人单位直接洽谈、深入交流。这种途径方便供求双方相互了解，能快速落实招聘意向。通过这种渠道获得的需求信息比较及时，但对就业信息的评价分析时间较短，需要前期对企业进行相应了解，很多毕业生往往在犹豫徘徊中失去了一个个就业机会。

3. 师长及校友　各种社会关系是获得就业信息的又一条重要途径。毕业生尤其要重视专业老师和校友提供的就业信息，他们熟悉本专业相关行业企业的人才需求信息，了解本专业的就业方向和范围，能够提供具体的用人信息。这种途径获得的信息真实及时，把握好的话成功率高。

4. 新闻媒体　通过新闻媒体登载的人才需求广告和广播电视发布的企业宣传广告等获取信息，大学毕业生要特别留意有关招聘的报刊信息，这些报刊通常会集中刊发用人单位及各类人才市场的人才需求信息，这种信息内容详细、覆盖面广、快速及时。

5. 社会实践和顶岗实习　学校一般安排大学毕业生就业前进行顶岗实习或相关的社会实践活动，一般与所学专业紧密相关，毕业生可以利用这个机会收集本行业和所在企业的就业信息。这种途径获取的信息针对性强，能够全面了解行业特点、发展前景、薪资待遇等，与本专业结合紧密，一部分毕业生在顶岗实习期间通过优异表现得到用人单位的认可，被用人单位优先录用。

6. 互联网　现在网上招聘、网上求职已经越来越普遍，用人单位往往也利用专业人才交流网站或者公司网页发布人才需求信息。从网上获取就业信息是一种高效、便利的途径，但现在网上信息往往真伪难辨，大学毕业生需要不断提高自己的辨别能力，有效规避各种陷阱。

7. 家长亲友　这种信息的特点是准确、迅速，就业成功率比较高。家长亲友一般对毕业生本人的求职意向比较了解，提供的信息也比较直接、有效、可靠。所以，通过家长亲友也是毕业生获取就业信息的一个重要渠道。

二、就业信息的收集原则

1. 准确性与真实性　这是就业信息的生命，不要相信非正式的中介机构和过时的用人信息。收集的信息要及时，实时反映用人单位最新需求信息，收集的信息要真实反映招聘单位的基本概况、工作内容和用人要求，否则，既浪费金钱又浪费时间。

2. 实用性与针对性 首先要对自己有个客观真实的认识，然后根据专业、特长、性格、能力、气质等因素收集与自己意愿相关的就业信息，避免过度宽泛地收集就业信息。

3. 系统性与连续性 将各种与自己意愿相关的、分散的就业信息收集整理起来，然后进行分类、筛选，形成一种自己便于整理、分析供自己选择的可靠依据。

4. 计划性与条理性 首先要明确自己收集信息的目的，包括职业、岗位、地理方向或者城市，这样收集信息才有方向；其次要明确就业信息的范围，做到心中有数。

三、就业信息的处理与应用

无论有多少就业信息或机会，对于一个大学生来说，一次只能选择一个职业岗位。很多时候，过多的信息往往让人优劣难分、无所适从。因此，在完成就业信息的收集后，你会有一个很长的备选清单。毕业生应该结合自己的实际情况，加以分析筛选、去伪存真，有目的、有针对性地进行排列、整理和评估分析，只有这样才能使需求信息具有准确性、科学性和有效性，才能更好地为自己的就业服务。对每一个就业信息进行一番详尽细致的研究显然是不现实的，可以通过回顾清单并对它进行排序。如果你的信息仍然很多，试着把它们按城市、岗位等进行分组，然后进行对比，逐步压缩到一个可以操作的范围之内。然后进行下列分析。

1. 定性、定时、定量分析

（1）定性分析 对就业信息进行质的分析。如就业信息的基本条件、岗位特点、招聘对象等。比如，招聘信息中对专业、学历、经历等有严格要求，毕业生就要对照自身条件进行对比，符合条件者留用。

（2）定时分析 对一定时间内的就业信息发展趋势等进行分析，如有效时间等。

（3）定量分析 从数量关系上对就业信息进行分析，如某一岗位所需人数与应聘之数之间的关系。

2. 就业信息的科学筛选 当前，就业信息来源广，途径、环节众多，面对复杂的就业信息，毕业生需要在短时间内选择适合自己的就业信息，科学筛选是毕业生处理就业信息的一个必要环节，一般有以下几种方法。

（1）查重法 最简便的方法之一。从不同渠道得到的信息不免有相同的，因此筛选的第一步就是剔除重复的信息。

（2）时序法 按时间顺序排列就业信息资料。较新的留用，较旧的舍弃，这样信息能更有价值。

（3）类比法 按照用人单位的性质、地区、待遇等将就业信息分类对比，接近自己需求、符合自身条件的留用，否则放弃。

（4）评估法 请教具有一定专业知识或者有经验的人士帮助自己做出评估。大学毕业生可以请这方面的人士，如从事这方面工作的亲友，学校就业指导部门的教师等进行信息评估，还可以借助网络查询评估就业信息的真实性和权威性。同时，在运用上述方法时，要把握以下几点：①对收集来的就业信息进行比较筛选，把小道消息或几经转达而来的信息与已经证实的信息、有根据的信息加以区别，前者有待于进一步证实，后者应重点选出付诸实施；②当你收集到一些符合自己条件的需求信息后，尽力去弄清信息的可靠程度，应当通过多种办法各种渠道去证实，以确定信息的真实性，对于重要的信息要重点把握，以求了解透彻；③获取用人单位信息后，不能一味盲从，认为亲友、老师告诉你的信息就一定可靠，其他渠道的信息就一定不可靠，还存在是否适合自己的问题。可靠的信息如果不适合自己，盲目地去研究和证实，可能耽误自己的宝贵时间，甚至耽误自己的求职择业。同时要注意克服"人云亦云，依赖他人，缺乏主见"的弱点。

一个好的就业信息应包含以下要素：单位全称、单位性质、上级主管部门、单位发展趋势及远景规划；对从业者职业兴趣、职业能力、职业素质、职业心理的要求；对从业者职业技能和其他方面特殊才能的要求等；工作地点、工作环境、工作时间及对个人工作收入、福利待遇等做出的明确规定。一定要注意的是，几乎所有的用人单位往往只宣传自己的优势、成绩，很少提及或者不提及自己的劣势，这就需要毕业生对信息单位的情况进行充分的调查和了解，做到心中有数。

现代社会是一个信息化社会，像企业发展离不开商品信息一样，毕业生择业也离不开就业信息。在大学生就业市场上，每年的 10~12 月是就业信息相对集中的时期，这段时间和用人单位联系也最有效，毕业生如果能把握好这段时间，主动出击，结合自己的实际，明确自己的定位，就能抓住机遇，实现理想。而过了招聘的高峰期，毕业生要推销自己就处在相对被动的地位，信息量明显减少。因此，毕业生要时刻牢记"机不可失，时不再来"这句话，在大学伊始对自己做一个职业生涯规划，学习相应的知识和技能并达到目标标准。在毕业之际，面对众多信息时全面对照衡量，对各种职业信息及时做出判断和反应，确定择业目标，在激烈的就业竞争中胜出。

第二节　应聘材料准备

一封具有针对性和个性化的求职信会让你从数百封的信件中"脱颖而出"。据很多人力资源部门主管反映，求职信中最忌讳的问题是"千人一面"。原因很简单，这种千篇一律、没有任何针对性和个性化的求职信，招聘人员看得太多了。因此，针对性和个性化的求职信已成为求职成功与否的"生命线"，对能否得到自己心仪的工作起着很重要的作用。

一、求职信

我们知道，求职沟通中，用到的最普通的信件通常就是求职信。它通常是人力资源部门首先看到的信息，和简历放在一起。求职信是求职者写给用人单位的信，目的是让对方了解自己、相信自己、录用自己。求职信包括各种风格、形式和内容，要求内容简练、明确，切忌笼统、模糊、面面俱到。

1. 求职信的意义　有人认为没有必要花太多精力写求职信，因为感觉没有人会读它们。的确人力资源部门的招聘人员或猎头公司没时间既读简历又读求职信，所以有很多招聘人员会只看简历。而且招聘人员对无聊的求职信不感兴趣，大感头痛，不想读。这是因为，好多求职信千篇一律、没有任何针对性。此时，针对性已经成为求职信奏效与否的生命线。另外，个性化也很重要。有的求职信没有使用任何华丽的词汇，却使人读来觉得亲切、自然、真实。

在实际生活中，许多用人单位仍把求职信看作对求职人员的第一印象。因为求职信显示的是你与人沟通的能力、你的简要经历和资历、你的职业能力和性格要素、你是不是注

扫码"学一学"

重细节等。所以你必须了解如何写好求职信。好的求职信将会集介绍、自我推销和下一步行动建议于一身。它重点突出你的相关材料与用人单位最关心的内容。一份好的求职信能体现你良好的表达能力和清晰的思路。求职信通常不超过一页，包括开头、主体部分和结尾。要介绍你自己和写信的目的，写出你胜任工作的优势和长处，以及你下一步的行动和建议。这几部分内容一般占3~4段，如果有新颖的方式，不必墨守陈规，可以灵活多变。

写求职信应考虑五个问题。

（1）你所应聘的用人单位需要的是什么样的人才？在你期望得到的职位中拥有什么样的技能、知识和经历是最重要的？

（2）你的目标是什么，是想获得一个具体的职位、一次面试机会还是其他？

（3）你能为你所应聘的用人单位或职位提供几个优势？如果你针对某个具体职位而写此信，那么你所列的优点或者特长应该就是招聘条件上需求的。

（4）如何把你的经历与此职位挂钩？列举几个具体的你曾获得的成绩或成就，它们能证明你的实力。

（5）你为什么想应聘这家用人单位？你对它的了解有多少？关于它的产品、服务、企业文化、目标、宗旨等一切与你自己的背景、价值观是否一致，都要有全面的了解。

当你对以上问题考虑成熟之后就可以开始写求职信了。试想，当你把一份别具特色、有针对性的求职信传到用人单位招聘人员手中时，肯定能引起他们的注意，很可能就会给你一个宝贵的面试机会。

2. 求职信的写作格式　求职信既然是一种书信文体，它同写信的写作格式基本是一致的。具体地说，包括标题、称呼、正文和落款。

（1）**标题**　通常在第一行中间写上"求职信"三个字。

（2）**称呼**　求职信要顶格写明求职单位的领导或负责人的姓名或称呼，也可以直接称呼其职务。

（3）**正文**　求职信的正文一般由开头、主体、结尾三部分组成。开头要介绍清楚自己的身份、年龄、学历、毕业学校等基本情况，给用人单位一个初步的完整印象。主体部分要展开写，主要是针对用人单位的招聘信息或者根据自己了解到的用人单位的要求来具体介绍自己，这其中要把自己的专业特长、技能特长、个人爱好、外语水平及其他潜在的能力和优点表露出来，提出你能为用人单位做什么，以使用人单位意识到你是他们用人的最佳人选。这一部分是求职信的关键，所以要多了解用人单位的信息，真正地使自己可以有较强的针对性来推荐和介绍自己。客套话也是必需的，你要对用人单位赞扬一番，让他们知道你很愿意成为他们中的一员，你可以提一下企业的名声、销售业绩、公司文化、管理宗旨或任何其他增色的内容。用人单位想知道什么因素是你进入企业的动力。结尾部分不仅仅是你对用人单位能花时间读你的信而表示的感谢，你可以建议下一步如何联络，打电话或电子邮件，并再次强调自己的求职愿望，恳请用人单位给自己一次工作机会。也就是说，这里是开启另一扇门的地方，最重要的是你以积极肯定的语气结束，并主动采取行动。

（4）**落款**　求职信的落款，就是在正文的右下方署上求职者的姓名及日期。

3. 写求职信应注意的问题

（1）**最大限度展示"卖点"**　在所有的求职材料中，求职信是第一份用人单位见到的材料，是大学毕业生向用人单位自我推荐的书面材料，能给用人单位留下至关重要的第一印象。能否吸引招聘者的眼球，直接关系到能否获得面试的机会，关系到择业的成功与否。一封求职信，如果能够吸引对方的注意，则就是一封成功的求职信，意味着择业成功一半。为了使求职信更具有针对性和吸引力，不妨给求职信加点"调料"——最大限度展现求职者的"卖点"，也就是自我条件的展示。主要应写清自己有本专业知识和工作经验、技能和成就，与本工作相符的特长、兴趣、性格和有关能力。应该在这方面多下功夫，最好要有创意。①设置几个兴趣点，写出你与未来工作相关联的最关键的经历、最好的成绩、最重要的特长，表明这些将会适合用人单位并能做出贡献；②特长词句要明确标示出来，对于想要特别强调的词语，采用不同字体或进行特殊处理，以吸引招聘者的目光；③突出成长中的典型事例，每个人都会有一些特别的经历，这些经历会对自己的人生道路产生重要的影响，往往会体现一个人对人生、机会、金钱和世界观的看法，这样的事例往往能拨动招聘者的心弦；④适当表决心，"我虽刚刚毕业，工作经验不足，但我年轻，有朝气，能认真去学和干，有能力完成任何工作，我会用时间和汗水去弥补经验，请领导放心，我定会保质保量地完成各项工作任务。"这段话给人的感觉是：信心十足，口气坚决，给人以能战胜任何困难的感觉。

（2）避免硬伤

1）过分自信　很多刚从学校毕业的学生，都会犯一个毛病，听不得别人的意见建议，认为自己无所不能，还有的认为只要考试成绩好，便会是一个称职的员工。所以在求职信中过度自信，甚至自我吹嘘，这会导致招聘者觉得求职者自高自大、思想不成熟。

2）不够自信　大学生应该在求职信里强调自己的长处，不要表现得过于谦虚，尽量不要提及自己的缺点，如果不能避免，则一笔带过。

3）语气不庄重　招聘单位大都喜欢对待事物比较客观的大学毕业生，所以避免在信中用"我看""我想""我觉得"等字眼表达自己的观点。

4）过多省略语　平时你与人交谈时习惯简称自己的学校或所学的专业，但在求职信上是不能这样写的，很多同学往往忽视这一点。

4. 求职信范文

求 职 信

尊敬的贵单位领导：

您好！

首先衷心感谢您在百忙之中浏览我的自荐信，为一位满腔热情的大学生开启一扇希望之门。这是一份简单而又朴实的求职函，也许它的普通没能深深地吸住您的眼光，但它却蕴涵着一颗真诚的心。

我叫某某某，是××卫生职业学院 2019 年应届毕业生。借此择业之际，我怀着一颗赤诚的心和对事业的执着追求，真诚地推荐自己。

在校的专业理论学习和在医院实习的一年，使我掌握了深厚的专业理论知识，积累了较丰富的临床经验，我热爱我的专业，为其投入了巨大的热情和精力，并阅读了课外很多相关的书籍来充实自己的专业知识，在校期间我除认真学好专业之外，还积极参加校内校外的实践活动，多次到医院见习，并且利用寒暑假在校外兼职多份工作以支持学业，锻炼工作能力，培养了我吃苦耐劳的品质。在医院实习期间，在老师的悉心教导和自己的努力下，我基本熟练地掌握了临床各项护理操作，出色地完成了各科应完成的实习任务，并坚持每天记实习笔记以巩固所学。我深切地体会到以细心、爱心、耐心、责任心对待患者的重要性，在老师的影响下，形成了严谨、踏实的工作态度的同时，努力培养素质和提高能力，充分利用课余时间，拓宽知识视野，完善知识结构。我热爱我的专业。我相信，勤奋刻苦的学习态度会对我以后从事的工作帮助很大，有扎实的理论基础指导我的实践，刻苦钻研的学习态度会使我对工作做到"慎独"。

在校期间，我还积极参加本班级、学院等多项活动。这很好地培养了我的交际能力，使我懂得了如何与人和睦相处，也使我处事更务实、更有责任感。实习中，始终努力做到"眼勤、手勤、脚勤、嘴勤、脑勤"，想患者之所想，急患者之所急。能正确回答带教老师的提问，规范熟练进行各项基础操作的理论知识和基本技能。相信这将是我今后工作中的重要经验和宝贵财富。

随信附上个人简历，我真诚地希望热忱的心能得到贵单位的青睐！我相信，有热忱和开朗伴随着我不断奋进，我的人生一定会越来越精彩！期待您的面试！

最后谨祝贵单位事业：

蒸蒸日上，前程似锦！

此致

敬礼

×××敬上

年 月 日

二、自传

1. 个人自传的意义 毕业前写自传，是毕业生进行自我熟悉、自我教育、自我进步的重要一课，求职自传，是每个毕业生求职的时候必须面临的题目。通过写自传，使毕业生对自己走出校门前的人生经历进行一次全面、系统的回顾和总结。这对毕业生走好今后的人生道路具有重要的指导意义。同时，自传也是真实反映毕业生人生轨迹的重要材料，是社会（用人单位）了解、考核毕业生的重要依据。因此，认真、全面、真实地写好自传是非常必要的。每位毕业生都要把写好自传当作自己走上工作岗位前的一段人生总结，予以高度重视。

2. 个人自传的基本内容

（1）第一部分：个人的基本情况及家庭成员、主要社会关系等。

个人情况包括：姓名、性别、民族、出生年月、籍贯等。

家庭情况包括：家庭成员的姓名、性别、民族、年龄、职业、工作单位、政治面貌以及与自己的关系。

主要社会关系包括：对自己产生过重要影响的亲朋好友。要写明其姓名、性别、年龄、职业、政治面貌、与本人关系及对本人的影响等。

（2）第二部分：本人的生活经历。要从上小学开始，把在校读书各个阶段的情况写清楚，要写明具体的起止年月、地点、单位、职务和证明人等，中间不能出现空档。

（3）第三部分：本人的成长进步过程。这是自传的重要部分，要写得具体、翔实。其中包括对党在各个时期的方针、政策的理解，以及自己做了哪些突出的事情，参加过什么组织，受奖惩情况，对自己过往和现今的状况等。

（4）第四部分：自我评价。经过大学的学习，对自己的全面素质（主要指优点和缺点）做出客观评价，并提出今后的奋斗目标和努力方向。

3. 写个人自传应注意的问题　自传的结构不外乎两大项，一部分谈本身的兴趣、爱好、专长和学习经历，另一部分是家庭背景和成长历程，前者可以多着墨，毕竟你的人格、专长是和企业直接相关的。

自传不宜过长，新求职的人并无工作经验，以不超过一页 A4 纸为原则；假如你以为手写自传可以传达诚意，恐怕就错了，信息时代假如不用计算机制作履历，企业将以为你缺乏计算机技能而不敢雇用。

针对应征职务调整自传内容。如应征行政工作可以夸大自己的稳定性，业务工作则可以夸大自己的积极性和事业心；求职之前应先了解应征企业的特性、背景资料。

自传内容可以用下列元素为主要考量：应征动机——说明从何处得知征才讯息，何以吸引你上门应征；工作经验及专长——新人虽无实质工作经验，但可以配合应征职务，把学历、参加过的相关比赛、活动、打工经验等列入，以证明自己可以胜任；成长背景——简单扼要地交代家庭背景、成长环境，不要占用自传太大篇幅；生涯规划——把你对人生的规划、目标、工作理念传达清楚，向企业说明自己的方向，但别唱高调、不切实际，会给人好高骛远的感觉。

自传文笔可以活泼、抒情些，但不要咬文嚼字，反而显得造作。不要对人、事物做过多批评，把握重点、不拖泥带水。

可以举出自己最欣赏的书或人物，说明自己的特质。

切忌流水账式的自传，时间久远的故事就别提了。下笔撰写前，先想好顺序，让自传结构紧凑。

假如英文能力好，可以另备一份英文版自传，"SHOW"出英文功力，不过千万别找人代笔，这可是欺骗行为，万一口试时露出破绽，个人诚信将受到打击。

可以随自传附上有力的资料，如学校成绩单、比赛奖状、国家规定的各种能力考核等级证书等，按照顺序装订整洁，方便阅读。

4. 自传范文

自　传

我叫某某某，是××卫生职业学院护理专业 2019 年应届毕业生。借此择业之际，我怀着一颗赤诚的心和对事业的执着追求，真诚地推荐自己。

我性格开朗、办事稳重、善于思考、自学能力强，易于接受新事物。我的基础知识扎实、专业知识过硬，并具有熟练的护理操作技能，是一名符合医学实践需求的准医务人员。作为即将踏入社会征途的毕业生，我满怀热情与追求，期待一份契机与成功。

"工欲善其事，必先利其器"。大学三年，思考、书籍和社会实践使我不断走向成熟，对知识的渴望，对理想的追求，人际关系的扩展，思维方式的变更，造就了我不断完善的护理实践操作技能和日趋成熟的思想，培养了我务实进取、认真负责的工作作风和良好的团队精神。

在专业学习方面：我深知医务人员的肩膀上承托着"生命之重"，专业理论学习我不敢有丝毫的懈怠，刻苦努力的学习让我在进行实践操作、技能练习时有了扎实的理论基础。两年在校的学习期间，我的专业课成绩优秀，每学期都获奖学金。在老师们的严格要求及个人的努力下，经过两年专业课程的学习和一年的临床实践，已具备了较为扎实的专业基础知识和临床经验，整体素质有了较大的提高。培养了敏锐的观察力，正确的判断力，独立完成工作的能力，严谨、踏实的工作态度，并以细心、爱心、耐心、责任心对待患者，适应整体护理的发展需要。因此我对自己的未来充满信心。

在社会工作方面：我积极上进，笃守诚、信、礼、智的做人原则，思想积极要求进步。我历任班长等职务，长期为同学们服务，参与组织了各项有益活动，培养了较强的策划、组织、协调、管理和创新能力以及吃苦耐劳的精神。我充分发挥在音乐方面的特长，积极参加了校园各项文艺活动，活跃在校内的各种文艺舞台上。此外，擅长打排球等各种球类，担任过长时间的排球队长，参加了历年的班级各种比赛。

未来的道路上充满了机遇与挑战，但是我不会屈于任何事，我会继续努力学习相关医学知识，"敢于创新，勇于开拓"是我执着的追求。大学培养的是一种思维方式和学习方法，"纸上谈兵终觉浅，绝知此事要躬行"，因此我将在今后的工作中虚心学习，不断钻研，积累工作经验，提高自己的工作能力。珍贵的大学生活接近尾声，特此总结一下大学三年的得失，发扬优势改进不足的地方，使自己回顾走过的路，也更是为了看清将来要走的路。

三、个人简历

每一个好的计划都会有一张表说明你起步时的状态、现在的状态和你要达到的状态。在求职计划中，这张表就是简历，在求职过程中，你必然要向用人单位呈上它。一份简历不一定会让你获得一次面试机会，但一份好的简历能帮你跨入门槛。现在一份简历可以通过网络发给很多用人单位，所以简历仍然是一个重要的求职工具。

1. 简历的要素

（1）针对一项具体工作，对你的技能系统评价。

（2）在回答面试考官的下列问题时，简历是一个提示：谈谈你自己，我们为什么要聘用你？你有哪些技能适合做这份工作？

（3）在填写工作申请表时有帮助。

（4）是一个推销自己以获得面试机会的工具。

简历的目的是争取一个面试的机会。就像一个广告，它应该能够吸引注意力，引起兴趣，描述成就和激发行动。简明扼要是关键，一页最好，不要超过两页。简历是告诉用人单位你能干什么，你干过什么，你是谁，你具有哪些技能和知识。还要说明你希望做什么工作。它必须能够包含足够的信息以便用人单位对你的资质进行评估，还必须能够激起用人单位足够的兴趣邀请你进行面试。

起草一份言简意赅的简历之前，你必须进行调查和研究，对用人单位的情况、你所申请的职位、工作的基本要求有所了解，以便针对工作的具体要求来起草简历。为了提高简历的效果，你应该加强你的背景中与工作相关的部分。它必须布局合理、整洁和井井有条，不能有错别字，用高质量的复印纸和激光打印机打印。

2. 简历格式范本

个人简历

基本资料

姓　名	杨××	性　别	男	民　族	汉	照片
毕业时间	2019 年 6 月	学　历	大专	政治面貌	团员	
身　高	188cm	籍　贯	河北	主修专业	××	(近照)
联系电话	13112345678	出生年月		1995 年 12 月	毕业院校	××卫生职业学院
应聘意向			临床护理、康复治疗师			

专业技能与工作经历

专业技术掌握度	护理操作技能熟练,应变能力强,已经通过护士执业资格考试。		
掌握外语能力	通过了高等学校英语应用能力考试(A 级),英语口语能力较强。		
计算机操作能力	熟练掌握了 Word、Excel、PowerPoint 等办公软件,操作能力较强。		
兴趣爱好	音乐,舞蹈,乒乓球,户外运动。		
工作起止时间	企业名称	工作职务	工作性质
2016.07—2016.08	××社区诊所	实习生	实习
2017.07—2017.08	××医院	实习生	实习
2016.10 至今	××卫生职业学院附属医院	实习生	实习

所获成绩

★2016 年 12 月参加高等学校英语应用能力考试(B 级),顺利通过(成绩 85.5)
★2017 年荣获国家奖学金
★2017 年 3 月参加高等学校英语应用能力考试(A 级),顺利通过(成绩 88.5)
★2017 年 11 月参加学院文艺部组织的歌咏比赛,进入六强

自我鉴定

★性格沉稳的同时不失活泼,治学勤奋严谨,乐于钻研,做事求真务实
★为人谦逊,对人热心,有良好的团队精神,敢于迎接挑战
★善于组织沟通,与他人协作能力很强

四、求职人员登记表

1. 文书的基本知识　求职人员登记表是由各级职业介绍服务机构组织填写的,反映求职人员基本情况和求职愿望的登记表。

2. 文书的主要内容及制作要求

(1) 主要内容　求职人员基本情况;求职意向;培训意向;学历情况;工作经历等。

(2) 制作要求

1）登记应备手续包括：个人身份证、学历证书；相关证明及个人近期 1 寸免冠相片 2 张。

2）求职者应该逐项填写清楚，以免出错。

3）此表将输入微机，进行网络管理，所以必须按职业介绍微机网络要求填写，请在适合的□打"√"。

4）此表有效期为××月，逾期作废。

5）求职登记表应一式两份。

3. 求职人员登记表格式范本

求职人员登记表

登记日期：　　年　月　日　　　　　　　　　　　　　　　　　编号：

身份证号		姓名		政治面貌		照片
电话/手机		民族		婚姻状况	□婚 □否	
通信地址				邮政编码		（近照）
户口所在地	省　　市　　区（县）　　街道（乡）　　村（路）　　号					
文化程度	□高中 □职业高中 □技校 □中专 □大专 □本科 □硕士 □博士 □其他					
外语语种	□英 □俄 □德 □法 □日 □其他　水平　□不懂 □略懂 □笔译 □口译 □精通　等级					
健康状况	□良好 □一般 □差　视力　□良好 □一般　体重　（kg）　身高　（cm）					
所学专业		就业状况	□失业 □下岗 □在职 □离退休 □学生 □外来人员 □其他			
应聘专业 1		职称 1		等级		从事年限 1
应聘专业 2		职称 2		等级		从事年限 2

求职意向	岗位工种	□无要求 □专业对口 □具体要求：
	月收入	□无要求 □1500 元以上 □2000 元以上 □3000 元以上 □3500 元以上 □面议
	用工性质	□无要求 □合同制 □兼职 □临时工 □调入 □招聘
	工作地点	□无要求 □有要求 □具体要求：
	单位性质	□无要求 □机关事业 □国有 □集体 □外资或台、港、澳投资 □股份制 □私营

培训意向（请填专业或内容及其等级）：			
特殊要求	数码照片 □是 □否	笔迹扫描 □是 □否	其他要求

学历记录	起止日期	学习地点	所获学历	培训工种	获何证书

工作经历	起止日期	工作单位	单位性质	工种	职位

第三节 求职心理准备

在人的一生中，大学校园生活仅是成长的一个站点，它将随着毕业、就业、跨入社会而结束。而择业就业，不仅是大学生人生道路中新的起点，更是一个至关重要的转折点。日益严重的就业压力，使大学生的求职过程不仅是一场能力的大比拼，更是一场心理素质的大考验。一些毕业生由于没有做好充分的心理准备，承受能力比较弱，在求职择业过程中遇到挫折，就非常容易产生焦虑、挫折、自卑、依赖、放任等不良心理问题。如何找到满意的工作并开创自己的职业发展空间，实现自己的人生价值，是大学生在就业时需要面对和解决的重要问题。因此，大学生正确把握自己在就业过程中应有的心理状态，消除心理障碍，克服在就业中容易出现的心理问题，形成良好的心态，以健康良好的心理状态求职择业，具有十分重要的意义。

一、求职中的心理问题

求职中的心理问题是由心理压力和心理承受能力相互作用，使大学生失去了应有的心理平衡的结果。大学生就业过程中主要有以下几个方面的问题。

1. 自我认知方面

（1）自负心理　在职业选择中，主要表现为脱离实际，自认为很有才华，各方面条件都很出色，应该有个好的归宿，过高地评价自己，因而傲气十足。他们缺乏对自己的客观认识，也对就业市场、职业生活缺乏了解，一切凭自己的主观想象，很容易脱离实际，以幻想代替现实。如有的大学生自以为经过大学几年的努力学习和锻炼，取得过较好的成绩和各种荣誉，就以为能够胜任任何工作，在求职中觉得高人一等，对工作挑挑拣拣，期望值非常之高，如果未能如愿，情绪会非常低落，从而产生孤独、失落、烦躁、抑郁的心理。

（2）自卑心理　一些毕业生对自己评价偏低，在求职中常会产生自卑心理，他们总以为自己水平和能力比别人差，用人单位的要求肯定达不到，自己能力不行等。首先，就业中的自卑一般产生于就业市场中需要自己专业的用人单位比较少，用人单位相对也比较好，在求职中遇到不顺，就容易悲观失望；其次，一些性格比较内向、不善言辞的大学生，看到其他应聘者言辞流利，落落大方，自己反而表达不出来；再次，一些在校成绩荣誉等一般的大学生，看到别人成果、证书、奖励等很多，自己很少或者没有，也容易产生自卑心理。他们往往缺乏足够的自信和勇气，找不到自己的优势，不能客观地寻找适合自己的岗位。过度自卑的大学生往往产生精神不振、沮丧、失望等心理，最终失去求职的应有勇气。

（3）虚荣心理　虚荣心强的大学毕业生，往往在求职中不切实际，选择职业往往看中用人单位的名声或者在行业中的排名，目的是为了让人羡慕，满足自己的虚荣心，而不是为了寻找能够施展自己才华、有利于自己事业发展的空间。还有的同学在择业过程中把功利放在第一位，把目标集中在知名度高、经济收入高、社会影响好的单位上，不考虑自己的实际情况。还有的同学特别关注其他同学的就业去向，一定要优于别人，自己才会满意。

2. 情绪困扰方面

（1）焦虑情绪　大学生择业过程中常见的情绪之一。焦虑是主观上预料将会有某种不良后果或某种模糊的威胁、危险出现时的一种不安情绪，并伴有忧虑、烦恼、害怕、紧张等情绪体验。面对日趋激烈的就业竞争和严峻的就业形势，还有种种心理冲突该如何做出正确的抉择？如今普遍缺乏社会经验的大学生们深感困惑。很多大学生在各种选择面前无所适从，由于不了解行业或者用人单位，导致就业期望值过高，不切合实际；或者急于求成，慌忙择业；或者幻想无须付出努力就能得到称心如意的工作，实际过程中往往事与愿违，因此，出现普遍的焦虑情绪。现实中希望自主择业，自己心中又没有把握；渴望竞争，找不到自己优势；理想远大，却不愿从基层做起；在实际价值取向上重物质、重利益；容易自信，受到挫折后接着就自卑；崇尚个人奋斗、自我实现，面对困难和问题，又有很大的依赖感等。

（2）悲观情绪　部分大学生面对激烈的竞争，信心不足，认为前途"暗淡"事业"渺茫"，心灰意冷，看不到前景和希望，这属于悲观情绪。主要是这部分大学生在校学习期间，对学习和各种活动不积极主动，最后感觉没学到什么真本事，不敢和其他同学去竞争，顾虑重重，破罐子破摔，产生了听天由命的悲观心理。还有一小部分同学，在校学习期间受到纪律处分，担心没有用人单位录用，或者怕处分材料跟随本人档案影响将来的发展，产生闷闷不乐、忧心忡忡、不思进取的悲观心理。

（3）不满情绪　大学生处于精力充沛、血气方刚的青春期，在情绪情感上往往容易产生好激动、易动怒的特性。如果得不到正确的疏导，进而会产生不满情绪。不满的对象可以是其周围的任何事物或人群，如对所在学校、市、省不满（包括学校招聘、就业管理政策、户籍限制等）、对家庭成员的不满（包含对其的指导、干涉，对家庭的经济条件限制等）、对周围同学不满（如嫉妒）等。

3. 人际交往方面

（1）依赖心理　有的大学生从小学到中学再到大学都一帆风顺，从小在家里就备受父母宠爱，除了学习的事情，都是父母包办，几乎从未独立处理过一些事情，没经历过什么挫折，久而久之便产生了一种依赖心理，没有生活经验，不善于处理生活中的问题，凡事拿不定主意，习惯于听从老师、父母的安排。在求职过程中不会主动选择就业单位，总是依靠学校、社会关系、学校和老师，或者当要做出选择时自己不能决断，总让别人帮着拿主意，他们对自己的就业去向漠不关心、消极等待、听天由命，从而失去了许多应有的职业选择机会。

（2）羞怯心理　在求职面试时常常表现为面红耳赤、张口结舌、语无伦次，由于紧张而把面试前精心准备的"台词"或"腹稿"忘得一干二净，不能发挥出自己的正常水平。有的同学平时成绩不错，能力也挺强，但就是因为羞怯，在面试时过度紧张，谨小慎微，生怕说错话、问题回答不好影响自己的形象。这类同学大多性格内向，平时不善于进行锻炼，很少在公共场合发言，再加上过于看重面试的重要性，往往在面试时举止拘谨，谈吐失常，不敢大胆发挥，甚至发挥不出来而丧失求职机会。

（3）挫折心理　一些大学生在择业中容易产生自我评价偏高、职业期望偏高的情况，在职业选择时容易受到挫折；另外，就业市场中确实存在一些不公平现象，还有某些学校、专业存在不易找工作的客观现实，一些大学生在遇到挫折时容易出现不平衡心理现象，出现了对专业和学校的抱怨、诋毁。在就业问题上大学生受到挫折，绝大部分是因为他们的去向和抱负不能为自己、亲友、社会所理解和接受，从而产生怀才不遇的感觉，感到前途渺茫、苦闷、失望。如果不能面对挫折认真反思，反而失去理智，还有可能形成人格障碍。

（4）问题行为　违背社会或者学校规范的不良行为。在各种不满与不良就业心态的影响下，出现一些不良行为和生理反应。表现有旷课、打架、夜不归宿、喝酒、闹事、故意毁坏公物、过度消费等，严重时还可能导致严重违纪和违法行为的出现。

二、求职中心理问题的对策

1. 树立正确的就业观，保持良好的就业心态 大学毕业生要根据就业形势，转变就业观念，抛弃"等、靠、要"的依赖思想，树立自主就业、艰苦创业的观念，抛弃那种盲目地赶时髦、追热门，毫无自主性的就业观念。要打破一步到位、一劳永逸、从一而终的就业观。应树立不断进取的职业流动观念，并学会在流动中发现机会、抓住机会、把握机会。要找准自己的位置，既不好高骛远，也不自我贬低。要培养健康的就业心理，保持良好的就业心态，只有这样才能从容地面对就业竞争。

2. 正确评价自己，科学确立合理的就业目标 自我评价是自我认识的过程。自我评价是就业意识从"我想干什么"转到"我能干什么"的过程。不同的人有不同的职业适应范围，不同的职业对从业者有不同的要求。大学生要有正确的自我评价，对自己所学的专业、工作能力、爱好特长、优势、劣势有一个完整的把握，给自己恰当的职业定位，这样才能在就业中扬长避短，尽快找到适合自己的工作岗位。同时在获得一个理想职业的时机还不成熟时，不妨采取"先就业，后择业，再创业"的方法。

3. 全面提高自身素质和能力，增强就业的自信心 在就业市场中，大学生自身的素质、能力永远是竞争胜败的第一因素。一名大学生综合素质的高低、能力的强弱直接决定就业的结果，更是"弱势群体"改变弱势的基础。因此，大学生要以社会需求为导向，努力拓宽自己的知识面，加强自身素质和能力的培养，提高自己在就业市场上的竞争力。

自信心是一个人前行的动力，是成功的第一要诀，它体现了求职者的精神面貌，同时也直接影响招聘单位对求职者的第一印象，进而决定着求职者求职能否成功。试想，如果求职者畏首畏尾、迟疑不决、缺乏自信，又如何能打动别人，赢得就业成功？因此，求职者要充分相信自己的才能，满怀信心地推销自己、展示自我，从而实现顺利就业。

案例分析

近年来，有关医学人才的招聘会上，除了专业成绩外，各医院对应聘者的英语水平要求普遍很高，二级和三级医院均要求英语水平要达到六级。计算机要求达到二级，对三级不做硬性要求，但是会优先考虑三级通过者。如北京多家三甲医院比较欢迎计算机三级通过者，因为院方希望医护人员具备编程能力，但是每个医院发展思路不一样，有些医院只要求应聘者会使用相关软件就行了。

请对案例进行分析。

思 考 题

1. 请写一封自荐信。
2. 请自制一份简历。
3. 简述如何应对求职中的心理问题。

扫码"学一学"

（袁万瑞）

第八章

应聘礼仪与技巧

学习目标

1. 掌握求职面试的基本形式和准备。
2. 熟悉应聘礼仪和求职技巧。
3. 了解求职时笔试的常见种类和应试要求。

第一节 笔 试

扫码"学一学"

　　笔试主要适用于应试人数较多、需要考核求职者所掌握的基本知识、专业知识、文化素质和心理健康等综合素质。笔试对应聘者来说是相对公平的一种测试方式，因而被越来越多的用人单位所采用。它是用人单位对求职者的专业知识、文字表达能力和书写态度等综合能力的有据可查的测试，是求职者的真实客观表现，能作为求职者能力的留档记录。笔试得分比较可靠，对求职者比较公平，是用人单位测试求职者能力的重要依据。用人单位往往首先通过笔试来确定进一步面试的人员名单。大学毕业生对笔试并不陌生，但应注意求职过程中的笔试与课程考试的不同之处。

一、笔试的常见种类

　　1. 专业测试　这种考试主要是为了检验求职者文化知识水平和相关的实际能力。一个合格的大学毕业生，各门功课都取得了一定的成绩，所以一般都可免于笔试，只要看看学校提供的推荐表和成绩单就可大致了解其知识能力等基本情况。但也有一些特殊的用人单位，需要通过笔试的方式对求职的大学毕业生进行文化专业知识的再考核。值得注意的是这种测试方式已被愈来愈多的就业单位所采用。比如，外贸外资企业招聘雇员要考外语，公检法机关录用干部要考核法律和公务员基本知识等。

　　2. 心理测试　用事先编制好的标准化量表或问卷要求应试者在一定时间内完成，根据应试者完成的数量和质量来判定其心理水平或个性差异的方法。一些特殊的用人单位常常以此来测试求职者的抗压、性格、态度、思维方式、动机、智力、个性等心理素质。

　　3. 写作能力测试　比较简单的测试目的在于考察应试者常用公文、信函等文字写作能力。比如限时写出一份会议通知、请示报告或某项工作总结，也可能提出一个论点，请予

· 110 ·

以论证或批驳等。比较复杂的测试是采用论述题或者自由应答型试题，该笔试的最大作用是有利于考察求职者的思考能力，从而能够检查求职者思想认识的深刻程度，这种测试往往会出现大相径庭的答案，易于发现人才，远比简单的测验题更能判断一个人的水平，能判断对问题的思考是否深刻和有见地。

4. 综合知识测试 兼有智商测试的作用，比如，应试者要在规定时间内对一个案例、一组数据或者一份资料进行分析，找出其合理的地方、存在的问题及解决方案。这是对求职者的阅读理解能力，发现问题、分析和解决问题的能力，知识修养等素质的全方位测试，有时岗位需要，要求按规定的方式解答，难度更大一些。

用人单位采用笔试方式时，可能只进行单一的测试，也可能专业测试、能力测试、心理测试等综合进行。

二、笔试前的准备事项

1. 充分复习，弄懂巩固 复习已学过的知识是笔试准备的重要事项。应试者在参加笔试之前，应尽量了解笔试的范围和重点，围绕重点翻阅一些有关的图书资料并结合已学知识，进行有针对性的复习准备。平时还应当留心多阅读一些专业性的书籍、杂志和报纸，将所学专业及基础知识弄懂并适时地加以巩固。

2. 健康充沛，合理安排 拥有健康的身体和充沛的精力才能保证考出理想的成绩。应试者在考试前要适当减轻思想负担，合理安排健康的饮食，保持充足的睡眠，适当参加一些文体休闲活动，从而使身心得到放松，以精神饱满的状态去参加考试。

3. 消除紧张，熟悉考场 应试者可以提前熟悉考场环境，这样做有利于消除考试的紧张心情，做好考试心理准备，从而正常发挥好个人水平。另外还应看看考场注意事项，尽量按要求做好，并检查好考试必备的一些物品，如考试文具、相关证件等。

三、笔试的注意事项

1. 先易后难，先简后繁 一般笔试题型复杂、内容多，又要限制时间，所以要合理安排答题时间。拿到试卷，要先看清试题类型、答题要求，从头到尾看一下试题，了解题目类型，难易程度，做到心中有数。然后按照先易后难、先简后繁的原则进行答题。

2. 认真审题，字迹清楚 在答题过程中，必须认真审题，切实弄清题目要求，逐字逐句分析题意，按要求进行解答。书写时，力求做到字迹清楚，卷面整洁，格式标点正确，避免错别字。

3. 开放思维，灵活运用 有些试题的设计是从理论和实践两方面来考察求职者的基础知识和技能，并以综合运用为主，来检验求职者的理论水平和应用的灵活性。因此，测试时要积极思考，开放思维，回忆和运用学过的知识，并进行联想和推断，找出正确答案。

4. 依据题型，精细答题

（1）填空题 一般试卷中必备的基本题型，用以考察求职者对基本知识掌握的情况。答题必须看清题目要求，精细作答，一般要求的填写内容简单、精炼。

（2）问答题 要求求职者对提出的问题做出回答，较多的是要求用简单的语句回答简单的问题。答题时要对准中心，抓住重点，简明扼要。落笔前先理顺思路，分清侧重点，按要求顺序回答。

（3）单项选择题　从试题里已经给出的几个备选答案中选择一个唯一正确答案的一种题型。可以灵活采用以下几种方法。

1）淘汰法　当一眼就能看到正确答案时，直接作答，其他选项可以忽略不看，这样可以节省很多时间；当不能直接确定一个正确答案时，先确定一个选项不符合题意，然后将注意力转移到下一个选项，依次加以否定。

2）去同存异法　在阅读完试题内容和所有选项后，根据题意确定一个选项为参照项，该选项同其他选项存在着比较明显的特征差异，然后将其他选项与之进行对比，把内容或特征大致相同的项目去掉，保留差别较大的选项，再将剩余的选项进行比较，最后确定一个符合题意的正确答案。

3）印象认定法　根据印象的深刻程度来选择答案。有些题目在应试者读完后，好像没有办法进行选择，各选项对于大脑的刺激强度是不同的。有的较强，有的较弱，那些似曾熟悉的内容必然会在头脑中最先形成正确选项的印象，据此做出判断，一般命中率是比较高的。

4）比较法　应试者可以将选择项同题意要求进行纵向比较，根据各自同题意要求差异的大小来确定最符合题意的答案。

5）大胆猜测　如果实在找不到解决问题的办法，可以通过猜测来确定。避免在这类问题上过分深究，影响自己的注意力和时间。

（4）判断题　要求对所给的命题做出是否正确的回答。一般判断题只有一个错误点，最好用排除的方法。

5. 认真检查，审后交卷　把所有的题目都答完后，从头到尾认真检查试卷，把题目和答案再核实一次，看看有没有漏填、漏答的试题，确定无误后再交卷。

第二节　面　试

面试虽然在各类组织的人员甄选中得到了广泛而普遍的应用，但对面试的确切定义，至今众说纷纭。有人认为，面试就是简单的见见面、谈谈话而已；有人认为面试就是口试，口试就是主考官与求职者交谈，求职者以口头答询问题的考试形式；有人认为，面试是通过外部行为（语言的与非语言的）的观察与评价，来实现对人员内在心理素质进行测评的目的；还有人认为，面试即面谈加口试，是通过主考官与求职者直接见面、边提问边观察分析与评价求职者的仪表气质、言谈举止、经历以及相关素质能力，权衡是否与职位要求相适应的考试方式等。如果把面试定位成面对面地交谈，那么面试就无法与一般性的日常交谈区别开来，不能反映出面试的素质测评特点。如果把面试定义为口试，那么虽然反映了面试是一种以口头语言交流为中介的考试，但没有反映出面试精察细观和推理判断的特点，求职者应科学地认识面试。

一、面试的含义

面试是一种在特定场景下，经过精心设计，通过主考官与求职者双方面对面的观察、交谈等双方沟通方式，了解应试者素质特征、能力状况以及求职动机等的人员甄选方式。在这里"在特定场景下"的特点使面试与日常的观察、考察等测评方式相区别。日常的观

察、考察，虽然也少不了面对面的观察与交谈，但那是在自然场景下进行的；"精心设计"的特点使它与一般性的交谈、面谈、谈话相区别，面谈与交谈，强调的只是面对面的直接接触形式与情感沟通的效果，它并非经过精心设计；"面对面的观察、交谈等双方沟通方式"，不但突出了面试"问""听""察""析""判"的综合性特色，而且使面试与一般的口试、笔试、操作演示、背景调查等人员素质测评的形式也区别开来了。口试强调的只是口头语言的测评方式及特点，而面试还包括对非口头语言行为的综合分析、推理与判断。

二、面试的构成要素

面试要素，是指构成面试的一些基本的必要因素。面试要素有十个，即目的、内容、方法、考官、考生、试题、时间、考场、信息与评定。这些要素是任何一项面试活动都不可缺少的，它们的有机构成是面试活动成立的前提条件。在不同的面试活动中，这些要素的表现形式和作用是不同的。合理地配置和使用这些要素，是做好面试工作的基础。

1. 目的 面试要达到的目的，希望得到的结果。用人单位面试的目的是从岗位需要出发，实现对求职者素质的有效测评，选出适合岗位需要的人员。

2. 内容 也叫面试项目，指面试需要测评的求职者的基本素质内容。在具体面试过程中，一般将求职者的素质结构划分为具体的素质指标，测试时只选择其中重要的和相关的素质指标进行测评。

3. 方法 面试活动的组织方式，是影响面试效果的重要因素之一。不同的面试方法对求职者测评的侧重点也不同。常见的面试方法很多，如面谈法、情景模拟法、无领导小组讨论法等。

4. 考官 面试的组织者，在面试中扮演着十分重要的角色，面试考官不同，面试结果会出现很大差异。面试考官的任务是提出问题，根据求职者的表现对其进行素质评定。

知识拓展

面试中面试官的心理效应：心理效应具有普遍性，大多数人在相同的情况下都会受到心理效应或多或少的影响，专业的面试官在面试时会注意调整心理效应，以达到面试的公平和公正。但作为求职者也应了解影响面试的心理效应，尽可能增大求职成功的概率。心理效应包括：①归因效应，面试官认为自己是全能的"上帝"，永远正确，居高临下的态度对待候选人，过分相信自己的直觉；②异性效应，面试官受异性吸引，尤其对外表气质佳、言谈举止得体的异性容易产生好感；③首因效应（初始效应），面试官对候选人的第一印象作用很大，在面试开始3分钟内，85%的面试官己做出决定；④晕轮效应（联想效应），面试官容易被候选人的亮点所吸引，忽视观察其他方面，往往会忽略候选人的全部特点；⑤对比效应，面试官在连续面试多名候选人时，做出的面试评估会受面试的前一个候选人的影响，并会有无意识地对前后候选人进行比较的心理趋向；⑥序位效应，面试官在连续面试多名候选人时，会对最初和最后面试的候选人印象特别深刻；⑦中央趋热效应，面试官对连续面试的多名候选人评分时，当对候选人的评估感觉没有把握时，打的分数往往集中在中间段；⑧惺惺相惜效应，面试官倾向于认同自己的"同类"，例如同爱好、同气质、同校、同宗教、同族等，而更适合招聘职位的"异己"被拒之门外。

5. 考生　在面试中求职者通过对面试试题作答，达到被测试的目的。

6. 试题　面试试题是指面试考官向求职者提出的各种不同的答题要求。面试的方法不同，提出的要求也不相同，在自由式面试中，一般表现为"随意的话题"；在结构式面谈中一般表现为精心设计的具体问题；在小组讨论中表现为议题；在情景测试中表现为具体问题情景。

7. 时间　一般是指面试时间的长度，面试时间越长，结果可信度越高。受各种因素的影响，一般面试时间比较短。在较短时间内通过面试得到求职者比较全面的信息，难度也比较大。

8. 考场　面试活动的地点、空间。

9. 信息　面试过程中考官所发出的信息及求职者作答所发出的信息。

10. 评定　面试考官根据求职者的作答情况进行评分和评价。

三、面试测评的主要内容

在人才招聘中，面试并不能测评求职者的所有素质，而是有选择地去测评与岗位需求最直接的或者相关的素质。

1. 仪表风度　测试求职者的体型、外貌、气色、穿着、行为举止、精神状态等。研究表明仪表端庄、衣着整洁、举止文明的人，一般做事认真、自我约束力强、责任心强。

2. 专业知识　测试求职者掌握专业知识的深度和广度，其专业知识掌握的程度是否符合岗位要求，作为对专业知识笔试的补充，面试对专业知识的考查更具有灵活性和深度，所提问题一般更接近岗位的实际要求。

3. 工作实践经验　一般根据求职者的简历或求职登记表做一些相关的提问，查询求职者相关的实践背景和工作情况，用以证实其工作经历。通过各方面的了解还可以考查求职者的责任感、主动性、思维能力、口头表达能力以及对岗位和行业的领悟力。

4. 口头表达能力　测试求职者能否将自己的思想、观点、意见或建议顺畅地用语言表达出来。要求口齿清楚、词义明确。

5. 综合分析能力　求职者能否对主考官所提出的问题通过分析抓住本质，并且说理透彻、分析全面、条理清晰。

6. 反应能力与应变能力　主要测试求职者对考官提出的问题理解是否准确贴切，回答的迅速性、准确性等，对突发问题的反应是否机智敏捷、回答恰当，能否应对意外问题。

7. 人际交往能力　通过询问求职者参加的社团活动或者业余爱好，了解他们乐意与哪些人打交道，通过他们在社交场合所扮演的角色，了解人际交往倾向和与人相处的技巧等。

8. 自控能力　测试求职者在遇到上级批评指责、工作有压力或者个人利益受到损害时是否能够保持克制、容忍、理智地对待，不致因情绪失控。

9. 工作态度　测试求职者对学习、工作的态度，了解对报考岗位的态度。其过去学习、工作中的态度在考官心中决定着对待新岗位的态度。

10. 求职动机　测试求职者为何希望来本单位工作，对哪类工作更感兴趣，在工作中追求什么，判断是否符合工作岗位的需求。

此外，考官还会向求职者做单位介绍和拟招聘职位的情况和要求，说明有关的薪资、福利等问题，以及求职者可能要问到的其他问题。

四、面试的准备

知己知彼，方能百战百胜。不打无准备之仗，优秀的求职者总是非常重视面试前的准备工作。充分的面试准备工作是你面试成功的重要砝码。面试官对那些准备充足、有备而来的人也是青睐有加。如果说简历是你的第一种武器，那么你可以凭专业对口、经验丰富或是小小的与众不同从"大浪淘沙"中杀出重围。但看你是否够格炼成"真金"，还有一轮或是数轮的严酷面试。所以面试之前，做好面试的准备工作是非常必要的。面试前的准备主要包括以下几个方面的内容。

1. 心理备战　面试前的几天调整好自己的情绪，保持良好的精神面貌。最主要的是善用"假想"。有个很著名的美国短跑运动员曾经说过她的成功秘诀之一便是"假想"。除了刻苦的训练和心理调节外，她在每次赛前都会假想跑道的长度弯度、跑道的材质弹性，周围的人声人浪甚至场边青草的味道。面试前，你不但要假想面试的场景气氛，而且要想好每一步可能发生的情景。对于自己的履历应该烂熟于心，对于一些常规性问题早做充分准备，例如，你了解本公司吗？你认为你能为公司做些什么？你为什么认为自己适合这份工作？你的老师和同学对你的评价如何？对于自己的优势、弱势更要理性分析，尤其是针对诸如"你的缺点是什么"这样反面的提问，要想方设法地用简洁而正面的语言抵消反面问题。

2. 仪表备战　适当的仪表准备，求职也如同商业行为，用人单位是买方，你是卖方，要吸引买方，除了"慧中"外，还要"秀外"。况且，当你踏进面试会议室后给人的第一印象就是你的仪表。考虑衣着时请先考虑公司的性质以及应聘的职位。如果公司规定穿制服的话，你就要考虑准备整洁大方的套装。如果是网络公司的话，便装也不会有太大不便。不过若你是应聘销售、公关、市场以及高级职位的，穿深色或者灰色的套装会比较合适，当然，可以用一些雅致的小饰物装扮自己。服装问题应该在面试前几天就决定，准备充分，考虑周到，不要临时变卦。对男士而言，深色西装适合任何面谈，再配上白色或者浅灰浅蓝衬衣、款式简洁的领带。切记不可选择颜色明亮的领带，廉价蹩脚的领带夹也会减分。衣服必须干净平整，头发务必梳理整齐，皮鞋擦亮，指甲清洁，另外，刮干净胡子。女士的服装比男士有更多的选择，但仍以保守为佳，深色或者中性色的套装或夹克和裙子，配上一件端庄的衬衣（请勿加花边），穿上与之相配的深色长筒袜以及半高跟的轻便鞋子（不要穿露出脚趾或细高的鞋跟）。使用棕色或黑色的手提包，将化妆品、履历表等放在里面。裙子以过膝的一步裙为好。发型也需保守。另外，白色，亮眼的黄色、橙色、粉色系列的套装不太适合面试。

3. 材料备战

（1）钢笔或碳素笔两支　为什么要两支？做备份以防万一！带钢笔或者碳素笔是以备随时填写正式的表格。

（2）记事本　将笔和笔记本放在手提包的外层，方便面试时记录或计算使用，不至于到时现翻，浪费时间，又显得缺乏组织能力。

（3）最近更新的简历　至少两份，多多益善。即使你的简历已使你获得面谈机会，约谈者仍有可能收取另一份履历，准备完整的履历表有两个目的：①在公司填写申请表时，可随时取出作为参考；②面谈后可直接留给公司。多准备几份的目的在于如果不止一个面试官的话，可以表现出你的仔细完备。

（4）文凭和各种证书　俗称"敲门砖"，如果担心丢失，就带复印件。

（5）身份证和照片　有可能用不着，但有备无患！

（6）"秘密武器"　如果你有工作成果的证明或者作品，甚至专利证明，请务必带上，这是证明你自己的最好的"秘密武器"！

4. 背景备战　尽可能了解熟悉应聘单位的相关信息，会增加面试官的印象，因为你对公司了解越多，表明你对公司及工作越有兴趣。此外，还可以增加你在面谈时的自信。了解公司越多，越能把握自己，应对自如。一般公司通知你面试有两种方式：一是电话，二是来信或 E-mail。面试通知的到来也是你详细了解用人单位的开始。如果是电话，除了记下对方公司名称、面试时间和地点外，不要简单就说再见，请尽力搞清如下问题。

（1）面试的方式　是多人同时进行面试？还是一个一个单独面试？

（2）面试的内容　是不是会有笔试？或者此次面试只进行笔试？

（3）面试的对象　面试官姓氏和职位，是人事主管还是部门负责人？

如果是书面的通知，你也要及时打电话向对方询问，有了这些信息，你对面试就应该心里有底了。随后的"侦察"行动自然是搜集该公司的资料，如公司的规模、性质、开办年月、做什么产品项目、年营业额、成长幅度、人事制度、企业文化、在行业中的排名等，尽量多了解一些。现在的公司一般都有自己的网站，这为"侦察"行动省下不少力气，了解得越清楚，你的面试成功率也就越高。一个对他所面试的公司很熟悉的应聘者，往往较容易获得面试官的认同；反之，一个对公司做什么产品都不去了解的人是很难取得面试官的信任的。除此之外，如果能够了解公司的氛围，对你准备合适的穿着和谈吐也是十分有用的。重要的是，尽可能了解你所申请的职位。如果你熟悉职位的性质，你将会成为强有力的申请人。值得注意的一点：为某项特殊职务做好一切准备绝对是正确的。但是你千万不可将自己局限在某项特殊职位上，而忽略对其他职位的考虑。准备好了这一切，剩下的就是通过地图确定到达面试地点的路线，特别留意一下住处到用人单位的交通，有时面试会提到相关问题，无论坐车、骑车，选一个时间最短的方案备用。

五、面试的基本形式

按照不同的角度，面试可以分为以下几种基本形式。

1. 单独面试与集体面试

（1）单独面试　主考官与求职者单独面谈。这是最普遍、最基本的一种面试形式，优点是提供一个单独面对面的机会，面试双方能够深入交流。又分为两种情况：一种是只有一个主考官负责整个面试过程，这种面试大多在较小规模的单位录用较低职位人员时采用；另一种是有多位主考官参加整个面试过程，每个主考官提问的问题不同，考察的能力各有侧重，分别打分，最后综合成绩。

（2）集体面试　又叫小组面试，多位求职者同时面对面试考官。通常要求应试者进行小组讨论，相互协作解决某一问题，或者让应试者轮流担任领导主持会议、发表演说等。这种面试方法主要用于考察求职者的人际沟通能力、洞察与把握环境的能力、领导能力等。

无领导小组讨论是最常见的一种集体面试法。在不指定召集人、主考官也不直接参与的情况下，应试者自由讨论主考官给定的讨论题目，这一题目一般取自于拟任工作岗位的专业需要，或是现实生活中的热点问题，具有很强的岗位特殊性、情景逼真性和典型性。讨论中，众考官坐于离应试者一定距离的地方，不参加提问或讨论，通过观察、倾听求职者进行评分。

2. 一次性面试与分阶段面试

（1）一次性面试　用人单位对求职者集中进行一次面试。在一次性面试中，面试考官一般比较多，一般由人力资源部门、业务部门、拟聘岗位负责人等组成。在一次面试情况下，应试者是否能面试过关，甚至是否被最终录用，就取决于这一次面试表现。面对这类面试，应试者必须集中所长，认真准备，全力以赴。

（2）分阶段面试　又可分为两种类型：一种叫"依序面试"，一种叫"逐步面试"。依序面试，一般分为初试、复试与综合评定三步。初试的目的在于从众多求职者中筛选出基本符合要求的人选，便于进一步考查。初试一般由用人单位的人力资源部门主持，主要考察求职者的仪表仪态、工作态度、精神面貌、上进心、进取心等，将明显不合格者予以淘汰。初试合格者则进入复试，复试一般由用人部门主管主持，以考察求职者的专业知识和业务技能为主，衡量应试者对拟任工作岗位是否适合。复试结束后再由人力资源部门会同用人部门综合评定每位应试者的成绩，确定最终合格人选。逐步面试，一般是由用人单位的级别或层次组成面试小组，按照小组成员由低到高的顺序，依次对求职者进行面试。面试的内容依层次各有侧重，低层一般以考察专业及业务知识为主，中层以考察能力为主，高层则实施全面考察与最终把关。实行逐层淘汰筛选，越来越严。求职者要对各层面试的要求做到心中有数，力争每个层次都留下好印象。在低层次面试时，不可轻视大意，在面对高层次面试时，也不必胆怯拘谨。

（3）非结构化面试与结构化面试　非结构化的面试是指，面试的组织非常"随意"。面试过程的把握、面试中要提出的问题、面试的评分角度与面试结果的处理办法等，主考官事前都没有精心准备与系统设计。非结构化面试类似于人们日常非正式的交谈，很难保证面试的效果。目前，这种面试愈来愈少。正规的面试一般都为结构化面试。所谓结构化，包括三个方面的含义：①面试程序的结构化，在面试的起始阶段、核心阶段、收尾阶段，主考官要做些什么、注意些什么、要达到什么目的，事前都会相应策划；②面试试题的结构化，在面试过程中，主考官要考察求职者哪些方面的素质，围绕这些考察角度主要提哪些问题、在什么时候提出、怎样提，在面试前都会做出准备；③面试结果评判的结构化，从哪些角度来评判求职者的面试表现；等级如何区分，甚至如何打分等，在面试前都会有相应规定，并在众考官间统一尺度。

（4）常规面试与情境面试　常规面试，就是我们日常见到的、主考官和求职者面对面以一问一答形式为主的面试。在这种面试条件下，主考官一般根据事先准备的题目主动提问，求职者一般是被动应答的姿态。主考官提出问题，求职者根据主考官的提问做出回答，展示自己的知识、能力和经验。主考官根据求职者对问题的回答以及仪表仪态、身体语言、情绪反应等求职者的综合素质状况做出评价。情景面试，是突破了常规面试考官和求职者那种一问一答的模式，引入了无领导小组讨论、公文处理、角色扮演、演讲、答辩、案例分析等情景模拟方法。情景面试是面试形式发展的新趋势。在这种面试形式下，面试的具体方法灵活多样，面试的模拟性、逼真性强，求职者的才华能得到更充分、更全面的展现，主考官对求职者的素质也能做出更全面、更深入、更准确的评价。

第三节　礼仪与技巧

　　礼仪体现了我们在长期社会生活中长期以来形成的交际交往习惯、思维定式和行为定势，而求职礼仪则是个人礼仪在求职过程中的具体体现，是求职者在与招聘单位接触时应具备的礼貌行为和仪表形态规范，是求职应聘时必须掌握、必须应用的交际规则。心理学家奥里·欧文斯说："大多数人录用的是他们喜欢的人，而不是能干的人。"这种说法虽然有些片面，但却道出了求职礼仪的重要性。求职者在求职时，仅靠专业知识和热情是不够的，掌握一些礼仪惯例和技巧是必要的。知书达礼之人，总会有更多的机遇，谦谦君子总会给人留下美好的印象，而这些都是获得成功的第一步。所以，作为一个求职者，首先就要在求职过程中注重求职礼仪，注意自己的行为举止，表现出自己的良好专业知识和修养。

一、应聘礼仪

（一）求职仪态礼仪

1. 对求职者站姿的基本要求　　站姿是仪态美的起点，良好优雅的站姿能衬托出求职者良好的气质和风度。站姿的基本要求是挺直、舒展，站得直，立得正，线条优美，精神焕发。具体要求是头正，头顶平，双目平视，微收下颌，面带微笑，动作平和自然；脖颈挺拔，双肩舒展，保持水平并稍微下沉；两臂自然下垂，手指自然弯曲；身躯直立，身体重心在两脚之间；挺胸、收腹、直腰，臀部肌肉收紧；双脚直立，女士双膝和双脚要靠紧，男士两脚间可稍分开点儿距离，但不宜超过肩宽。

2. 对求职者坐姿的基本要求　　坐姿是仪态的重要内容，良好的坐姿能够传递出求职者自信、积极、热情的信息，同时也能够展示出求职者高雅庄重、尊重他人的良好风范。求职者坐姿的基本要求是端庄、文雅、得体、大方。具体要求如下：入座时要稳要轻，不可猛起猛坐使椅子发出声响。坐稳后，身子一般占座位的 2/3。女士入座时，若着裙装，应用手将裙子稍向前拢一下。坐定后，身体重心垂直向下，腰部挺直，上体保持正直，两眼平视，目光柔和，男子双手掌心向下，自然放在膝盖上，两膝距离以一拳左右为宜。女士可将右手搭在左手上，轻放在两腿上。坐时不要将双手夹在腿之间或放在臀下，不要将双臂端在胸前或放在脑后，也不要将双脚分开或将脚伸得过远。坐于桌前应该将手放在桌子上，或十指交叉后以肘支在桌面上。入座后，尽量可能保持正确的坐姿，如果坐的时间长，可适当调整姿态，以不影响坐姿的优美为宜。

3. 对求职者走姿的基本要求　　走姿是站姿的延续动作，在站姿的基础上展示人的动态美，无论是日常生活中还是社交场合，走路往往是最吸引人注意的体态语言，最能表现一个人的风度和魅力。对求职者走姿的具体要求是行走时，头部要抬起，目光平视对方，双臂自然下垂，手掌心向内，并以身体为中心前后摆动。上身挺拔，腿部伸直，腰部放松，步幅适度，脚步宜轻且富有弹性和节奏感。男士应抬头挺胸，收腹直腰，上体平稳，双肩平齐，目光直视前方，步履稳健大方。女士应头部端正，目光柔和，平视前方，上体自然挺直，收腹挺腰，两脚靠拢而行，步履匀称自如，轻盈端庄文雅，含蓄恬静。

4. 仪态礼仪应注意的问题　在面试时，求职者的行为举止十分重要。一般而言，求职者在行为举止上要注意七个问题。

（1）应聘时不要邀约伙伴　无论求职者应聘什么职位，独立性、自信心都是招聘单位对每位求职者基本素质的要求。

（2）保持距离　面试时，要做到愉快地交谈，求职者和主考官必须保持一定的距离，这样才能让对方听得清楚、明白，不适当的距离会使主考官感到不舒服。如果应聘的人多，招聘单位一般会预先布置好面试室，把应聘人的位置固定好。当求职者进入面试室后，不要随意将椅子挪动。有的人喜欢表现亲密，总是把椅子向前挪。殊不知，这是失礼的行为。

（3）不卑不亢　求职面试的过程实际上是一种人际交往过程，也是相互了解的过程，双方都应用平和的态度去交流。

（4）举止大方　求职者举手投足自然优雅，不拘束。从容不迫，显示良好的风度。

（5）忌不拘小节　有的求职者，自恃学历高，或者有经验、有能力，在求职时傲慢不羁，不拘小节，表现出高高在上的样子，这是不可取的。这些不易被人注意的细节，使不少人失去了一些好的工作机会。

（6）勿犹豫不决　一般来说，求职者应聘时举棋不定的态度是不明智的。会让主考官感到你是个信心不足的人，难免怀疑你的工作作风和实际能力，这样容易让招聘的单位有更多的选择机会，而自己却丧失了一次机遇。

（7）离开有礼　面试结束后，要礼貌起身。起身的动作要稳重、安静、自然，尽量不发出声音。

（二）求职面试礼仪

1. 遵时守信　求职者一定要遵时守信，不要迟到或毁约。迟到和毁约都是不尊重主考官的一种表现，也是一种不礼貌的行为。如果求职者有客观原因不能如约按时到场，应事先打个电话通知主考官，以免对方久等。如果来不及通知时已经迟到，不妨主动陈述原因，宜简洁表达，这是必需的礼貌。

2. 放松心情　许多求职者一到面试点就会产生一种恐惧心理，害怕自己思维紊乱，词不达意，出现差错，以致痛失良机。于是往往会因为紧张而出现心跳加快、面红耳赤等情况。此时，应控制自己的呼吸节奏，努力调节，尽量达到最佳状态后再面对面试考官。

3. 以礼相待　求职者在等候面试时，不要旁若无人，随心所欲，对接待员熟视无睹，自己想干什么就干什么，给人留下不好的印象。对接待员要礼貌有加，也许接待员就是公司经理的秘书、办公室的主任或人事单位的主管。如果你目中无人，没有礼貌，在决定是否录用时，他们可能也有发言权，所以，你要给所有的人留下良好的印象，而并非只是对面试的主考官。面试时，自觉将手机等关闭。

4. 入室敲门　求职者进入面试室的时候，应先敲门，即使面试房间是虚掩的，也应先敲门，千万别冒冒失失地推门就进，给人鲁莽、无礼的感觉。敲门时要注意门声的大小和敲门的速度。正确的是用右手的手指关节轻轻地敲三下，问一声：我可以进来吗？待听到允许后再轻轻地推门进去。

5. 微笑示人　求职者在踏入面试室的时候，应面露微笑，如果有多位考官，应面带微笑的环视一下，以眼神向所有人致意。一般而言，陌生人在相互认识时，彼此会首先留意对方的面部，然后才是身体的其他部分。面带真诚、自然、由衷的微笑，可以展示一个人的风度、风采。有利于求职者塑造自己的形象，给人留下美好的印象。求职者与主考官相识之后，便要稍微收敛笑容，集中精神，平静的面容有助于求职者面试成功。

知识拓展

微笑是指不露牙齿、嘴角的两端提起的微笑。也可以采用"二号微笑"，即"笑不露齿、不出声"，让人感到脸上挂着笑意即可。微笑是最富吸引力、最令人愉悦、最有价值的面部表情。它可以与语言和动作配合起互补作用，不但表现诚信、谦恭、和谐、融洽等最好的感情因素，而且反映自信、涵养与健康的心理。面试中针对不同场合和情况，如果能用微笑来接纳对方，可以反映出自身良好的修养，待人的真诚，不失为争取面试成功的一种重要手段。

6. 莫先伸手　求职者进入面试室，行握手之礼，应是主考官先伸手，然后求职者单手相应，右手热情相握。若求职者拒绝或忽视了主考官的握手，则是失礼。若非主考官主动先伸手，求职者切勿贸然伸手与主考官握手。

7. 请才入座　求职者不要自己坐下，要等主考官请你就座时再入座。主考官叫你入座，求职者应该表示感谢，并坐在主考官指定的椅子上。如果椅子不舒适或正好面对阳光，求职者不得不眯着眼，那么就最好提出来。

8. 递物大方　求职者求职时必须带上个人简历、证件、介绍信或推荐信，面试时一定要保证不用翻找就能迅速取出所有资料。如果送上这些资料，应双手奉上，表现得大方和谦逊。

二、求职技巧

求职就是一场人才竞技赛，想要获得成功，除了自身必备一定的实力和前面章节介绍的心理、礼仪等，比别人掌握多一些的求职技巧，就会赢得多一点胜利的可能，总结出以下几方面的技巧，希望能对大学生有所帮助。

1. 知己知彼　在求职过程中，求职者要做真实的自己，做最好的自己，要深刻认识到愈了解自己，面谈时愈能成功地推销自己，要清楚自己的卖点和亮点，找到自己的特长等优点与所求职的工作之间的关联性，尝试从对方的立场考虑其需求，加强对求职岗位、企业的认识程度，认真进行行业研究、企业研究、产品服务研究，只有这样，方能应聘成功。

2. 机智应变　当求职者一人独自面对众多考官时，一般心理非常紧张，求职成败的关键是能否机智果断、随机应变。首先，应该把目光投向提问者，认真礼貌地回答问题。如果是集体面试，分配给每个求职者的时间很短，事先准备好的材料一般难以精准地用上，最好的办法就是根据考官的提问重新组织材料，找准回答的要点，言简意赅地作答，切忌长篇大论。其次，要避免尴尬场面，对未听清的问题可以请求重复一遍，一时回答不出的可以请求先提下一个问题，等考虑成熟后再回答前一个问题，遇到偶然出现的错误也不必慌乱，沉着予以纠正，不要影响后面的问题。

3. 扬长避短　每个人都有自己的特长和不足，无论是在专业上还是其他方面。因此，在应聘时一定要注意扬长避短，可以婉转地说明自己的长处和不足，长处一定要有利于应聘的职位，不足如果不利于应聘的职位，最好不要提及，用其他方法加以弥补。人无完人，说出自己的缺点有时还显得求职者诚实可信。

4. 显示潜能 求职时，求职者不可能在短时间内把自己的全部才华展示出来，因此，要抓住一切时机巧妙地展示自己除专业能力外的其他方面的潜能。例如，随手递上一份手写的简历或者求职信，以显示自己写一手漂亮字的能力。显示潜能时要实事求是、自然、巧妙，否则会弄巧成拙。

5. 适时发问 面试过程中，求职者除了注意应答礼节和技巧外，还应学会适时提问或询问，这样可使主考官和求职者双方都能达到预期的目的，也可调整面试交谈的气氛。一般当面试基本结束的时候，求职者可以巧妙地向对方提出自己所关心但尚不甚清楚的问题，但问题要得体，不唐突、不莽撞，从而获得自己所需要的信息。同时由于十分重视主考官的谈话，也能激起主考官的兴趣，有利于主考官向求职者提供更多的信息。

6. 注重细节 大家常说，细节决定成败。求职时的一言一行、一举一动，在面试官眼中，恰恰能反映出一个人的真实的综合素质，很多时候成了面试成功的关键因素。

案例分析

张同学是一个因注重细节被公司免面试录取的求职者。毕业前夕，张同学到一家医药公司去面试，经抽签他最后一个参加面试，于是他和其他人一起被安排在走道里的椅子上等待。在等的时候，他咳嗽了一声，想吐痰，但找了一下，走道里没有垃圾箱，只见他掏出了两张纸巾，把痰包起来，放在了口袋里。这一切都被公司的一位领导通过摄像头看到了。最后他没有参加面试，一位工作人员告诉他，他被录用了。这位领导说，一位不随地吐痰的人，是一位注重细节、讲求公德、注重形象的人。这样的人能干事、能干成事。我们公司就要这样的员工。

请对案例进行分析。

思 考 题

1. 面试的基本形式有哪些？
2. 求职时应注意哪些礼仪？
3. 求职面试时有哪些技巧？

扫码"学一学"

（段冬林）

第九章

职业能力

学习目标

1. 掌握团队精神、创新能力、沟通能力、学习能力的含义。
2. 熟悉团队精神、创新能力、沟通能力、学习能力的培养。
3. 了解时间管理的含义，学会科学管理自己的时间。

扫码"学一学"

第一节　团队精神

在当今社会，任何一个人的力量都是有限的，只有把个人融入团队之中，与团队成员共同奋斗，才能最大化地实现自己的个人价值。团队，就是为了一个共同的目标而凝聚在一起的队伍，要求每一位成员做到心往一处想，劲儿往一处使，同时还要分工合作，优势互补。团队是一种精神力量，是一种信念，是一个单位不可或缺的精神灵魂。

一、团队精神的含义与意义

（一）团队精神的含义

了解团队精神的内涵，首先要了解团队的概念，作为承载团队精神的载体，团队含义的理解有助于团队精神的把握。

1. 团队的内涵　团队是指一种为了实现某一目标而由相互协作的个体所组成的正式群体，它合理利用每一个成员的知识和技能协同工作，解决问题，达到共同的目标。团队把共同奉献作为核心，这个核心需要有让全体成员都能信服的且具有一定挑战性的目标，才能激发团体成员的工作热情和奉献精神，把生命力注入团队之中。而团队成员之间的共同承诺则是团队的精髓，有了共同的承诺，团队的成员就会齐心协力，凝聚成一个强而有力的集体；没有共同的承诺，团队就如一盘散沙，毫无建树。

团队的特征包含八个方面的内容。

（1）明确的目标　一个团队所要达到的既定目标且包含的重大现实意义，都要让团队的成员清楚地了解。

（2）相关的技能　团队要求成员具备实现目标所应掌握的基本技能，并能够很好合作。

（3）相互间信任　团队内的每一个成员都对彼此的人格品行和能力深信不疑。

（4）共同的诺言　要求团队的每一个成员都要为了目标的实现甘于奉献。

（5）良好的沟通　团队成员间的信息交流都十分畅通。

（6）谈判的技能　团队内部的成员会随着实际情况的变化发生角色的转变，这就要求成员必须具备充分的谈判技能。

（7）合适的领导　团队的领导不应是控制下属，而是起到教练或是后盾的作用，为团队提供指导和支撑。

（8）内部与外部的支持　包括外部环境给予必要的资源条件，也包括团队内部的合理结构。

2. 团队精神的内涵　团队精神是大局意识、协作精神和服务精神的集中体现，核心是协同合作，反映的是个体利益和整体利益的统一，并进而保证组织的高效率运转。

团队精神的形成并不要求团队成员牺牲自我，相反，挥洒个性、表现特长，保证了成员共同完成任务目标，而明确的协作意愿和协作方式则产生了真正的内心动力。团队精神是组织文化的一部分，良好的管理可以通过合适的组织形态将每个人安排至合适的岗位，充分发挥集体的潜能。如果没有正确的管理文化，没有良好的从业心态和奉献精神，就不会有团队精神。

构成团队精神的影响因素如下。

（1）团队精神的基础——挥洒个性　团队业绩从根本上说，首先来自于团队成员个人的成果，其次来自于集体成果。团队所依赖的是个体成员的共同贡献而得到实实在在的集体成果。这里恰恰不要求团队成员都牺牲自我去完成同一件事情，而要求团队成员都发挥自我去做好这一件事情。就是说，团队效率的培养，团队精神的形成，其基础是尊重个人的兴趣和成就。设置不同的岗位，选拔不同的人才，给予不同的待遇、培养和肯定，让每一个成员都拥有特长，表现特长，这样的氛围越浓厚越好。

（2）团队精神的核心——协同合作　社会学实验表明，两个人以团队的方式相互协作、优势互补，其工作绩效明显优于两个人单干时绩效的总和。团队精神强调的不仅仅是一般意义上的合作与齐心协力，它要求发挥团队的优势，其核心在于大家在工作中加强沟通，利用个性和能力差异，在团结协作中实现优势互补，发挥积极协同效应，带来"1+1>2"的绩效。因此，共同完成目标任务的保证，就在于团队成员才能上的互补，在于发挥每个人的特长，并注重流程，使之产生协同效应。

（3）团队精神的最高境界——团结一致　全体成员的向心力、凝聚力是从松散的个人集合走向团队最重要的标志。在这里，有一个共同的目标并鼓励所有成员为之奋斗固然是重要的，但是，向心力、凝聚力来自于团队成员自觉的内心动力，来自于共同的价值观，很难想象在没有展示自我机会的团队里能形成真正的向心力；同样也很难想象，在没有明确的协作意愿和协作方式下能形成真正的凝聚力。

（4）团队精神的外在形式——奉献精神　团队总是有着明确的目标，实现这些目标不可能总是一帆风顺的。因此，具有团队精神的人，总是以一种强烈的责任感，充满活力和热情，为了确保完成团队赋予的使命，和同事一起努力奋斗、积极进取、创造性地工作。在团队成员对团队事务的态度上，团队精神表现为团队成员在自己的岗位上尽心尽力，主动为了整体的和谐而甘当配角，自愿为团队的利益放弃自己的私利。

（二）团队精神的意义

1. 推动团队运作和发展 在团队精神的作用下，团队成员产生了互相关心、互相帮助的交互行为，显示出关心团队的主人翁责任感，并努力自觉地维护团队的集体荣誉，自觉地以团队的整体声誉为重来约束自己的行为，从而使团队精神成为公司自由而全面发展的动力。

2. 培养团队成员之间的亲和力 一个具有团队精神的团队，能使每个团队成员显示高涨的士气，有利于激发成员工作的主动性，由此而形成集体意识，共同的价值观，高涨的士气、团结友爱，团队成员才会自愿地将自己的聪明才智贡献给团队，同时也使自己得到更全面的发展。

3. 有利于提高组织整体效能 通过发扬团队精神，加强建设能进一步节省内耗。如果总是把时间花在怎样界定责任，应该找谁处理，让客户、员工团团转，这样就会减弱团队成员的亲和力，损伤团队的凝聚力。

二、团队精神的培养

团队精神日益成为一个重要的团队文化因素，它要求团队分工合理，将每个成员放在适合的位置上，使其能够最大限度地发挥自己的才能，并通过完善的制度、配套的措施，使所有成员形成一个有机的整体，为实现团队的目标而奋斗。团队精神的养成需要从以下几个方面入手。

1. 明确提出团队目标 目标是把人们凝聚在一起的力量，是鼓舞人们团结奋斗的动力，也是督促团队成员的尺度。要注意用切合实际的目标凝聚人、团结人，调动人的积极性。

2. 健全团队管理制度 管理工作使人们的行为制度化、规范化。好的团队都应该有健全完善的制度规范，如果缺乏有效的制度，就无法形成纪律严明、作风过硬的团队。

3. 创造良好的沟通环境 有效的沟通能及时消除和化解领导与成员之间、各部门之间、成员之间的分歧与矛盾。因此，必须建立良好的沟通环境，以增强团队凝聚力，减少"内耗"。

4. 尊重每一个人 尊重人是调动人的积极性的重要前提。尊重团队中的每一个人，人人都感受到团队的温馨。关心成员的工作与生活，将会极大地激发成员献身事业的决心。

5. 引导成员参与管理 每个成员都有参与管理的欲望和要求。正确引导和鼓励这种愿望，就会使团队成员积极为团队发展出谋划策，贡献自己的力量与智慧。

6. 增强成员全局观念 团结出战斗力。团队成员不能计较个人利益和局部利益，要将个人、部门的追求融入团队的总体目标中去，就能达到团队的最佳整体效益。团队中成员之间的关系，一定要做到风雨同行、同舟共济，没有团队合作的精神，仅凭一个人的力量，无论如何也达不到理想的工作效果，只有通过集体的力量，充分发挥团队精神才能使工作做得更出色。

三、职场新人在团队中应注意的事项

作为一个职场的新人，想要快速地融入团队之中，就要在平时的工作、生活或是学习中注意以下七点内容。

1. 尽快了解单位的文化 每个用人单位都有自己的发展历史、独特的文化、相应的规章制度以及一些不成文的"规则"。刚刚加入这个团队，新人应该多多留心观察，通过各种渠道了解用人单位的潜在规则并有原则性地服从，可以有助于新人在团队中顺利地发展下去。

2. 把同事当作亲人 同事之间相较于竞争关系而言，更多的应是相互合作的关系，一个人的一生大约有一半的时间都要和同事一起度过，所以更应该相互理解，互相帮助，互相扶持，把同事当作自己的亲人。同事之间需要有良性的竞争，有竞争才会有动力，促进成员的进步，但要注意的是不要因为竞争而产生敌对的关系。

3. 不轻易过问和宣传别人的隐私 每个人都有自己不愿意让别人知道的事情，所以作为团队之中一员，尤其是刚刚进入这个团队的新人，不要轻易去打听别人的隐私。即使对方因为信任你的人格品行，主动地和你谈起自己的事情，也不要轻易地再对第三人提起或是大肆宣扬，辜负了别人对你的信任。

4. 言行之间要注意分寸 单位不是学校，更不是在家里，与同事之间的交流不能像与同学和家人一样，要注意言行举止之间的分寸，不要信口开河，给人留下不牢靠、轻浮的印象。

5. 尊重团队中的每一位成员 人与人之间建立良好的人际交往关系，需要以互相尊重为前提。职场新人尊重工作中的前辈，遇到比自己晚来的后辈也要给予尊重。因为不管是什么人，都喜欢与懂礼貌和尊重他人的人交往。

6. 在工作的时候不要带有感情色彩 由于职场新人没有丰富的工作经验，对于能够根据实际情况，及时调节自己的情绪做得还不够。若是在工作时，带入了对某些人或是某些事的一些情绪，则会影响自身的工作情绪和工作态度，是不可取的。与此同时，也不要厚此薄彼，拉帮结派，搞小团体主义。

7. 遇事多采用 AA 制处事原则 同事之间有可能会经常地聚餐或是出去游玩，除了让员工放松心情以外，还可以为员工制造情感沟通的机会。在遇到此类情景时，最好是采用 AA 制的原则，这样对大家来说都很公平，同事之间不会出现心理负担，经济压力也相对较小。

第二节 创新能力

自古以来，无数的智者先贤都用他们的勤劳和智慧，向社会奉献出了一个又一个的创新成果，推动着社会不断地进步。远到中国古代的四大发明，近到蒸汽机和电灯的出现，再到当代计算机迅速地更新换代，这些都推动着社会朝着文明先进的方向发展。可以说，没有创新，就没有现代的人类文明，没有社会的飞速进步。创新是社会发展最为需要，也是人类最具复杂性的社会实践活动。

一、创新能力的含义

（一）创新的含义及特点

1. 创新的含义 创新是指以现有的思维模式提出有别于常规或常人思路的见解为导

扫码"学一学"

向，利用现有的知识和物质，在特定的环境中，本着理想化需要或为满足社会需求，而改进或创造新的事物、方法、元素、路径、环境，并能获得一定有益效果的行为。

创新是以新思维、新发明和新描述为特征的一种概念化过程。起源于拉丁语，它原意有三层含义：①更新；②创造新的东西；③改变。创新是人类特有的认识能力和实践能力，是人类主观能动性的高级表现形式，是推动民族进步和社会发展的不竭动力。一个民族要想走在时代前列，就一刻也不能没有理论思维，一刻也不能停止理论创新。创新在经济、商业、技术、社会学以及建筑学这些领域的研究中有着举足轻重的分量。在中国大陆，经常用"创新"一词表示改革的结果。既然改革被视为经济发展的主要推动力，那么促进创新的因素也就至关重要。

2. 创新的特点

（1）新颖性　创新不是单纯的模仿再造，而是创造出新的、奇特的事物。是指人类历史上从未出现过的发明创造或是发现。包含世界新颖性或是绝对新颖性、局部新颖性以及主观新颖性三个层次。如邓小平提出的"一国两制"理论，爱迪生发明电灯等，这些发明和创造大大推动了人类社会的发展进程。

（2）超前性　创新是在一定范围内的第一次出现，应该是超前于当时社会的认识，这就要求创新者要站得高、看得远，还要能瞄得准。

（3）高价值性　创新可以通过重组生产中的构成要素，改变生产的资源产出，可以提高生产价值。尤其是对于企业而言，由创新而获得的利润是最重要的一部分，也只有这一部分利润才能真正反映出企业的发展前景。

（4）风险性　创新有可能成功，也有可能失败，创新中的风险就是指这种不确定性。因此，只准成功而不准失败的念头在创新的过程中是行不通的，也是不切实际的。只能做到的是通过合理的设计和科学的实施，尽量去降低创新过程中存在的风险。

（5）实践性　创新的思维源于实践，是人们在社会实践活动中不断地发现问题，为了解决问题不断地萌生出了创新意识，再把这种意识应用到实践中，不断地进行创新活动。创新活动依赖于实践，任何的创新都是在一定的历史条件下以及社会关系中进行的，离开社会实践，创新根本无从谈起。同时，创新的成果最终还是要回到实践中去，用实践去检验创新成果是否符合实际，适应社会发展的需要。

（二）创新能力的内容

创新能力是技术和各种实践活动领域中不断提供具有经济价值、社会价值、生态价值的新思想、新理论、新方法和新发明的能力。创新能力包含了创新意识、创新思维、创新技能与创新精神等四个方面的内容。

1. 创新意识　人们根据社会和个体生活发展的需要，产生创造前所未有的事物或观念的动机，并在创造活动中表现出的意向、愿望和设想。它是人类意识活动中的一种积极的、富有成果性的表现形式，是人们进行创造活动的出发点和内在动力，是创造性思维和创造力的前提。

2. 创新思维　以标新立异的方法解决问题的思维过程，创新思维能突破常规思维的界限，以新颖独特的视角去思考问题，以超于常规的方法提出解决方案，从而产生新颖独特的、且具有社会意义的思维成果。

3. 创新技能　创新主体在进行创新实践时所需要应用的实践技能，包括动手操作技能、信息加工处理的技能以及物化创新成果的技能等，是创新能力的最直接表现形式。

4. 创新精神 要具有能够综合运用已有的知识、信息、技能和方法，提出新方法、新观点的思维能力和进行发明创造、改革、革新的意志、信心、勇气和智慧，是一个国家和民族发展的不竭动力，也是一个现代人应该具备的素质。

二、阻碍创新能力发展的因素

阻碍创新能力得到发展和提升的因素有很多，包括客观因素和主观因素，具体来说包含以下几方面内容。

（一）客观因素

1. 中国传统文化形成的民族心理 中国传统文化中一直推崇"中庸"之道，即人生不偏离，不变换自己的目标和主张，才是一个持之以恒的成功之道。更有训诫"木秀于林，风必摧之""枪打出头鸟"等几千年历史的代代相传，就形成了我们这个民族不敢标新立异，冒险探求，过于求稳趋同的心理。近代中国，虽然有思想启蒙运动冲击着封建王朝的几千年封建思想，却没有动摇其根本。中国的孩子从小就被灌输一种思想，即听话。听家长的话，听老师的话，听领导的话，听话成为做人的标准，这样的观念必然缺乏大胆质疑的批判意识，缺乏创新的动力。

2. 应试教育模式存在缺陷 我国现行的应试教育模式发挥了重大的作用，它为我们的国家培养出了一代又一代的具有奉献牺牲精神的人才，创造出许多不可被磨灭的辉煌。但这种应试教育模式也同样存在着十分严重的缺陷。

（1）评价体系是应试指标 对教师教学效果以及学生学习能力的考核都是采取有规范性的、定量式的考核。通过标准框架下的试卷来考核具有主观能动性和创新能力的学生和教师，从而抹杀了师生的创造意识。

（2）教育方式是灌输式 教师的职责是"传道、授业、解惑"。在应试教育模式下，传道就是教师讲道理，学生一字不落地速记；授业就是教师讲专业，学生课下背诵应付考试；解惑就是学生有问题，教师负责解答，这种解答仅限于书本知识，且学生不能随便针对书本知识提出异议。这样的上课方式欠缺应有的活跃氛围以及反馈信息，灌输有余而启发不足。

（3）学习方式以记忆为主 学生消化知识的方式是死记硬背，复制有余而创新不足。且校园学习的知识多与社会实际脱钩，没有太多的实践意义。

（二）主观因素

1. 缺乏创新意识与创新欲望 多数学生在进入大学校园之后仅仅是把毕业后找到好的工作或是能够考上研究生作为自己的奋斗目标，这种短浅的目标影响了学生创新意识的激发。他们在上课期间，为了考试而学习，为了找工作而学习，为了考研究生而学习，却忽略了自己在创新能力方面的培养与锻炼，淡薄的创新意识使创新欲望也无从谈起。

2. 思维的惯常定式 长期的思维活动会让每个人都形成一定的思维定式，当面临现实中各种问题的时候，就会下意识地把问题的分析纳入自身特定的思维模式中，并沿着既定的思考方法对问题进行分析探索，这就是思维的惯常定势。青少年时期，人的思维是最为活跃的，但是随着知识的增加和社会经验的日渐丰富，头脑中的思维定式会逐渐形成且很难再更改，这也就弱化了青少年的创新意识，阻碍了创新能力的发展发挥。

3. 对科学的崇尚意识与参与行为存在着较大的反差 青少年对创新是有一定的认识和追求的，他们希望在学习和社会实践的过程中产生新的想法，创造出全新的成果，但他们在参与行为上却表现出一定的反差，空有想法却迟迟不肯行动，缺乏投身实践活动的勇气和能力。

三、大学生创新能力的培养

时代的发展变迁速度加快，对大学生创新能力也提出了更高的要求，这对大学生来说，是自我全面发展的机遇，却也是不小的挑战。那么，大学生该如何培养创新能力呢？

1. 不畏权威，敢于超越，增强创新意识 创新是敢为天下先的勇气，需要做到真正意义上的超越。由于现在的应试教育模式，完全束缚了学生的思维发展。从小学开始，学生接受知识的方式就是教师单向灌输，学生被动记忆，没有自己能够独立去思考的空间，即使是有疑惑向老师提出问题，也会因为不是考试内容而被驳回。学生学习扎实与否的判断标准就是考试成绩的高低，这也就意味着学习的目的就是考试。在这样的思维束缚下，大学生具备创新意识是一件十分难得事情，而创新能力的提升，就要以创新意识的培养为前提，要善于发现问题、提出问题，打破条条框框的约束，超越常规，挑战权威，实现创新。

2. 全方位的能力培养，做到能力与知识并重 创新能力是一种高层次的能力，需要以各种基础的能力为必要保障和能力支撑。要真正意义上的具备创新能力，必须具备较强综合素养和综合能力，尤其是观察能力、学习能力、独立思考的能力以及分析问题与解决问题的能力，这些能力需要靠学生在学习、实践和思考的过程中不断累积获得。大学期间，自由支配的时间较多，大学生应当把这些时间充分地利用起来，用于自身的学习和独立思考。与此同时，注重自身的均衡发展，争取各种能力的全面培养，形成不可战胜的力量。

3. 建立健全合理的知识体系 创新意识可以在短时间内得到训练，可有计划地增强，但是一个人的创新能力需要循序渐进的提升过程，这是一个日积月累的培养过程。创新需要基础知识的支撑，任何一个创新成果的面世都经历了基础研究的过程，没有基础研究，就没有超越创新的可能。因而培养创新能力，脚踏实地地学好知识技能是必不可少的一个环节。只有掌握真才实学，并在此基础上融会贯通，构建出合理的知识体系，才能为创新打下扎实的基础。

4. 积极参与社会实践，学以致用 许多创新的灵感来源于现实生活，比如飞机的发明就来源于鸟儿飞翔，雷达的创造来源于蝙蝠的声波，还有模仿苍蝇耳朵制成的纳米助听器等，现实生活是创新灵感的最好来源。当代的大学生多数是在温室成长起来的，很少有机会参与社会实践，导致学生的动手能力很差，实践能力不强。但社会不需要纸上谈兵的人才，需要的是具有较强动手能力的实践人才，因而大学生应当主动抓住社会大力培养实践人才的机遇，主动参与社会实践，在实践中培养自身的创新能力，增强自己的创新能力与竞争能力。

知识拓展

> 奥米亚棕蝇胸前有两只非常敏锐的耳朵，它们通过灵敏的听力，甚至能根据数米外的蟋蟀的叫声，精确判断出它们的位置。奥米亚棕蝇耳朵里两个像皮鼓一样的薄膜，通过胸骨柄连接在一起，胸骨柄是一种骨骼构造，它可以扩大声音的振幅，确保该苍蝇能精确判断出声音是从哪个方向发出的。纽约州立大学宾厄姆顿分校的工程师罗恩·米勒斯受奥米亚棕蝇的惊人听力的启发，开发出一套助听工具，利用方向性微型耳麦模仿苍蝇超灵敏的耳朵。大部分助听器都无法避开背景噪音，然而米勒斯的小发明跟它们不同，这种新型助听器的使用者可通过模仿胸骨柄的设计，导向目标追踪特殊声音和交谈。得到美国国家卫生中心的国家耳聋与其他沟通失调中心的资助后，米勒斯信心大增，他希望这种技术能在新一代高级助听器的研发中起到重要作用。

第三节 沟通能力

扫码"学一学"

在知识经济时代，沟通能力是人才素质的重要组成部分，在就业招聘会上，多数的用人单位都表示：成绩固然是招聘的重要指标，但具备较强的沟通能力也是非常重要的。正如管理学家哈罗德·孔茨所说："管理就是设计和保持一种良好环境，在群体里高效率地完成既定目标。"为了能够让个体在群体中协调发展，就需要沟通能力，沟通是一个人职业发展和成功的重要因素。

一、沟通能力的含义

一般说来，沟通能力指沟通者所具备的能胜任沟通工作的优良主观条件。简言之，人际沟通的能力指一个人与他人有效地进行沟通信息的能力，包括外在技巧和内在动因。其中，恰如其分和沟通效益是人们判断沟通能力的基本尺度。恰如其分，指沟通行为符合沟通情境和彼此相互关系的标准或期望；沟通效益，则指沟通活动在功能上达到了预期的目标，或者满足了沟通者的需要。

表面上来看，沟通能力似乎就是一种能说会道的能力，实际上它包罗了一个从穿衣打扮到言谈举止等一切行为的能力；一个具有良好沟通能力的人，他可以将自己所拥有的专业知识及专业能力充分地发挥，并能给对方留下"我最棒""我能行"的深刻印象。

二、沟通能力的培养

有效的沟通是一门学问，也是一门艺术。沟通能力是运用沟通技巧，实现沟通目的。在这一能力的培养中，应从两个方面入手：一是沟通意识的培养；二是沟通技巧的锻炼。

（一）增强沟通意识

沟通能力提升的基础，是沟通的主体具备良好的自我意识与自我性情，自我意识和性情的修养包含三个方面的内容。

1. 自我认识 要想了解他人，必须要先了解自己；要想说服他人，必须要先说服自己，如此才能"知己知彼，百战不殆"。要想清楚地了解自我、认识自我，需要一种勇气，去敢于客观地评定自己，承认自身存在的问题，并能静下心来思考自我，准确定位自我的价值。

要克服物质自我和精神自我对自身发展过程中的诱惑，形成自我意识的修炼体系和意识动机。

2. 情绪管理 用对的方法，用正确的方式，探索自己的情绪，然后调整自己的情绪，理解自己的情绪，放松自己的情绪。简单地说，情绪管理是对个体和群体的情绪感知、控制、调节的过程，其核心必须将人本原理作为最重要的管理原理，使人性、人的情绪得到充分发展，人的价值得到充分体现；是从尊重人、依靠人、发展人、完善人出发，提高对情绪的自觉意识，控制情绪低潮，保持乐观心态，不断进行自我激励、自我完善。

情绪的管理不是要去除或压制情绪，而是在觉察情绪后，调整情绪的表达方式。有心理学家认为情绪调节是个体管理和改变自己或他人情绪的过程。在这个过程中，通过一定的策略和机制，使情绪在生理活动、主观体验、表情行为等方面发生一定的变化。这样说，情绪固然有正面有负面，但真正的关键不在于情绪本身，而是情绪的表达方式。以适当的方式在适当的情境表达适当的情绪，才是健康的情绪管理之道。

要想成为情绪的主人，大学生就要掌握基本的人生准则，即乐观的处世态度，在心平气和的心态和海纳百川的包容心下，培养良好的沟通能力。

3. 换位思考 设身处地为他人着想，即想人所想，理解至上的一种处理人际关系的思考方式。人与人之间要互相理解、信任，并且要学会换位思考，这是人与人之间交往的基础：互相宽容、理解，多站在别人的角度上思考。换位思考是融洽人与人之间关系的最佳润滑剂，是人对人的一种心理体验过程。将心比心、设身处地是达成理解不可缺少的心理机制。它客观上要求我们将自己的内心世界，如情感体验、思维方式等与对方联系起来，站在对方的立场上体验和思考问题，从而与对方在情感上得到沟通，为增进理解奠定基础。它既是一种理解，也是一种关爱。

（二）培养沟通技巧

所谓沟通技巧，是指人具有收集和发送信息的能力，能通过书写、口头与肢体语言的媒介，有效与明确地向他人表达自己的想法、感受与态度，亦能较快、正确地解读他人的信息，从而了解他人的想法、感受与态度。这种沟通技巧是可以后天培养和提升的，大学生需要提升自己的沟通技巧，医学生更应注意，因为在日后的工作中，时常需要与患者进行沟通，掌握良好的沟通技巧会更加有利于治疗方案的实施，更好地实现治疗效果。

1. 树立全心全意为患者服务的观念 让患者真正感受到医生是在为了治疗自己的病情做着最大的努力，他也会自觉地配合医生的治疗方案，这是一种发自内心的沟通，是一种情感的交流。若是坚持这样的理念，在患者针对自己的治疗过程或是效果不尽如人意的时候，医生则会增加耐心，减少烦躁，认真地反省自己的言行。

2. 坚持设身处地原则 医生要随时问自己一个问题：假如我是患者，我对医生有什么要求，对医院有什么要求？这就是心理学中"换位思考"的现实应用，要求自己要多用对方的眼光来看待对方的环境，用对方的心态来体会对方的生活。当然由于患者的知识水平存在着差异，对治疗实施的理解程度水平有高有低，提出的要求也就存在着合理与不合理之分，这就要求医生要及时处理患者的合理要求。针对不合理的要求时，首先表示理解，并同时指出患者要求的不合理之处，耐心讲明不合理的原因，争取获得患者的认同。

3. 了解并尊重患者 医生要充分了解患者的文化背景和价值观念，这样可以使医生采用适当的言辞和患者进行有效沟通。同时，对于不同层次的患者，医生都应坚持尊重的态度，不能因为患者的一些不合理要求或是治疗方案的选择而去辱骂、嘲笑他们。

4. 积极向患者及其家属解释治疗的目的及过程 医生在治疗患者疾病的过程中，可以采取开放式的沟通方式，提出多个选择让患者也参与其中，让患者感受到自己被重视的感觉。在这样一种双向交流的沟通中，医生要做到的是认真地倾听患者的诉说，以自己的真诚和耐心同患者深入交流，准确地了解患者的内心想法和病情，最终达到正确治疗的目的。在与患者的沟通中，言辞因人因病，因时因地为宜，训练自己掌控事态发展进程的能力。

5. 病情告知应注意方式方法 在告知患者病情之前，医生应该充分了解患者及其家属对于患者疾病治疗情况的期望值，并根据他们的期望值去调整自己的声音和讲话的方式。在告知病情的过程中，不要自顾自话，使用大量的专业术语，这样只会让患者茫然不知。同时还要注意，医生要通过随时观察患者的面目表情等肢体语言所表现的内心感受，来判断医疗结果是否能够得到患者或是家属的理解，接受的程度又有多高，是否还存在着许多疑问等。假如患者不能接受，那就要另寻他法，选择不同的时间告知，或是请求有威望的医生帮忙向患者解释病情，千万不要强迫患者接受事实，甚至表现出为了让对方接受而采取压制对方情绪的极端态度。

三、职场新人在沟通时应注意的问题

大学生初入职场，由于环境的变化，导致他们往往不能顺利地和同事进行沟通，把握不好什么话该说，什么话不能说。沟通作为一把双刃剑，处理得好将会获得良好的人际关系；处理得不好，会影响职场的人际关系。例如表达的观点过激，触犯了他人的权威，或是个性很闷，不爱与人交往。那么，大学生在职场沟通中应该注意什么问题呢？

1. 不要凭想当然来处理问题 刚刚进入职场，大学生在工作的过程中可能因为和同事还不太熟，或出于自尊心，遇到问题的时候不愿同别人进行沟通，仅仅只凭自己的主观臆断对问题进行处理，结果漏洞百出，给用人单位带来一定的损失。因此，当遇到问题的时候，一定要向有经验的前辈请教，千万不要想当然，这样一来可以减少自己在工作中出现的错误，也可以增加与同事的交流机会，迅速地融入团队。尤其是医学生，书本上学习的知识是呆板的，在临床遇到不懂的问题时，一定要向自己的导师请教，不要想当然，以免出现误人误己的后果。

2. 要多干活少说话 有些人总是喜欢出风头，表现自己，稍稍有一点新奇的想法就要讲出来，想要获得同事或者上级对自己的认可。然而，刚刚就业的大学生缺乏工作经验，脑海中的一些想法很多都是不切实际的，过分的急于表现反而会引起他人的反感情绪。作为新人，需要做的是本着学习的心态，脚踏实地地干活，脑海中的想法不要急于求成，可以找有经验的同事交流探讨，这样不仅能完善想法，还能增强与同事的情感。

3. 不做"烂好人" 和同事建立良好的人际关系是应该的，但如果仅仅是因为你是个不错的"被使唤"者，他们对你的好感是建立在可以对你"呼之则来，挥之则去"的基础上，甚至在出现错误的时候还能把你当作替罪羊的话，是非常不可取的。作为职场新人的大学生，一定要记住，遇事坚持原则，不能公私不分，是非不辨。好人要做，但不要做"烂好人"。

第四节　学习能力

知识经济时代，要求社会是一个学习型的社会，这种形势下，用人单位重视应聘者的学习能力是无可厚非的。汤姆·彼得斯曾在《解放管理》一书中提出这样一个观点："教育并不因你获得的最后一张文凭而终止。终身学习在一个以知识为基础的社会中是绝对必需的。"作为职场新人，必须要拥有学习能力才能适应在新时期的发展需要，获得用人单位的认可。

一、学习能力的含义与意义

1. 含义　有广义与狭义之说，说法虽不尽相同，但可以把学习能力直接定义为个体掌握知识并在实践中应用知识的能力。学习能力包含了三个方面的内涵，即发现问题和解决问题的能力；收集、分析以及利用信息资源的能力；分享与合作的能力。主要表现在意识、动机；获得、分析和利用资源信息；评价和反思以及表达四个方面。学习能力就是学习的方法与技巧，有了这样的方法与技巧，学习到知识后，就形成专业知识；学习到如何执行的方法与技巧，就能形成执行能力。所以说学习能力是所有能力的基础。

另外，学习能力有三点要特别重视，即怎样迅速有效地获取与选择信息；怎样利用信息来解决问题以及怎样重新组合，推陈出新。

在整个职业生涯的发展中，能够胜任工作且能快速取得新能力是每一个职场人士都应具备的能力。为了谋求生存发展，每一个人都要不断地去学习大自然和生命本能没有赋予他们的生存能力，如果停止学习，必然会落后于人，在快节奏的社会中，落后就意味着淘汰。

2. 意义　学习能力能够让一个人成为一个领域、一个专业的权威，是帮助人们打开未知世界的钥匙，一个人放弃了学习能力，也就意味着放弃了成功。因而，学习能力是决定成败的重要因素之一。

相较于过去许多用人单位在招聘时提出的"你会什么？学过什么？"的问题，现在的用人单位都是在提问"能否学会我们想让你掌握的知识？"这种问题的转变，是一种明显的信号：学习能力比知识更为重要。大多数的人认为，学习是学生的责任，是青少年时期才要进行的活动，自己已经走向社会了，没有时间也没有必要再去学习，除非是需要与职称、工资之类挂钩，需要获取文凭。然而随着知识经济时代的来临，学习的内涵已经发生了大幅度的改变，学习不再仅仅是青少年在校园里学习书本知识，而是已经没有时间段的差距，没有场所的限制以及人员的限定了，学习已经逐步变为终生努力的事情。一个人想要取得成就，让生活变得更加幸福美满，最大限度地实现自己的人生目标，满足自我实现的最高层需求，就离不开学习能力。

二、学习能力的培养

1. 端正学习态度　一部分初入职场的新人在对待学习问题的时候，态度不够端正，对学习的理解仍然存在着误区，主要表现在三个方面。一是"工作太忙，没有时间学习"。其实，学习和工作本就是相互联系的，不是互不相容的，不能完全割裂彼此。正所谓"磨刀不误砍柴工",平时注重学习,通过学习不断地提升自身的知识储备和业务水平,这不仅不会耽误工作,影响工作进度,反而还会提高现阶段的工作效率和工作质量。二是"自己学历高,不用怎么学都能应付过去"。这是一种盲目的优越感,高学历虽然是一种优势力量,但如果只满足于已有的学历,不思进取,就此停步,必然会导致不可避免地落后于人的结局,甚至有可能被淘汰。现在是知识经济时代,新的知识和新的技能在不断地涌现,知识的更新换代速度很快,如果我们脑海中的知识不随时代更新,很快就会过时。三是"平日里看报纸、看新闻,参加团队学习也就够了"。职场新人应该明确一点,学习能力不能仅仅是指知识的获得,而是通过学习知识和专业能力,不断地提升自己的内在素养,并使其成为生存和发展的源泉所在。

2. 树立新的学习理念

(1)树立学习者生存发展的理念。彼得·圣吉在《第五项修炼》一书中指出:"学习是企业生存发展的源泉,忽视学习,企业就会落败。"作为职场人士,必须要充分地认识到一点,把企业强化成学习型的企业,是创立一流企业的迫切需要。同时,大学生更应该认识到要想抢占生存和发展的制高点,就必须把握学习的先机和主动权。只有不断地进行学习实践,从学习中汲取养分,提高自身的本领,不断地在工作中融入全新的生存理念,才能在激烈的竞争中笑傲群雄。

(2)树立"学习则强、学习则胜"的理念。学习的进步,是其他一切进步的前提,学习的落后则是一切落后的最终原因。学习是实现工作创新的前提和不竭动力,只有不断地学习,才能不停地获得新的知识,增加自身的才干,跟上时代的步伐。而离开了学习,工作就没有创新的土壤,尤其是在知识更新换代速度日益加快的当今社会,学习越及时,掌握的知识越丰富,创新的潜力就会越大,自身的发展速度也就越快。职场新人必须做到把学习当作自己进步的台阶,把知识作为自己发展的动力源泉,在培养强烈的求知欲望和浓厚的学习兴趣的时候,也培养自身良好的学习习惯和学习能力,做到时刻关注实际中的变数,胸有成竹,增加胜算。通过学习去塑造自我,完善自我,创新自我。

(3)树立工作学习化,学习工作化,学习生活化,学习终身化的理念。毛泽东同志曾经指出:"学习是工作,而且是更重要的工作。"学习是做好工作的第一需求,也是良好履行职责的必要条件。作为用人单位的一个员工,一定要学以致用,把学习消化到工作中去,细致化到生活中去。只是埋头工作而不重视学习知识的转化,即使拥有敬业精神和想要做好工作的愿望,也必定事倍功半,难有成效。长此下去,必定适应不了新的社会形势,被社会淘汰。只有不断地加强学习,树立终身学习的理念,并把学习当作一种兴趣爱好,才能真正做到学习、工作和生活的有机结合,并使其相互促进,生活更加美好,工作更加富有朝气和创造力。

3. 注重实际效果　作为刚刚步入职场的大学生,学习能力的培养必须注重实际效果。这一点可以从以下三个方面入手。

(1)学习的方式灵活多样　学习往往都是一个枯燥无味的过程,是一件苦差事。需要采用多种多样的灵活方式去学习,才能让学习变得有乐趣,有实际效果。在向书本学习的过程中可以边干边学,把书本知识与实际工作对比学习。也不妨去询问同事或是前辈,还可以选择去培训学校进行专门的培训等。

(2)把用人单位的文化理念贯穿于学习过程中　在学习的过程中,一定要克服那种为了学习而去学习的错位想法，不要把单纯的看书听课当作唯一的学习途径，而是要在整个学习的过程中，贯彻实际工作中的用人单位的文化理念，把学习融入单位丰富多彩的文化活动中，寓学于乐，让自己的学习紧紧围绕着用人单位的发展前景和自身的职业成长。

（3）养成勤于思考的习惯　思考是与学习密不可分、相互联系的一种认知过程。从认识论的角度来看，只学习却不思考，认识的过程并没有真正完成。思考是学习的继续环节，也是对照比较，学以致用，把知识融会贯通的一个过程，是理论联系实际的必要环节。只有认真思考才能不断地完善所学，修正自己的知识脉络，丰富自己的知识体系。因此，职场新人一定要在勤奋学习的基础之上，养成勤于思考且善于思考的能力。

第五节　时间管理

人的一生两个最大的财富，即才华和时间。才华越来越多，但是时间越来越少，我们的一生可以说是用时间来换取才华。如果一天天过去了，我们的时间少了，而才华没有增加，那就是虚度了时光。所以，我们必须节省时间，有效率地利用时间。

一、时间管理的含义

时间管理是指在时间消耗相等的情况下，为提高时间利用率和有效性而进行的一系列的活动，包括对时间进行有效的计划和分配，以保证重要工作的顺利完成，并能及时处理突发事件或紧急变化。

时间管理并不是要把所有的事情抓紧时间做完，而是要更有效地利用时间，其目的除了要决定应该做什么事情之外，还要决定什么事不应该去做。时间管理不是完全地去掌控，而是尽可能地降低变动性。透过事先的规划，做出提醒和指引是时间管理的重要作用。

二、时间管理的基本原则

1. 做事情分清楚轻重缓急　做事要抓主要矛盾，始终都要做最重要的事。能够分清楚轻重缓急，预先设定好优先顺序是时间管理的精髓所在。调查显示，成功人士都是用区分主次的方法来有效地统筹时间，将时间用在最具"生产力"的方面。如何分清主次，主要有三个判断标准。

（1）必须做什么　包含了两层含义，即是否必须去做，以及是否必须由我做。非做不可，但并非是一定需要自己亲身去做的事情，可以委派给他人，自己只负责从旁监督。

（2）什么能带来最高回报　用80%的时间去做能够带来最高回报的事情，剩下的20%的时间则用来做其他的事情。而所谓的最高回报的事情，就是指能够符合自己的目标要求或是干出比别人有效率的事情。过去，多数的领导把下班后还在加班加点的员工看作最好的员工，是值得奖励的人才，可现在却不再这么认为，因为若必须依靠下班后的加班加点才能完成正常的工作任务量，证明该员工没有能力按时完成工作，工作效率不高。当代的勤劳不再是工作的时间长，而是在最少的时间内能完成更多的事情。

（3）什么事情能带来最大的满足感　有时能够获得最高回报的事情并不是能够带来最大满足感的事情，因此无论自己的地位如何，都要注意把时间分配给一些能够令人满足和心情愉悦的事情，只有这样，工作才能是生动有趣的，也容易让人保持工作的不衰热情。

扫码"学一学"

通过上面三个层次的过滤之后，事情的轻重缓急就可以一目了然了，把这些事情再按重要性优先排列，并坚持按这个原则去做，会发现，再也没有其他的方法比这个方法更加有效率了。

2. 正确地做事，做正确的事　做正确的事情，首先就是要确定好目标。目标能够最大限度地聚集你的一切资源，包括时间在内。因此，只要目标明确且正确了，就会最大限度地为你节省时间。

正确地做事情则是指做事情的方式。首先要把事情的顺序排列出来，按照轻重缓急优先排列；其次在做事情的时候还要制订好计划，做事的时候按计划行事，这样才能避免弯路，不做无用功。再次就是做事情要选择正确的工作方法，方法对了；事半功倍，方法错了，那就是事倍功半了。

三、学会科学管理自己的时间

善于支配自己的时间，是一个人成功的重要因素。节奏越来越快的现代社会，让人们觉得时间常常不够用，既然谁都不能让自己的时间更多，那唯一办法就是提高时间的利用率，充分利用时间完成想做的事情。

1. 遇事不拖延　拖延并不能节省时间，保存精力，事实刚好相反，拖延只会让人心力交瘁，疲于拼命，而且最终仍是于事无补，白白浪费了宝贵的时间和精力。

"今日复今日，今日何其少！今日又不为，此事何时了？人生百年几今日，今日不为真可惜！若言姑待明朝至，明朝又有明朝事。为君聊赋《今日诗》，努力请从今日始！"这是清代诗人文嘉的《今日歌》，其中一针见血地指出一定不要拖延时间，每日做好目标的制定，按时完成。

2. 善用零碎的时间　把零碎的时间用来做零碎的事情，从而最大限度地提高工作效率。例如在坐车或是等车的过程中、茶余饭后、会议开始之前等时间时，可以思考或是制订简短的计划。积少成多，日积月累地算下来，松散的时间也可以成就大的事业。

3. 合理分配时间　把注意力集中在一天的每一件工作时，就必须要先决定好花多少时间在每一件事情上面，这就是时间的分配。分配合理了，就可以更快更好地完成一天的工作任务，甚至可以节约出时间去做其他需要做的事情。

4. 做事整洁规矩　据统计调查，一个公司的职员每年平均要花费六个星期的时间在杂乱的东西中寻找需要的资料上，这也就意味着若是东西放置整洁有规矩，每年就可以节省20%以上的时间。

5. 为意外事件预留时间　飞机等按照时间表来工作的交通工具，都有可能因为意外而出现晚点的情形，这种事情有可能发生在每一个人身上。例如你正在按照你的计划工作，突然家里有急事发生，必须由你去处理，这时一天的计划肯定就会被耽误。若是为工作预留了时间，有相应的应急措施，那么就不会因为一些意外事件而影响最终任务的完成。

案例分析

杨青山由于高中不努力学习，最终只考入某职业技术学院。父亲的叹息，母亲的埋怨，使杨青山更加郁闷。

"我一定会有出息，我一定不能让我的家人失望"，杨青山暗自下着决心。

一进校，杨青山有幸被任命为班长。但他越是负责，同学们越是反感，闹得越凶。板着小脸安排工作，对方却撇着小嘴冷笑。无法开展工作，闲言碎语让他头痛。

干部改选，杨青山落选了。他噙着泪水，回想着过去，我错了？我该如何做？

杨青山没有忘记自己进校时暗下的决心，他不能让自己的家人失望，更不能让自己失望。他认真学习每一门功课，从不放弃每一个学习的机会，期末成绩、专业考试年年名列全班前三名。他积极参加学院各项有益活动，是学院礼仪队的一员，每次训练结束，他都会主动打扫卫生，走在最后。每次寒暑长假，学院组织校外实习，他都会第一个报名参加。2018年12月，在成都举办的四川省第九届大学生职业礼仪大赛中，杨青山荣获金奖。

现在，杨青山已是学院礼仪队队长，勤工俭学部部长，与北京的公司签订了就业协议。杨青山用自己的实际行动，改变了现实生活。

请对案例进行分析，说明杨青山成败的原因。

思 考 题

1. 职场新人在团队中应注意什么事项？
2. 大学生如何培养创新能力？
3. 职场新人应注意的沟通问题有哪些？
4. 大学生如何培养学习能力？
5. 大学生应该如何管理自己的时间？

（李　谭）

扫码"练一练"

第十章

就业法律常识简介

学习目标

1. 掌握《劳动合同法》的基本知识。
2. 熟悉毕业生就业相关政策法规。
3. 了解《民法》的基本知识。

第一节 《劳动合同法》基本知识

扫码"学一学"

随着各个高校的扩招，大学毕业生面临着越来越难的就业形势，在这种严峻的就业现状下，新《劳动合同法》给大学生带来了维护自己合法权益的福音，但同时企业用工成本提高，使企业招聘大学生将比以前要求更加苛刻，对于大学生就业而言也是挑战。

一、《劳动合同法》概述

为了完善劳动合同制度，明确劳动合同双方当事人的权利和义务，保护劳动者的合法权益，构建和发展和谐稳定的劳动关系，2007 年 6 月 29 日，第十届全国人大常委会第二十八次会议通过了《中华人民共和国劳动合同法》（以下简称《劳动合同法》），2012 年 12 月 28 日第十一届全国人民代表大会常务委员会第三十次会议通过了修改决定，自 2013 年 7 月 1 日起施行。

（一）《劳动合同法》的适用范围

《劳动合同法》的适用范围也就是《劳动合同法》的调整范围，我国《劳动合同法》的调整范围包括两个方面。

1. 主体范围 从主体方面讲，我国《劳动合同法》适用于我国境内的所有企业、个体经济组织、民办非企业等组织（统称为用人单位）和劳动者。

知识拓展

民办非企业是指企业事业单位、社会团体和其他社会力量以及公民个人利用非国有资产举办的，从事非营利性社会服务活动的社会组织。它的特征在于其民间性、非营利性、社会性、独立性和实体性。像教育事业中的民办幼儿园，民办小学、中学、学校、学院、大学；卫生事业中的民办门诊部（所）、医院、民办康复、保健、卫生、疗养院（所）等，都属于民办非企业单位。

2. 行为主体 《劳动合同法》适用的行为是用人单位与劳动者建立劳动关系的行为。这种劳动关系的建立，主要是通过签订劳动合同这一行为来实现。所以，用人单位与劳动者订立、履行、变更、解除、终止劳动关系，以及劳务派遣、非全日制用工等都适用《劳动合同法》。

需要特别说明的是，国家机关、事业单位、社会团体与公务员和参照公务员管理的人员建立的关系，不适用《劳动合同法》。但是，国家机关、事业单位、社会团体和与其建立劳动关系的劳动者订立、履行、变更、解除和终止劳动合同的行为，也适用于《劳动合同法》。

（二）《劳动合同法》的基本原则

劳动者与用人单位签订的劳动合同与一般民事合同应遵循的基本原则是一致的。

1. 合法原则 订立的劳动合同在形式和内容上都要符合法律规定，不得有法律禁止的行为和条款。

2. 公平原则 合同的内容要公平合理，合同规定的双方权利和义务大体上是平等的，任何一方都不得迫使对方与自己订立不公平的劳动合同。

3. 平等自愿原则 双方在法律地位上是平等的，任何一方不得把自己的意志强加给对方。除了法律有专门规定的外，只要不违背法律的强制性规定，当事人双方有自愿选择对方当事人和自愿约定劳动合同内容的权利。

4. 协商一致原则 劳动者和用人单位就劳动合同的内容进行平等协商，达成一致意见。

5. 诚实信用原则 要求劳动者和用人单位在合同的订立、履行、变更、解除、终止的每个阶段，都要诚实、讲信用，不得采用欺诈等手段危害另一方的权利。

二、劳动合同的签订

（一）劳动合同签订的程序

根据《劳动合同法》及其相关法律的规定，订立劳动合同的主要程序如下。

1. 劳动合同的双方当事人，一方是劳动者，一方是用人单位。

2. 需要用工并具有用工权的单位向社会公开发布用工（招聘）广告或公告，劳动者报名应招。用人单位招用劳动者时，有义务告知劳动者工作内容、工作条件、工作地点、职业危害、安全生产状况、劳动报酬，以及劳动者要求了解的其他情况；用人单位有权了解劳动者与劳动合同直接相关的基本情况，劳动者应当如实说明。

3. 全面考核，择优录用。用人单位对前来应招的报名者进行全面考核，其考核的内容和标准，可以根据生产和工作需要有所侧重，确定符合条件的劳动者并通知对方。

4. 订立书面劳动合同。劳动者和用人单位协商一致后在劳动合同上签字盖章生效，劳动合同文本由劳动者和用人单位各执一份。

（二）劳动合同的法定条款

1. 劳动合同期限 劳动合同的有效时间，是双方当事人所订立的劳动合同起始和终止时间，也是劳动关系具有法律效力的时间。《劳动合同法》第十二条规定：劳动合同的期限分为固定期限、无固定期限和以完成一定的工作为期限。

2. 工作内容 针对劳动者而言的，是对劳动者设立的义务条款。工作内容包括劳动者从事劳动的工种、岗位，以及在生产或工作上应当达到的数量和质量，或应当完成的任务。

3. 劳动保护和劳动条件 针对用人单位而言的，是对用人单位设定的义务条款。劳动保护和劳动条件是为了保障劳动者在劳动过程中获得适当的劳动条件而采取的各项保护措施。如工作时间和休息休假、劳动安全和劳动卫生方面的措施与设备，以及对女职工的特殊劳动保护等。

4. 劳动报酬 劳动者劳动的成果返还形式，劳动者履行劳动义务后必须享受的劳动权利。从另一方面讲，则是用人单位根据法律、法规以及劳动合同的约定支付劳动者工资、奖金、津贴等。劳动关系双方在约定劳动报酬时，不得违反国家法律和法规的规定，如工资不得低于当地政府规定的最低工资标准，工资支付形式和期限也不得违反有关的法律、法规和政策。

5. 劳动纪律 劳动者在生产工作过程中必须遵守的工作秩序和劳动规则。劳动纪律是用人单位组织生产经营活动、完成工作任务的保证条件，是规范劳动行为的一项重要内容，也是劳动者必须履行的义务。

6. 违反劳动合同的责任 由于劳动合同当事人一方或双方过错而造成劳动合同不能履行或不能完全履行，以及违反法律、法规规定的条件解除劳动合同。

劳动合同除以上规定的必备条款外，用人单位与劳动者可以约定试用期、培训、保守秘密、补充保险和福利待遇等其他事项。

（三）毕业生签订劳动合同的要点

1. 了解情况 《劳动合同法》规定，招用劳动者时，应当如实告知工作内容、条件、地点、职业危害、安全生产状况、劳动报酬等情况。毕业生签订劳动合同前，应尽量对用人单位的这些情况以及企业文化、发展趋势、员工管理等进行全面了解，尽量与资质和声誉较好的单位签订劳动合同，从源头防范非法用工和侵害合法权益的情形发生。

2. 落在纸上 《劳动合同法》规定，劳动者与用人单位订立劳动关系，必须签订书面劳动合同。口头约定不能当作正式劳动合同，劳动者的权益很难得到保障。所以毕业生要主动提出签订书面劳动合同，如果单位不签，可向当地劳动保障部门反映并由其督促签订。

3. 查清资格 毕业生在与用人单位签订劳动合同前，要事先了解单位名称、法人是谁等情况，注意与具备用工主体资格的单位直接签订劳动合同。

4. 细读条款 《劳动合同法》规定，劳动合同应当具备单位名称、住所，法人姓名、住址和居民身份证号码，合同期限，工作内容和地点，工作时间和休息休假，劳动报酬，社会保险，劳动保护，劳动条件和职业危害防护等内容。劳动者可向劳动保障部门索取规范合同文本，避免遗漏重要条款。若单位起草了文本，要仔细阅读对于报酬、岗位、试用期、合同终止与解除等重要条款以及岗位说明书、劳动纪律、工资支付规定等规章制度。

5. 注意报酬　根据《劳动法》和《工资支付暂行规定》等规定，工资应以人民币形式支付，且至少每月支付一次。根据《最低工资规定》，工资在剔除加班工资和中班、夜班、高温、低温、有毒有害等特殊工作环境、条件下的津贴以及法定福利待遇等之后，不得低于当地最低工资标准。根据《劳动合同法》规定，试用期包含在劳动合同期限内。仅约定试用期的，试用期不成立。试用期工资不低于本单位相同岗位最低档工资或合同约定工资的 80%。

6. 注意试用期　根据《劳动合同法》规定，劳动合同期限三个月以上不满一年的，试用期不得超过一个月；劳动合同期限一年以上不满三年的，试用期不得超过两个月；三年以上固定期限和无固定期限的劳动合同，试用期不得超过六个月。同一用人单位与同一劳动者只能约定一次试用期。以完成一定工作任务为期限的劳动合同或者劳动合同期限不满三个月的，不得约定试用期。试用期包含在劳动合同期限内。劳动合同仅约定试用期的，试用期不成立，该期限为劳动合同期限。劳动者在试用期的工资不得低于本单位相同岗位最低档工资或者劳动合同约定工资的 80%，并不得低于用人单位所在地的最低工资标准。

三、就业协议书与劳动合同的区别

（一）就业协议书

就业协议书是全国普通高等学校毕业生就业协议书的简称，是普通高等学校毕业生和用人单位在正式确立劳动人事关系前，经双向选择，在规定期限内确立就业关系、明确双方权利和义务而达成的书面协议，是用人单位确认毕业生相关信息真实可靠以及接收毕业生的重要凭据，也是高校进行毕业生就业管理、编制就业方案以及毕业生办理就业落户手续等有关事项的重要依据。协议在毕业生到单位报到、用人单位正式接收后自行终止。就业协议一般由教育部或各省、市、自治区就业主管部门统一制表。

（二）就业协议书与劳动合同的区别

就业协议书仅体现毕业生与用人单位之间就业意向的契约，主要作为毕业生人事关系接转和户籍迁移的依据。它的有限期限应该是从协议签订之日起至毕业生去单位报到为止。而劳动合同主要规定着劳资双方在劳动时间、岗位、报酬、劳动保护等方面的权利和义务，是劳动者保护自己合法权益的依据。

就业协议与劳动合同都是与就业有关、具有法律效力的文件，但就业协议与劳动合同有本质上的区别。

1. 适用的法律、法规不同　劳动合同适用《劳动法》《劳动合同法》及人力资源部门颁布的有关劳动人事方面的规章。就业协议适用《合同法》和教育部规定的普通高校毕业生就业有关的政策。

2. 适用主体不同　劳动合同是劳动者与用人单位之间确立劳动关系的协议，只要双方当事人协商一致，符合国家的法律、政策和法规，无欺诈、胁迫等手段，经双方签字盖章，合同即生效。就业协议目前除毕业生与用人单位双方签字、盖章外，还有学校参与。在有些特殊的地区或特殊的情况，人力资源和社会保障部门也会要求参与。

3. 内容不同　劳动合同的内容依据《劳动合同法》的规定比较详细。就业协议的条款比较简单，主要是毕业生如实向用人单位介绍自己的情况，愿意在规定期限内到用人单位报到，用人单位如实向毕业生介绍本单位情况，同意录用该毕业生等。

4. 适用的人员不同　劳动合同可以适用于各类人员，凡是中华人民共和国公民只要有劳动能力并符合法律规定的条件，经过供需见面，双向选择，一经录用都可以与用人单位签订劳动合同。就业协议只适用于高校毕业生。

5. 签订时间不同　一般来说，就业协议签订在前，劳动合同订立在后。就业协议是毕业生在找工作过程中落实用人单位后签订的，就业协议的签订在学生离校前。劳动合同是毕业生到用人单位报到后订立的，如果毕业生与用人单位在工资待遇、住房等方面有事先约定，可在就业协议的约定条款中注明，附后补充，日后订立劳动合同时对此内容应予以认可。

四、"五险一金"

"五险"指的是五种保险，包括养老保险、医疗保险、失业保险、工伤保险和生育保险；"一金"指的是住房公积金。其中养老保险、医疗保险和失业保险，这三种险是由企业和个人共同缴纳的保费，工伤保险和生育保险完全是由企业承担的，个人不需要缴纳。这里要注意的是"五险"是法定的，而"一金"不是法定的。

（一）养老保险

1. 概念　养老保险是国家依据相关法律法规规定，为解决劳动者在达到国家规定的解除劳动义务的劳动年龄界限，或因年老丧失劳动能力而退出劳动岗位后而建立的一种保障其基本生活的社会保险制度。目的是以社会保险为手段来保障老年人的基本生活需求，为其提供稳定可靠的生活来源。

2. 缴费比例　基本养老保险费由企业和被保险人按不同缴费比例共同缴纳。以北京市养老保险缴费比例为例：企业每月按照其缴费总基数的20%缴纳，职工按照本人工资的8%缴纳。城镇个体工商户和灵活就业人员以本市上一年度职工月平均工资作为缴费基数，按照20%的比例缴纳基本养老保险费，其中8%计入个人账户。

（二）医疗保险

1. 概念　医疗保险是为补偿疾病所带来的医疗费用的一种保险。职工因疾病、负伤、生育时，由社会或企业提供必要的医疗服务或物质帮助的社会保险。医疗保险具有社会保险的强制性、互济性、社会性等基本特征。因此，医疗保险制度通常由国家立法，强制实施，建立基金制度，费用由用人单位和个人共同缴纳，医疗保险金由医疗保险机构支付，以解决劳动者因患病或受伤害带来的医疗风险。

2. 缴费比例　职工基本医疗保险费由用人单位和职工共同缴纳。用人单位缴费比例为在职职工工资总额的7.5%，职工缴费比例为本人工资收入的2%。随着经济发展，用人单位和职工缴费比例可做相应调整。用人单位以上一年度在职职工月平均工资总额为缴费基数，职工个人以本人上年度月平均工资收入为月缴费基数。单位和职工个人月缴费基数低于上年度本市职工月平均工资的60%，以本市职工月平均工资的60%为缴费基数；高于本市职工月平均工资300%以上部分，不计入缴费基数。

（三）失业保险

1. 概念　失业保险是指国家通过立法强制实行的，由社会集中建立基金，对因失业而暂时中断生活来源的劳动者提供物质帮助，进而保障失业人员失业期间的基本生活，促进其再就业的制度。

2. 缴费比例 国务院发布的《失业保险条例》规定：城镇企业、事业单位按照本单位工资总额的 2% 缴纳失业保险费，职工按照本人工资的 1% 缴纳失业保险费。城镇企业、事业单位招用的农民合同制工人本人不缴纳失业保险费。单位工资总额是指单位在一定时期内直接支付给本单位全部职工的劳动报酬总额，包括计时工资、计件工资、奖金、津贴以及补贴、加班加点工资以及特殊情况下支付的工资。本人工资是指由单位支付的劳动报酬，包括计时工资或计件工资、奖金、津贴和补贴、加班工资等，不包括其他来源的收入。

（四）工伤保险

1. 概念 工伤保险是指劳动者在工作中或在规定的特殊情况下，遭受意外伤害或患职业病导致暂时或永久丧失劳动能力以及死亡时，劳动者或其遗属从国家和社会获得物质帮助的一种社会保险制度。

2. 缴费比例 根据不同行业的工伤风险程度，参照《国民经济行业分类》，将行业划分为 3 个类别：一类为风险较小行业，二类为中等风险行业，三类为风险较大行业。三类行业分别实行 3 种不同的工伤保险缴费率。社会保险经办机构根据用人单位的工商登记和主要经营生产业务等情况，分别确定各用人单位的行业风险类别。工伤保险平均缴费率原则上控制在职工工资总额的 1.0% 左右，三类行业的基准费率分别为用人单位职工工资总额的 0.5%、1.0%、2.0% 左右。

（五）生育保险

1. 概念 生育保险是通过国家立法规定，在劳动者因生育子女而导致劳动力暂时中断时，由国家和社会及时给予物质帮助的一项社会保险制度。我国生育保险待遇主要包括两项：一是生育津贴；二是生育医疗待遇。其宗旨在于通过向职业妇女提供生育津贴、医疗服务和产假，帮助她们恢复劳动能力，重返工作岗位。

2. 缴费比例 凡是与用人单位建立了劳动关系的职工，包括男职工，都应当参加生育保险。用人单位按照国家规定缴纳生育保险费，职工不缴纳生育保险费。

（六）住房公积金

1. 概念 住房公积金是指国家机关、国有企业、城镇集体企业、外商投资企业、城镇私营企业及其他城镇企业、事业单位、民办非企业单位、社会团体及其在职职工缴存的长期住房储金。

2. 缴费比例 住房公积金月缴存额 = 职工本人上一年度月平均工资 × 职工住房公积金缴存比例（计算到元，元以下四舍五入）+ 职工本人上一年度月平均工资 × 单位住房公积金缴存比例（计算到元，元以下四舍五入）。

第二节 《民法》基本知识

《民法》是国家法律体系中一部非常重要的基本法，它在整个国家法律中占有极其重要的地位，是仅次于《宪法》的重要部门法，是统帅民事法规、指导和规范民事活动的基本法。我国现行的《民法》是 1986 年 4 月 2 日颁布，1987 年 1 月 1 日开始生效的《中华人民共和国民法通则》（以下简称《民法通则》）。2009 年 8 月 27 日第十一届全国人民代表大会常务委员第十次会议对其进行了修改。

扫码"学一学"

一、《民法》概述

（一）《民法》的概念

1. 《民法》 调整平等民事主体之间的财产关系和人身关系的法律规范的总称。

2. 平等民事主体 任何民事主体在民事法律关系中的法律地位是完全平等的，即在我国，无论是公民还是法人，无论是集体所有制企业法人还是机关、事业单位法人，无论当事人的单位大小、职位高低、经济实力强弱，其地位都是平等的，没有高低、贵贱之分，没有依赖、从属的关系，也不存在任何特殊的民事主体。

民事主体在民事活动中平等地享受民事权利和承担民事义务，不允许只享受权利而不承担民事义务，或者只承担义务而不享受权利的不平等的现象存在，不允许任何民事主体在具体的民事法律关系中享有超越法律的特权。

任何民事主体享有的民事权利都平等地受到法律保护，绝不允许因主体单位大小、职位高低、经济实力强弱等情况的不同而在适用法律上有所区别。

3. 财产关系 人们在商品的生产、分配、交换和消费过程中所形成的具有经济内容的关系。我国《民法》只调整平等主体之间的财产关系，包括财产所有关系和财产流转关系。其他类型的财产关系由相关法律调整。

4. 人身关系 在《民法》上表现为人身权，包括人格权和身份权。

（二）《民法》的基本原则

1. 平等原则 主体的身份平等。身份平等是特权的对立物，是指不论其自然条件和社会处境如何，其法律资格即权利能力一律平等。《民法通则》第三条规定：当事人在民事活动中地位平等。任何自然人、法人在民事法律关系中平等地享有权利，其权利平等地受到保护。

2. 自愿原则 在民事活动中当事人的意思自治。即当事人可以根据自己的判断，去从事民事活动，国家一般不干预当事人的自由意志，充分尊重当事人的选择。其内容应该包括自己行为和自己责任两个方面。自己行为，即当事人可以根据自己的意愿决定是否参与民事活动，以及参与的内容、行为方式等；自己责任，即民事主体要对自己参与民事活动所导致的结果负担责任。

3. 公平原则 在民事活动中以利益均衡作为价值判断标准，在民事主体之间发生利益关系摩擦时，以权利和义务是否均衡来平衡双方的利益。因此，公平原则是一条法律适用的原则，即当民法规范缺乏规定时，可以根据公平原则来变动当事人之间的权利和义务；公平原则又是一条司法原则，即法官的司法判决要做到公平合理，当法律缺乏规定时，应根据公平原则做出合理的判决。

4. 诚信原则 民事主体进行民事活动必须意图诚实、善意，行使权利不侵害他人与社会的利益，履行义务，信守承诺和法律规定，最终达到所有获取民事利益的活动，不仅应使当事人之间的利益得到平衡，而且也必须使当事人与社会之间的利益得到平衡的基本原则。我国《民法通则》第四条规定：民事活动应当遵循诚实信用原则。

5. 禁止滥用原则 民事主体在进行民事活动中必须正确行使民事权利，如果行使权利损害同样受到保护的他人利益和社会公共利益时，即构成权利滥用。对于如何判断权利滥用，《民法通则》及相关民事法律规定，民事活动首先必须遵守法律，法律没有规定的，应当遵守国家政策及习惯，行使权利应当尊重社会公德，不得损害社会公共利益，扰乱社会经济秩序。

二、民事权利

（一）财产所有权

财产所有权是指财产所有人对自己的财产享有的占有、使用、收益和处分的权利。它包括四项权能：①占有权，指所有人对自己所有的财产的实际控制和支配的权利；②使用权，是所有人对自己的财产按照其性能和用途加以利用的权利；③收益权，是财产所有人或者占有使用人使用财产而取得的经济利益，这种收益法律上称为孳息，包括天然孳息和法定孳息；④处分权，指财产所有人对其财产在事实上和法律上的最终处置，它是所有权中最基本的权能，它决定着财产的命运，是财产权的核心。

我国《民法》根据所有人的不同，将财产所有权分为国家财产所有权、集体财产权和私有财产权。

（二）物权

物权是一个十分广泛和复杂的概念，按照我国《物权法》的规定：物权是指权利人依法对特定的物享有的直接支配和排他的权利，包括所有权、用益物权和担保物权。这里仅指用益物权和担保物权。

1. 用益物权　非所有人在他人所有的物上享有的占有、使用和收益的他物权。

2. 担保物权　在借贷、买卖等民事活动中，债务人或债务人以外的第三人将特定的财产作为履行债务的担保。债务人未履行债务时，债权人依照法律规定的程序就该财产优先受偿的权利。担保物权包括抵押权、质权和留置权。

（三）债权

债权是一种典型的相对权，只在债权人和债务人之间发生效力，原则上债权人和债务人之间的债务关系不能对抗第三人。债发生的原因在《民法债编》中主要可分为契约、无因管理、不当得利和侵权行为；债的消灭原因则有清偿、提存、抵销、免除等。

1. 合同之债　合同是债权产生最主要的原因，也是债发生的最普遍的依据，当事人双方可以通过订立合同设立债权债务关系，也可以通过订立合同变更或终止债权债务关系。

2. 侵权之债　侵权行为可分为一般侵权行为和特殊侵权行为。在一般侵权行为中，当事人一方只有因自己的过错而给他人造成人身和财产损失时，才负赔偿的责任，如果没有过错，就不需负赔偿责任。而在特殊侵权行为中，只要造成了他人的损失，就算你自己不存在过错，你仍要负赔偿责任。

3. 不当得利之债　既没有法律上的原因，也没有合同上的原因，取得了不当利益，而使他人受到损失的行为。在不当得利的情况下，受到损失的当事人有权要求另一方返还不当利益。

4. 无因管理之债　没有法定或者约定的义务，为避免他人的利益受损失而进行管理和服务的，提供管理和服务的一方有权要求他方支付必要的费用。

（四）知识产权

知识产权是指人们就其智力劳动成果所依法享有的专有权利，通常是国家赋予创造者对其智力成果在一定时期内享有的专有权或独占权。包括工业产权和著作权，工业产权则由专利权和商标权构成。

我国对知识产权的保护，著作权的保护期为作者终身及其死后 50 年；发明专利和实用新型专利的保护期为 20 年，外观设计专利的保护期为 10 年；注册商标专用权的保护期为 10 年，但可以续展，每次续展保护期 10 年，续展次数不受限制。

（五）人身权

人身权是指与权利主体的人身不可分离而又没有直接财产内容的民事权利。人身权制度是涉及许多法律部门的制度，《民法》上的人身权分为人格权和身份权。

1. 人格权　民事主体基于其法律人格而享有的、以人格利益为客体、为维护其独立人格所必需的权利。人格权又包括具体人格权和一般人格权。

具体人格权包括：生命权、身体权、健康权、姓名权、名称权、肖像权、名誉权、隐私权、信用权。

2. 身份权　公民或法人依一定行为或相互之间的关系所发生的一种民事权利。身份权作为一种民事权利，它不仅为权利人的利益而设立，同时也为相对人的利益而设立，因此权利人依法行使法律赋予的各项身份权利，也必须履行相应的法定义务。

身份权主要有包括：配偶权、亲权、亲属权（监护权）、荣誉权、知识产权中的身份权（著作权、发明权、专利权、商标权等）。

三、民事责任和诉讼对象

（一）民事责任

1. 民事责任概念　民事责任是公民或者法人违反民事义务，侵犯他人合法权益，依照民法应当承担的法律责任。

一般而言，承担民事责任必须具备四个条件：①有民事违法或者民事违约行为；②有损害事实；③违法或者违约行为与损害结果之间存在的因果关系；④行为人有过错。

2. 违反合同的民事责任　又称违约责任，指合同当事人不履行或者不适当履行合同义务时，应当承担的民事法律责任。承担违约责任的形式有支付违约金、赔偿损失、继续全面履行合同等。

3. 侵权的民事责任　分为一般侵权的民事责任和特殊侵权的民事责任。

（1）一般侵权的民事责任　公民、法人由于过错侵害国家、集体财产或者他人的财产、人身权利时，应当承担的法律责任。承担责任的形式主要有停止侵害、恢复原状、赔礼道歉、恢复名誉、赔偿损失等。

（2）特殊侵权的民事责任　公民、法人根据法律的特别规定，对自己实施的无过错的侵权行为及其损害后果应当承担的法律责任。他通常是侵害人在主观上没有过错，但依照法律规定也要承担损害赔偿责任。主要有国家机关工作人员执行公务中造成损害的民事赔偿责任；产品质量不合格造成他人损害的赔偿责任；因从事对周围环境有高度危险的作业造成他人损害的赔偿责任；因地下施工或者地上建筑物及建筑物上的悬置物造成他人损害的赔偿责任。这种责任只有在法律有规定的情况下才成立。

（二）诉讼时效

民事权利受到侵害的权利人在法定的时效期间内不行使权利，当时效期届满时，人民法院对权利人的权利不再进行保护。

1. 一般诉讼时效 在一般情况下普遍适用的时效，这类时效不是针对某一特殊情况规定的，而是普遍适用的，如我国《民法通则》第一百三十五条规定：向人民法院请求保护民事权利的诉讼时效期限为二年，法律另有规定的除外。这表明，我国民事诉讼的一般诉讼时效为两年。

2. 特殊诉讼时效 特殊时效优于普通时效，也就是说，凡有特殊时效规定的，适用特殊时效，我国《民法通则》第一百四十一条规定：法律对时效另有规定的，依照法律规定。

第三节 大学生就业法律问题答疑

大学生就业日益困难已经成为社会关注的焦点话题，大学生在就业过程中合法权益被侵害的案例经常见于报端，让我们不得不反思大学生在就业过程中法律权益保障工作的不足。

一、相关就业政策

（一）企业吸纳政策

1. 劳动合同的订立 《劳动合同法》第七条规定：用人单位自用工之日起即与劳动者建立劳动关系。第十条规定：建立劳动关系，应当订立书面劳动合同。已建立劳动关系，未同时订立书面劳动合同的，应当自用工之日起一个月内订立书面劳动合同。用人单位与劳动者在用工前订立劳动合同的，劳动关系自用工之日起建立。

《劳动合同法》第八条规定：用人单位（企业、个体经济组织、民办非企业单位等组织）招用劳动者时，应当如实告知劳动者工作内容、工作条件、工作地点、职业危害、安全生产状况、劳动报酬，以及劳动者要求了解的其他情况；用人单位有权了解劳动者与劳动合同直接相关的基本情况，劳动者应当如实说明。

第九条规定：用人单位招用劳动者，不得扣押劳动者的居民身份证和其他证件，不得要求劳动者提供担保或者以其他名义向劳动者收取财物。

2. 用人单位的社会保险义务和权利 社会保险义务：①申请办理社会保险登记的义务；②申报和缴纳社会保险费的义务；③代扣代缴职工社会保险的义务；④向职工告知缴纳社会保险费明细的义务。

社会保险权利：①有权免费查询、核对其缴费记录；②有权要求社会保险经办机构提供社会保险咨询等相关服务；③可以参加社会保险监督委员会，对社会保险工作提出咨询意见和建议，实施社会监督；④对侵害自身权益和不依法办理社会保险事务的行为，有权依法申请行政复议或者提起行政诉讼。此外，还有权对违反社会保险法律、法规的行为进行举报、投诉。

3. 社会保险费率的确定 用人单位及其职工缴纳社会保险费的费率。根据《国务院关于完善企业职工基本养老保险制度的决定》（国发〔2005〕38号）、《国务院关于建立城镇职工基本医疗保险制度的决定》（国发〔1998〕44号）、《失业保险条例》（国务院令第258号）规定，用人单位缴纳基本养老保险、基本医疗保险和失业保险的费率，分别是原则上为本单位工资总额的20%、6%左右和2%；用人单位缴纳工伤保险费按照《工伤保险条例》（国务院令第586号）规定实行行业差别费率和浮动费率，有关费率确定按照国家相应规定

扫码"学一学"

执行；用人单位缴纳生育保险费的费率按照《企业职工生育保险试行办法》（劳部发〔1994〕504号）规定执行，由统筹地区政府根据实际情况自行确定，但不得超过用人单位工资总额的1%。职工本人缴纳基本养老保险、基本医疗保险和失业保险的费率，分别为本人工资的8%、2%和1%。

参保个人缴纳社会保险费的费率。根据《国务院关于完善企业职工基本养老保险制度的决定》（国发〔2005〕38号）规定，无雇工的个体工商户和灵活就业人员参加职工基本养老保险的缴费费率为20%，其中8%计入个人账户；无雇工的个体工商户和灵活就业人员参加职工基本医疗保险的缴费费率，按国家有关规定，统筹地区可以参照当地基本医疗保险建立统筹基金的缴费水平确定。

（二）基层就业制度

1. 基层社会管理和公共服务岗位　包括大学生村官、支教、支农、支医、乡村扶贫，以及城市社区的法律援助、就业援助、社会保障协理、文化科技服务、养老服务、残疾人居家服务、廉租房配套服务等岗位。

2009年4月，人力资源社会保障部下发《关于公布第一批基层社会管理和公共服务岗位目录的通知》（人社部函〔2009〕135号），向社会公布第一批基层社会管理和公共服务岗位目录，以指导各地做好鼓励和引导高校毕业生到基层就业的工作。这批发布的岗位目录共分为基层人力资源和社会保障管理、基层农业服务、基层医疗卫生服务、基层文化科技服务、基层法律服务、基层民政、托老托幼、助残服务、基层市政管理、基层公共环境与设施管理维护以及其他等9大类领域，包括在街道（乡镇）、社区（村）等基层单位从事公共就业服务、社会保障、劳动关系协调、劳动监察、农业、扶贫开发、医疗、卫生、保健、防疫、文化、科技、体育、普法宣传、民事调解、托老、养老、托幼、助残、公共设施设备管理养护等相关事务管理服务工作的50种岗位。

2. 毕业生到基层就业的优惠政策　按照《国务院办公厅关于做好2013年全国普通高等学校毕业生就业工作的通知》（国办发〔2013〕35号）和《国务院关于进一步做好普通高等学校毕业生就业工作的通知》（国发〔2011〕16号）等文件规定：各地要根据统筹城乡经济和加快基本公共服务发展的需要，大力开发社会管理和公共教育、医疗卫生、文化等领域服务岗位，增加高校毕业生就业机会。要进一步完善相关政策，重点解决他们在工资待遇、社会保障、人员编制、户口档案、职称评定、教育培训、人员流动、资金支持等方面面临的实际问题，鼓励和引导高校毕业生到城乡基层特别是城市社区和农村教育、医疗卫生、文化、科技等基层岗位工作。

对到农村基层和城市社区从事社会管理和公共服务工作的高校毕业生，符合公益性岗位就业条件并在公益性岗位就业的，按照国家现行促进就业政策的规定，给予社会保险补贴和公益性岗位补贴。

对到农村基层和城市社区其他社会管理和公共服务岗位就业的，给予薪酬或生活补贴，同时按规定参加有关社会保险。

对到中西部地区和艰苦边远地区县以下基层单位就业、并履行一定服务期限的高校毕业生，以及应征入伍服义务兵役的高校毕业生，按规定实施相应的学费补偿和国家助学贷款代偿。

自2012年起，省级以上机关录用公务员，除部分特殊职位外，均应从具有2年以上基层工作经历的人员中录用。市（地）级以下机关特别是县乡机关招录公务员，应采取有效措施积极吸引优秀应届高校毕业生报考，录用计划应主要用于招收应届高校毕业生。

3. 关于鼓励医学生到基层就业的政策 近年来，多个省份政府部门出台《关于推进"大学生村医"计划的实施意见（试行）》，决定在全省范围内选聘医学专业高校毕业生和具有专科以上（含专科）学历的医务工作者、退休医务人员到农村卫生室服务（统称"大学生村医"）。

选聘对象为临床医学（含中西医）和公共卫生管理专业的全日制普通高校专科以上学历的应届、往届毕业生，具有大专以上学历的医务工作者、退休医务人员。具有执业助理医师以上执业资格、中共党员和在校担任学生干部者优先。一般通过个人报名、资格审查、组织考察、体检、公示、决定聘用、培训上岗等程序进行。

大学生村医的服务内容：健康知识宣传教育，培训乡村医生，协助重大灾情医疗救助，协助开展传染病防控工作，医疗卫生咨询服务，健康档案建立，常见病、慢性病管理等。具有执业助理医师以上执业资格的可以进行常见病、多发病的诊治。

"大学生村医"待遇比照当地乡镇从高校毕业生中新录用公务员试用期满后职务工资和级别工资总和确定补贴标准，按月发放，由省、市、县财政分担。工作津贴、生活补贴与当地乡镇从高校毕业生中新录用公务员同等待遇，由县财政负责。医务工作者、退休医务人员保持原有待遇不变，并同时享受以上政策待遇。

在服务期间，按照当地对事业单位的规定参加相应社会保险。其中，在建立补充医疗保险的地方，应在参加社会医疗保险的基础上，为其办理补充医疗保险；在任职期满后报考省内事业单位工作人员的，在笔试成绩中加 5 分，同等条件下优先录用，县乡政府办医疗机构的工作人员优先从"大学生村医"中招录；聘期工作表现良好、考核称职，服务期满后 3 年内报考省属院校硕士研究生的，同等条件下优先录取；被省内党政机关或企事业单位正式录用（聘用）后，在服务时间可计算工龄、社会保险缴费年限；到艰苦边远地区农村任职的，发放艰苦边远地区津贴。

各专门项目服务期满考核合格的毕业生自主择业和自主创业的，享受国办发〔2009〕3号文件规定的各项优惠政策，由人力资源社会保障部门所属人才服务机构和公共就业服务机构提供免费就业指导、就业推荐、创业指导等公共服务。

（三）自主创业政策

1. 小额担保贷款和贴息支持 登记失业的高校毕业生自主创业，自筹资金不足的，可向当地指定银行申请一定额度的小额担保贷款（一般不超过 5 万元）；对从事微利项目的，还可获得贴息支持。自愿到西部地区及县以下的基层创业的高校毕业生，自筹资金不足时，也可向当地经办银行申请小额担保贷款；对从事微利项目的，可获得 50% 的贴息支持。

2. 免收有关行政事业性收费 高校毕业生从事个体经营，且在工商部门注册登记日期在其毕业后 2 年内的，自其在工商部门首次注册登记之日起 3 年内免收管理类、登记类和证照类行政事业性收费。

3. 享受培训补贴 离校后登记失业的毕业生，参加人力资源和社会保障部门举办的创业培训，可享受职业培训补贴。

4. 免费创业服务 有创业意愿的高校毕业生，可免费获得公共就业服务部门提供的创业指导服务，包括项目开发、方案设计、风险评估、开业指导、融资服务、跟踪扶持等内容。

（四）困难家庭毕业生就业优惠政策

困难家庭高校毕业生是指来自城镇低保家庭、低保边缘户家庭、农村贫困家庭和残疾人家庭的普通高校毕业生。

各级机关考录公务员、事业单位招聘工作人员时，免收困难家庭高校毕业生的报名费和体检费。

为帮助困难家庭的高校毕业生求职就业，高校一般都会安排经费作为困难家庭毕业生的求职补助，或对已成功就业的困难家庭毕业生给予奖励。困难家庭的毕业生可向所在院系提出书面申请。学校也应根据平时掌握的情况，对困难家庭的毕业生给予主动帮助。

从 2013 年起，对享受城乡居民最低生活保障家庭的毕业年限内高校毕业生，可给予一次性求职补贴，补贴标准由各省级财政、人力资源社会保障部门同有关部门根据当地实际制定，所需资金按规定列入就业专项资金支出范围。

二、档案管理

（一）流动人员档案管理

根据《流动人员人事档案管理暂行规定》规定，流动人员人事档案是指辞职或被辞退的机关工作人员、企事业单位专业技术人员和管理人员的人事档案；与用人单位解除劳动合同或聘用合同的专业技术人员和管理人员的人事档案；待业的大中专毕业生的人事档案；自费出国留学人员的人事档案；外商投资企业、乡镇企业、区街企业、民营科技企业、私营企业等非国有企业聘用的专业技术人员和管理人员的人事档案；外国企业常驻代表机构的中方雇员的人事档案；其他流动人员的人事档案。

流动人员人事档案管理机构为县以上（含县）党委组织部门和政府人力资源社会保障部门所属的公共就业和人才服务机构，其他任何单位不得擅自管理流动人员人事档案；严禁个人保管他人人事档案。跨地区流动的流动人员人事档案，可由其户籍所在地的公共就业和人才服务机构管理，也可由其现工作单位所在地的公共就业和人才服务机构管理。

高校毕业生到具有档案管理权限的机关、事业单位、国有企业就业的，由单位直接接收、管理档案。到无档案管理权限的单位（私营企业、外资企业等）就业的，可由各地公共就业和人才服务机构负责提供档案管理等人事代理服务。高校毕业生离校时没有就业的，档案可由学校统一发回原户籍所在地公共就业和人才服务机构保管。档案不允许个人保存。

（二）基层就业后档案、户口和党团关系办理

对到西部县以下基层单位和艰苦边远地区就业的高校毕业生，实行来去自由的政策，户口可留在原籍或根据本人意愿迁往就业地区；人事档案原则上统一转至就业单位所在地的县级政府人力资源社会保障部门，由公共就业和人才服务机构提供免费人事代理服务；党团组织关系转至就业单位，在工作期间积极要求入党的，由乡镇一级党组织按规定程序办理。

三、反对就业歧视

（一）就业性别歧视

在我国法律中，《就业促进法》《妇女权益保障法》均明确提出："用人单位不得以性别为由拒绝录用妇女，或者提高对妇女的录用标准。"

但是目前，我国就业性别歧视的氛围仍然浓厚。2010 年全国妇联和国家统计局联合开展的第三期中国妇女社会地位调查数据显示，超过 72% 的女性对"因性别而不被录用或提拔"歧视有明确认知，并且女性的认知程度在各个年龄、各个受教育程度几乎均高于男性。

女性享有平等就业权，是宪法和相关法律赋予女性的基本权利。解决就业性别歧视问题，既需要正确看待女性婚育的社会价值，又需要相关部门的共同努力。

（二）就业疾病歧视

自 20 世纪 90 年代以来，我国大力加强教育事业，使一些身体有缺陷的人进入学校，有了获得教育的机会，可是在他们的就业方面却出现了更大的问题。大批的毕业生涌入社会，使我国的人才市场达到了相对的饱和状态，这种相对的饱和状态使这个特殊群体的就业压力加剧。

另外，招聘企业出于自身的利益考虑，付出相同的代价自然愿意招聘身体健康的员工，人力资源供求关系的不平衡也导致在我国就业领域对疾病患者的就业歧视极为严重，特别是在公务员招录过程中的歧视更加严重。

近年来，包括乙肝、艾滋病在内的传染病病原携带者就业权利保障较之以往，有了长足的进步。《就业促进法》第三十条规定：用人单位招用人员，不得以传染病病原携带者为由拒绝录用。同时规定，如果劳动者认为用人单位涉嫌就业歧视，可以向法院起诉。这是我国首次以法律形式明确对传染病病原携带者就业权利的保障，把《传染病防治法》和《艾滋病防治条例》中的相关反对感染者的就业歧视内容落到实处。

案例分析

应届毕业生王某与某私企达成工作意向，双方签订了高校毕业生就业协议。1 个月后，王某毕业并顺利进入用人单位开始工作。但该企业始终不愿意与王某签订劳动合同，王某得到如下答复：双方在就业协议书中并没有明确要求何时签订劳动合同，更何况关于工资、劳动期限等条款在就业协议书中已有约定，双方没有必要为此再另行签订劳动合同。王某觉得双方确实没有约定什么时候签订劳动合同，而单位不签劳动合同似乎也有道理，就不再向单位提起此事。不料一日忽被裁员，公司一分赔偿金也没给。王某后悔莫及。

请对案例进行分析，王某在就业过程中犯了什么错误？

思 考 题

1. 劳动合同应该具有哪些法定条款？
2. 《民法》的基本原则是什么？
3. 国家为毕业生提供了哪些基层就业优惠政策？

扫码"练一练"

（李 谭）

第十一章

创业与创客

扫码"学一学"

学习目标

1. 掌握创业精神的含义、作用和培养方式。
2. 熟悉创业能力的基本内容与基本表现，培养创业能力。
3. 了解创业因素与模式，寻找创业道路。

第一节　创业精神

杰克·多西说："创业就是当你有一个想法时努力实现它的过程。"近年来，随着国家经济的快速发展，大学生就业胆识的不断提高，以及国家对创业的政策扶持，越来越多的人加入创业的行列，有的也取得了不同凡响的成绩。这不仅解决了大学生自己的就业问题，还为社会提供了一些新的就业岗位。"创业"一词是来源于 17 世纪的法语单词，起初是用创业者来描述那些承担大项目的人，但后来是指那些开创了新的生存方法的商人。关于创业的定义，学术界没有形成统一意见，主要从创业精神、创业能力、创业道路上进行学习，以期能对毕业生在创业上有所帮助。

一、创业精神的含义

创业精神是指在创业者的主观世界中，那些具有开创性的思想、观念、个性、意志、作风和品质等。创业精神有三个重要的主题：①对机会的追求，创业精神是追求环境的趋势和变化，而且是尚未被人们注意的趋势和变化；②创新，创新精神包含了变革、革新、转换和引入新方法——新产品、新服务或者是新的交易方式；③增长，创业者追求增长，他们不满足于停留在小规模或者现有的规模上，他们希望自己的企业能够尽可能地增长。因此，他们不断寻找新趋势和机会，不断创新，不断推出新产品和新的经营方式。

二、创业精神的作用

1. 促进人的全面发展　首先，创业精神要求大学生追求独立自主，自主选择，自由创造，自我实现，按照自己的意愿进行创业，按照自己期待的方向发展。其次，创业精神要求他们提高全面的素质，需要培养强烈的事业心和责任感，培养创新意识和创新能力，并

能在观察能力、判断能力、分析能力、执行能力等全面提高和发展。

2. 促进科技创新 创业精神的核心是创新，创新是创业的主要驱动力量，创业是新理论、新技术、新知识、新体制的孵化器，也是形成现实生产力的转化器。据统计，美国接近一半的创新、95%的根本性创新是由微小企业公司完成的，每年70%以上的新产品和服务都是由微小企业和创业者所创造的。所以，创新带来的科技变革推动着创业，依赖于创新的创业又进一步推动了科技的创新。

3. 促进社会发展 当前，我国进入全面建成小康社会的决胜阶段，它需要伟大的创业精神，也将产生伟大的创业精神，将成为改革开放和现代化建设的动力，因为创业能够增加社会财富，促进经济发展和社会繁荣；创业活动能够提供就业岗位，缓解社会就业压力；实现先进技术转化，促进科技创新和生产力提高；充分发挥才能，积累社会财富，实现人生理想；同时能够回报社会，贡献社会，成为促进社会发展的动力。

三、创业精神的培养

1. 通过学习创业教育课程来培育创业精神 通过学习创业教育课程，树立创业理想，增强创业意识，使有创业意愿的人愿意创业、乐于创业。通过创业教育，帮助创业者端正创业态度，树立正确的创业意识、创业观念，明确创业的目的和意义，将创业的意识转化为创业行动，积极主动投身于创业实践；通过创业教育，激发大学生的创业欲望，让他们创业有动力，学习有榜样，追赶有目标。

2. 通过营造有利于创业的环境来培育创业精神 学校应该广泛利用广播、电视、校刊、校报、宣传栏、板报等媒介，大力宣传创业的重要意义、创业的经验、成功创业的典型，更重要的是能提供在校园内创业的场所和系列政策，满足部分有创业意愿的学生进行创业实践，树立勇于创业的榜样，弘扬创业精神，在校园形成讲创业、想创业、崇尚创业、以创业为荣的校园舆论氛围，引导形成鼓励创新创业、开拓进取、宽容失败、团结合作、乐于奉献的校园创业文化氛围。

3. 通过树立创业榜样来培育创业精神 榜样的力量是无穷的，创业就是一种责任，一种生活方式，一种凭自己的力量做成功一件事情。他人的创业行为和成就是一笔宝贵的财富，他们都有一个共同的特点：有激情，有明确的选择，有魄力敢担当，有永不放弃的信念，有智慧，情绪稳定，有宽大的胸怀和野心。树立榜样的途径，一是借鉴历史上的创业榜样，学习他们创业成功的案例，通过他们激发创业热情，明确创业目标；二是学习现实生活中的创业榜样，各行各业的创业典型，特别是本学校的毕业生创业典型，是大学生学习创业的活教材，通过"请进来，走出去"的方式，让大学生身临其境，耳濡目染，激发他们的创业热情。

4. 通过创业实践锻炼来培育创业精神 良好创业精神品质的形成离不开实践训练，积极的实践锻炼能带来大学生的成就感，带来成功的喜悦；在切切实实的创业实践中，能磨炼出坚强的创业心理素质。大学生在课余时间或者休学参与创业活动，从推销小商品或者生产小产品、为人打工，到自己开店、自己创立公司，能够熟悉各种职业特点和自己的能力特点、积累创业经验，增长创业才干，经受创业实践的锻炼，创业目标才会更加清晰，创业的信念才会更加强烈，创业成功的可能性才会更大。

5. 通过加强创业心理指导来培育创业精神 当前高校应加强创业心理教育课程体系建

设，以大学生关心的创业问题为起点，开发出符合大学生心理发展规律、切合大学生实际的创业心理教育课程体系。建立一种切实可行的大学生创业心理教育创新机制，积极采取相应的教育对策，帮助大学生化解创业困惑，改进落后的认知模式，培养创业自信人格，为其创业能力的提升奠定基础。我们认为，大学生创业能力主要包括创业意识、创业成就动机、创业自我效能、创造力以及创业意志等几方面的素质，对这些方面的心理教育应成为促进当代创业教育的切入点。

第二节 创业能力

一个人要想获得创业的成功，仅有热情是不够的，还必须具备基本的创业素质。审视多年来无数创业者成功或失败的经验教训可以发现，创业者的基本素质突出表现在创业能力上。

一、创业能力的基本内容

现在越来越多的大学生选择创业，具有了强大的创业动机和掌握了一定的技巧，但并不能保证大学生的创业就一定会成功，一般来说，成功的创业者具有很多超过常人的综合能力，先具备这些能力再创业也不是很现实，但大学生创业者首先需要具备以下基本能力。

1. 具有规划、确定目标的能力 这一点对年轻人来说，是不容易实现的，是一个缓慢的过程。特别是大学生刚出校门，对社会和自己的认识还非常有限。要想清楚地知道自己今后发展的方向在哪里，仅靠自身的苦思冥想是不现实的。最好的办法就是通过观察不同类型人的成功经历，征求"过来人"的建议，再结合自己的实际情况制定一些小的目标，通过确定和实现这些小目标，再慢慢地开始规划自己的人生目标。

2. 具有决策的胆识和魄力 作为创业者，你就是团队的主心骨。团队运营后，甚至在筹备之初就会面临各种各样的决策，你的一举一动都左右着创业的发展运行。前期创业者可能会广泛地征求别人的建议，一旦自己能够独立自主后，就必须要通过自己的智慧和胆识去决定各种大小事务。当自主地做出决策时，谨慎周到是必不可少的，优柔寡断可能就会失去一个绝佳的创业机会。同时，决策的胆识和魄力一定要建立深思熟虑的基础之上，既要考虑风险小又要兼顾利益最大。

3. 具有计划管理的能力 在创业过程当中，经常要提前计划或规划一些事情。在制订计划的时候一定要考虑到各种有利或不利因素，形成切实可行的行动计划，要将任何可能出现的细节都考虑在内。在实施的过程中要针对具体情况进行，适时做出调整。运营需要强有力的计划管理能力，只有具备这一能力才能让自己的创业之路走得更远。

4. 具有建立管理制度的能力 任何创业或经营一家企业，都需要制定各种制度。建立制度，在于让所有相关的人都能够明白其道理，并且严格执行。创业者需要针对自己团队实际情况建立各种有效的管理制度，包括员工管理、培训、绩效考核等。同时，针对市场的不断发展变化而改进相应制度，只有这样才能够立于不败之地，拥有发展的主动权。在此想提醒大学生创业者，在制定和改进管理制度的时候，一定要基于客观事实出发，要极力保证制度的可实施性。

5. 具有分工、授权的能力 一个人的力量是有限的，一个创业团队的发展无法单靠某

扫码"学一学"

一人完成，只有充分调动团队每个成员的主动性，才能让团队的发展更加迅速。让团队每个成员主动工作，必须让他们认识到自己对于团队的重要性，而分工或授权给每个成员无疑是最有效的管理方法。授权是建立在对其他成员信任的基础上的，他们一旦得到创始者的充分信任，便会更加主动地为创始人分担一部分工作，从而使创始人自己将精力投入更加重要的事务当中去。

6. 具有社会交往能力　良好的人际关系，不仅能给人生带来快乐，而且还能助人走向成功。大学生创业者在开始创业后必将会接触到各种不同类型、身份的人，而接触的人大多都是跟自己的利益有关的。所以从创业最开始就要学会跟各种人打交道。要尽可能地去结交人脉，认识朋友，舍得给自己投资。在与前辈们的交流和学习当中不断认识到自己的不足，有针对性地加以完善。

7. 心态调节能力　创业者经常要与孤独和挫折为伴，绝大多数的创业过程不是一帆风顺的。时下流行一个词"逆商"，也就是说人适应逆境的能力。创业者如何保持乐观而稳定的心态，需要在长时间的历练当中找到方法。而对大学生创业者一般都比较心高气傲，有着强烈的自尊。建议刚毕业的大学生一定要放低姿态，平静地去接受一切可能的打击。同样，在得意时，也要克服骄傲的情绪，切不可沾沾自喜，妄自称大。

二、创业能力的基本表现

通过很多创业人士的资料，了解了他们的创业历程，特别是一些大学期间或者毕业初期创业的创业者，可以发现他们在创业能力上都具有以下四个共同点。

1. 有胆量，敢真干　有胆量，这里就是指敢想、敢说、敢干。创业者都有一个梦想，并且他坚信梦想是可以实现的。中国式的教育讲中庸，这没有什么问题，中庸适合管理，不适合创业。中庸会让人思考过多，不求有功但求无过，会让人缺少霸气，不敢触碰一般人所谓的雷区，这就是我们的大学生创业比例较低的原因之一。只有怀着大梦想，工作和生活才有充足的动力，才会思考变幻莫测的未来。只有有了足够的胆量，才会有非凡的勇气去规划自己的人生，才会义无反顾地突破周围人群的思维方式，才会敢于承担做事的责任。创业者都有这样的念头：大不了变得一无所有，从头再来。胆量的另外一个表现就是不怕得罪人，哪怕是自己的合作伙伴。商业竞争是残酷的，对于现阶段的环境来说，必须要遵循商业的游戏规则，不把人情置于利益之上。当然，随着商业环境的逐步改善和个人修为的提高，人性化理念最终还是会成为公认的商业伦理。所以，各位有志创业的大学生，你问自己的第一个问题就是：我敢怀有大梦想，承担大责任吗？

2. 有头脑、有理性　观察一下自己的周围，你会发现真正有头脑的人并不多，甚至很少。如果说胆量是指一种决断能力，那么有头脑就是指敏锐的判断能力。这种判断能力主要指对未来趋势的分析和把握，对大局的掌控。对任何事物都能看到未来的发展趋势。有头脑的人，一个崇尚公正的人会对各种丑行深恶痛绝，一个行为低调的人会对铺张奢华不屑一顾。在更多的时候，理性会主导创业者的思维，无论这个人外在表现有多激情，他的内心一定要极其理性。理性的思维特质会使得一个人理性分析现实状况，并给予准确定位：对环境定位，对自我定位，对事业定位，对学习定位，对生活定位。没有一个很好的定位，也就不会有很好的发展，你的很多努力将会没有成效，而且越努力越迷茫越感到痛苦。理性的思维特质会使得一个人冷静面对突发事件，你很难看到他的慌张和无措。即使没有突发事件，一般人也都很害怕变化，都不愿意生活和工作变动频繁，而创业者所追求的就是变化，视突破为人生乐趣。

3. 有行动、动作快 目前，管理界最流行的词就是"执行力"。而创业者强大的行动力有两个特质：一是做事实在，任何事都尽心尽力去做；二是做事快速，决定了的事情，立即行动。很多年轻人都不愿做些基础的工作，比如打扫卫生、端茶倒水、写简报，总感觉与干大事情没有关系，认为做小事是浪费时间。其实，这是懒惰的借口，他并非不知道这些小事的重要意义。当一个人做任何事之前都去先寻找借口的时候，他就几乎失去了发展空间。一个人很容易明白道理，但却很难付诸行动。主要原因一是没有一个远大的梦想，二是休闲娱乐的东西太多，贪玩的心理让他丧失了很多机会。有一些同学懒散成为习惯了，要从消沉中尽早醒过来，梦醒时分等到毕业前夕，创业的难度会加大数倍。

4. 学习能力强、重实践 一是专业知识的学习，二是实践知识的学习，三是向周围人群学习。学习那么多知识的目的是什么呢？当然不是为了考试拿学分，而是围绕自己的梦想，创造出独特的智慧。创业，最终是个人独特的智慧引领你走向成功和辉煌。

三、大学生创业能力的培养

创业是一项具有挑战性的社会活动，是对创业者的智慧、胆识、能力等全方位的展现。大学生创业者应该参与社会的大竞争，不仅仅是经营，更应该是创新。创业并没有想象中的那么简单，而是一个苦中有乐的艰苦历程，那么，当代大学生应该怎样培养自己的创业能力呢？可以从以下几个方面进行努力。

1. 转变观念，树立"以变求胜"的态度 现今的大学毕业生，越来越多的人开始怀揣创业的梦想，以避开就业难的现状。有创业梦想和热情并不是真正意义上的创业行动，必须尽早树立创业意识，为创业积极准备，逐步开展自己的创业活动。为此，首先，面对就业难的客观现实，大学生必须转变就业观念，树立自主创业意识。在学习实践过程中，开阔视野，首先研究自己所学专业所处的行业、行业现状、行业发展趋势、行业发展前景等，找出自己可能创业的点位，逐步进行研究和分析，并在学习实践中注重提高自己的相关创业能力。其次，大学生自主创业是世界各国，特别是经济发达国家重要的就业方式，也是为经济发展或社会服务做贡献的重要体现。我们国家要"实施扩大就业的发展战略，促进以创业带动就业""完善支持自主创业、自谋职业政策，加强就业观念教育，使更多劳动者成为创业者"。国家政策的大力支持，不少高校或者城市建立了大学生创业孵化基地，许多大学生已经成功进行了创业实践，这就要求有创业梦想的大学生抓住机遇，勇于实践，在校学习期间就可以小试牛刀。再次，创业意识的形成是一个自觉的长期培养的过程，它包括创业需要、创业动机、创业理想、创业信念等要素。创业意识支配着创业者对创业活动的态度和行为，并规定着态度和行为的方向、力度，是大学生创业活动的内驱动力。创业需要是创业活动的最初诱因和最初动力，当创业需要上升为创业动机时，就形成了创业心理动力，它对创业产生促进、推动作用。创业兴趣可以激发创业者的深厚情感和坚强意志，使创业意识进一步升华。创业理想是对未来创业目标的向往和追求，是人生理想的组成部分。有了创业理想，就意味着创业意识已基本形成。大学生为了实现创业理想，在创业准备和创业活动中要经过艰苦磨炼，逐步建立起创业的信念。创业信念是创业者从事创业活动的精神支柱。随着创业者创业活动的发展，使创业者思想和心理境界不断升华，也使创业者的个性发展方向、社会义务感、社会责任感、社会使命感有机融合在一起，把创业目标视为奋斗目标。

2. 端正态度，培养创业心理品质　思想是行为的先导，大学生能否开展自主创业活动，首先取决于自己的创业态度。决定创业者成功的要素不尽相同，但大致可以分为两类：一类与创业者的自我取向有直接关系，如积极、果断、毅力、奉献、主动、努力、乐观、决心、爱心、信心、恒心、责任心——这类因素大概占成功因素的70%，这就是"态度"；另一类因素属于后天努力所得，如沟通协调能力好、口才好、有远见、技术好、工作能力强、人缘好——这类因素大概占15%，也可以称为"技巧"；还有一些无法预料的客观因素，归结为"其他类"，如机遇、环境、长相、背景、天赋等，这类因素占15%左右。由此可见，决定成功的要素中起决定作用的还是态度。大学生创业者在努力培养创业态度的同时，还要同时培养自己良好的创业心理品质。创业是复杂的，需要的是理智而不是冲动，是沉着冷静而不是狂热，良好的心理品质是成功的关键，要努力培养自强、自立、自信、自主、自制的精神，学会克服如依赖、自卑、猥琐、急于求成及目标多变等不良的心理品质。逐步养成创业所需要的坚韧自信、诚实守信、胜不骄败不馁的健康心理品质。

3. 勤奋学习，夯实创业知识　知识是创业路上的无形资产。立志创业的大学生，首先要学好所创事业的专业知识，同时还应具备经营管理知识和社会综合知识，在社会分工越来越细的情况下，社会综合知识的作用越来越突出，大学生只有更加注重知识积累，不断拓宽知识面，优化知识结构，构筑起强大的创业综合知识，才能形成强大的创业能力，走向成功的创业之路。

4. 积极参加创业实践，培养自主创业技能　认识来源于实践，又在实践中发展。综合创业知识的构建、创业意识的成熟、良好创业心理品质的培养、过硬创业技能的形成都离不开实践，离不开大学生自觉地、主动地、积极地参与各类创业实践活动。不少学校给学生提供创业场所和机会，大学生应该积极从自己感兴趣的项目做起，点点滴滴积累，独立或者团队完成项目，在创业中发现问题，在解决问题的过程中积累创业经验，培养创业技能。

第三节　创业道路

大学生通过自主创业可以实现自我价值，圆致富梦想。创业者进入市场、创建实业，是生活态度和生活方式的巨大转折。选择正确的创业道路是创业成功的前提条件。

一、创业模式

从掌握知识的层面讲，大学生一直走在时代发展的前沿，掌握着最新的知识，因此，对于有梦想自己创业的大学毕业生而言，会有与本身素质相关的、独特的创业模式。笔者通过对大学毕业生创业活动的调查，收集了一系列相关材料，并对材料进行了对比分析，初步总结出大学生创业的模式大致有以下几种。

1. 科技引领型　在现实生活中，有的大学生掌握一些产品的核心技术、专利或其他成果，他们会通过自己的创业活动将科技成果产品化、市场化。由于他们研制的产品科技含量高、市场前景广阔，批量生产能够产生经济效益，实现创业活动的成功，或者容易获得

创业投资和风险投资机构的青睐，所以容易得到这些机构的资金支持而获得成功，或者以入股的形式而获得成功。

2. 网络+实体型　大学生充分利用网络的优势，依托电子商务平台，通过"网店+实体店"的商业运营模式进行创业活动的创业模式。

3. 导师带领引导型　该模式是由创业指导师利用自己的技术、资金、经验和社会关系等资源，直接或间接参与大学生创业活动，大学生在导师的帮助指导下，逐步开展起创业活动并逐渐独立并取得成功。

4. 市场开发型　该模式是指大学生通过市场分析，深入挖掘市场，以扩大市场份额为目标。比如，有些小型企业，由于人才缺乏，产品销售渠道单一，市场份额在不增大成本的情况下难以扩大，大学生创业者采取新的营销模式，对企业产品实行外包销售服务，或者区域销售服务。

二、创业切入点

大学生创业者在创业初期，心中项目非常之多，易有千头万绪，不知从何处着手。创业，不是你随便做什么都能成功的，创业需要找好切入点（商机）。

1. 顾客需要　经济及社会环境改变，消费者要求提供更高品质的商品或服务，更独特、更多样化、更智能，以达到顾客期盼之需要。因此，首先要有全新的商业创意，即在一个现存的市场中运营企业，但采用另一种方式——创业者要把重点放在一个较小的、服务不足的市场上，并且把一种独特的、较好的产品或服务带入这个市场中，而这就是常说的顾客需要。

（1）顾客要求以更合理的价格提供更高品质的产品及服务。

（2）顾客要求更多信息，以供购买决定参考。因此创业者要想办法能以独特商品品质或价值观来灌输或启发消费者想象力及潜在欲望，生产或提供顾客想要的产品或服务。

（3）市场区划分愈来愈细，产生不少市场空隙及创业机会。

（4）要求高端消费者兴起，产生创业机会。所以，创业者应有超越顾客预想的作为，真正站在顾客立场上来创业。不仅要设身处地地为顾客着想，还要为顾客的需要提供专业咨询，并收集顾客不满及建议，扩大顾客需要，以开创创业空间。

2. 改变市场秩序　当创业者加入市场的时候，必然和原有同类企业发生利害冲突，顾客的观念有待突破，所以创业者可以在以下两个方面寻求切入点。

（1）以新的营销方式或者更高质量的产品或服务，突破市场上存在的同类企业的势力"围剿"。

（2）以强大的耐心建立新的市场游戏规则，说服顾客接受新的观念。创业稍有立足根基之时，应随时调整和创新，并注意与新加入者的竞争。

3. 高科技领域　由于大学生身处高新科技前沿阵地，又有很深厚的知识基础，在校园内能又快又好地掌握一项甚至几项前沿技术。因此，在这一领域创业有着近水楼台先得月的优势。但并非所有大学生都适合在高科技领域创业，一般来说，技术功底深厚、学科成绩优秀的大学生才有成功的把握。有意在这一领域创业的大学生，可积极参加各类创业大赛，获得脱颖而出的机会，同时吸引风险投资。

4. 利用智力　在既没有经验又没有资金的情况下，如何开展创业活动，是大学生创业者十分苦恼的事情，将大脑中的智力转化成生意是大学生应该充分利用的创业资本。在这一服务领域创业，大学生可谓游刃有余。此时，创业只需要你大脑中的知识、经验、创意，如家教、设计、翻译等，可以找合作伙伴，而你投入的只是人。同时，也可以利用高校教育资源，很容易赚到人生的第一桶金。

5. 借助外力 对于大学生创业来说，创业资源十分有限，如何在创业过程中少走弯路，借助外力加快成长。连锁加盟也是一个很好的选择。选择加盟，就有了品牌、技术、营销、设备等优势，利用他人成功或成熟的创业经验加快自己创业成功的步伐。但连锁加盟并非"零风险"，在连锁加盟市场鱼龙混杂，大学生涉世未深，在选择加盟项目时应注意规避风险。

6. 学生路线 对于创业，很多有梦想大学生都有自己的想法，并充分利用校园资源，走起学生路线。现今在大学校园里，很多大学生一边上学一边开店。这样，一方面可充分利用高校的学生顾客资源，另一方面，由于熟悉同龄人的消费习惯，创业入门较为容易。大学生走学生路线，创业成本并不高，这不但能为以后步入社会的创业赢得资金，更能积累经验。

三、大学生的创业道路

创业是一门艺术，就像画画一样，每个人都能画，但并不是每个人都能画成功、画得好，能够称得上大师的只有那么几个。现实生活中很多人是看着创业成功者头顶上的光环而走上创业之路的，而不是从自己实际情况出发，哪怕自己根本不具备创业者的素质。仓促上阵必将狼狈下马。创业是一场关于人的胆识、智慧、情商加上执行力的综合考核；创业，是创建一个经济组织，是实现个人发展目标；是一种管理方法，是一种思考、推理和行动的方法。总而言之，创业是一条技巧性很强的艺术之路，如何才能走好创业的道路，道路千万条，基本路径如下。

1. 创业的准备 创业光有意识和热情还不行，没有资金，没有方向，没有经验，就是时机和条件尚未成熟。如果条件不成熟就盲目创业，会导致投入大、产出小；项目不准，资金套牢；经营不利，血本无归等后果。

（1）具备创业的基本素质 ①识人能力、管理能力、沟通协调能力、口才、毅力、奉献精神、积极的人生观；②独立作业的能力，追求利润的方法；③具备行业专业知识和技能等。

（2）评估自己是否具备老板特征 具有下列性格特征的人，极不适合当老板：①想到要独立管理许多雇员，就会感到紧张和胆怯；②有与其花费巨大的人力、物力和心血去创业，宁愿保持现状，不如一切顺其自然的想法；③总认为自己是个很稳重的人，如果对某种生意没有十分的把握，是绝对不会去尝试的；④除非事先有一个周密的计划，否则不会贸然去做一件事；⑤工作热情来得快，去得也快，因此做起事来没有恒心，或者常常凭自己的兴趣去工作。

（3）对自己的创业计划进行可行性评估 ①需要真正了解自己所从事的行业，需要调查诸如管理费用、行业标准、竞争优势等因素；②证实你的想法；③你的想法经得起时间的考验。

2. 创业方向的确定 创业虽难，良好的开始是成功的一半，因此，创业的核心是方向的选择。创业难，发掘创业机会更难。有一些人将创业点子的产生，归因于机缘凑巧，所谓"无心插柳柳成荫"。不过，研究创意的专家以为，创意只是冰山一角，没有平日的用心耕耘，机缘也不会如此地凑巧。所谓的机缘凑巧或第六感的直觉，主要还是因为创业者在平日培养出的对环境变化的敏锐观察力，因此，能够先知先觉形成创意构想。创业最好选择自己熟悉的专业，这样成功概率较高。一来创业初期业务开展阻力较小；二来能提升专业能力，比较容易在激烈的竞争中脱颖而出。大学生创业的方向相对较少，主要分为以下几类。

（1）创意服务类 以创意、执行为主要工作内容的创业，适合不受时间限制的创意工作者，由于在工作地点上非常具有弹性，包括企划、多媒体设计制作、翻译编辑、服装造型设计、文字工作、广告、摄影等。

（2）专业咨询类 以提供专业意见，并以口才、沟通能力取胜的行业，由于工作内容与场所都富有弹性，因此游走各家企业或成立工作室的可行性也极高，包括健康管理顾问、旅游资讯服务、心理咨询、美容咨询顾问、营养配餐咨询、教育培训咨询等。

（3）科技服务类 在网络及电脑科技如此发达的情况下，拥有相关专长创业机会相当多，包括软件设计、网页设计、网站规划、网络营销、科技文件翻译、科技公关等。

（4）家教照顾类 提供儿童教养与老人看护的服务，包括才艺班、保健按摩、居家护理、家政服务等。

（5）生活服务类 主要以店面方式经营，可分为独立开店与加盟两种。较适合的职业包括西点面包店、咖啡店、中西餐饮速食店、服饰店、鞋店、居家用品店、体育用品店、书籍文具租售店、视听娱乐产品租售店、美容美发护肤店、花店、便利商店等。

虽然大量的创业机会可以经过有系统的研究来发掘，不过，最好的点子还是来自创业者长期观察与生活体验。

3. 创业的风险 创业风险的特点是创业风险发生的链条长。从项目选择、资金、团队、产品、市场开拓以及事业发展壮大等，战线长，变数大，任何一个环节都有可能存在风险，而成功的创业者是有计划地冒风险。精明的创业者让其团队人员一起共同分担风险。这就要求大学生创业者，在创业的过程中要学会规避风险、转移风险、评价风险、预测风险和管理风险的能力。

（1）积极利用现有资源 不少大学生都选择了与所学专业密切相关的领域创业，学习和实践中积累的经验和资源是最大的创业财富，要善于利用这些资源，以便近水楼台先得月。对能帮你生存的项目，要优先进行考虑。不要在只能改善形象或者带来更大方便的项目上乱花费用。

（2）细致准备工作必不可少 创业是一项庞大的工程，涉及融资、选项、选址、营销等诸多方面，因此在创业前，一定要进行细致的准备。根据自己的实际情况选择合适的创业项目，为创业开一个好头；撰写一份详细的商业策划书，包括市场机会评估、赢利模式分析、开业危机应对等，并摸清市场情况，知己知彼，打有准备之仗。不妨自问：你是否舍得花大力气来宣传你的产品或者服务？你具有足够的资金、技能、人手和业务关系吗？

（3）尽量用足相关政策 学校、政府部门有很多鼓励创业的政策，是对大学生创业的鼓励和支持，创业时一定要注意"用足"这些政策，如免税优惠、在某地注册企业可享受比其他地区更优惠的税率等。这些政策可大大减少创业初期的成本，使创业风险大为降低。

（4）不要被胜利冲昏头脑　第一步的成功全靠你的创意好、时机合适、运气不错和良好的业务关系。不过，这一切随时都可能离你而去。因此，不要太过自信，投入过量的资金，使自己陷入泥沼之中。

4. 创业的成功　大学生创业者要成功的话，一定要找到自己最有激情去做的事，也就是自己最能干的事，这样就能每天都很用心地去工作，成功概率也比较大。成功的一个关键是机会：小成功靠努力，大成功靠机遇。一个企业家成功需要四个条件：①有创新的精神；②有永不放弃的精神；③有一点运气；④能处理好各种关系。

一般来讲，成功的创业项目都是集中于某一领域、某一产品，采用专业化的策略，走专业化的路线，产品或服务也很有特色。这就要求企业首先做到客观分析市场需求，针对某一类型的产品市场需求呈现的差异性特点，企业对这种不同层面的需求要进行细分，然后根据自身的特点，选择进入哪一档次产品的生产，同时注意围绕客户的需求，做好自己的产品，包括产品的性能、包装的品味等。

大学生创业成功的企业一般规模小、经营灵活、创新性强等特点，因此控制规模、规避风险，发挥企业小而灵活的特点是自己的成功之道。而在市场条件下，保持技术和经营组织形式等方面的创新也非常重要。

一般成功企业具有很强的诚信度，因此诚信策略也是创业成功的重要环节。做生意最重信誉，声誉好就能揽住生意，牌子硬客户会主动上门。这不仅包括要对客户、供应商、代理商等对外部人员讲诚信，还能与合作伙伴共赢。

有一次，李嘉诚应邀到中山大学演讲，大学生们请教他有关经商的秘诀。李嘉诚说，他经商其实并没有掌握什么秘诀，如果非说有什么秘诀的话，那就是"我与人合作，如果赚10%是正常的，赚11%也是应该的，但我只取9%，所以我的合作伙伴就越来越多，遍布全世界"。创业需要良好的心态：一味地秉承或者固守而不能把握新的机遇和机会，也不见得真的就是亘古真理。每一个职场曾经迷途的羔羊，充分发挥自身的主观能动性，抓住商场机会，为自己挣一个美好的明天。

第四节　创　客

著名的克里斯·安德森的《创客·新工业革命》让"创客"一词举世皆知，引来科技、企业与投资界的广泛关注。中国的创客们此时也正和国外创客一样——拥有着创新想法，并通过硬件创造、软件开发、设计等手段，努力把创新想法变为现实并乐于和他人分享。

一、创客的含义

"创客"一词来源于英文单词"Maker"，是指出于兴趣与爱好，努力把各种创意转变为现实的人。创客以用户创新为核心理念，是创新2.0模式在设计制造领域的典型表现。创客们作为热衷于创意、设计、制造的个人设计制造群体，最有意愿、活力、热情和能力在创新2.0时代为自己，同时也为全体人类去创建一种更美好的生活。在中文里，"创"的含义是：开始做，创造，首创，开创，创立。它体现了一种积极向上的生活态度，同时有一种通过行动和实践去发现问题和需求，并努力找到解决方案的含义在里面；"客"则有客

扫码"学一学"

观、客人、做客的意思。客观，体现的是一种理性思维。客人、做客则体现了人与人之间的一种良性互动关系，有一种开放与包容的精神在里面，而开放与包容体现在行动上就是乐于分享。

没有分享，就没有人类社会的整体进步，作为人类社会的一分子，分享和传播知识是每个人应尽的义务，将分享作为乐趣则是一种良好的品格和习惯，但分享绝不意味着不尊重别人的劳动成果，或鼓励抄袭和盗版，恰恰相反的是，分享必须建立在尊重首创精神的坚实基础上，否则创新会变成建立在流沙上的建筑。创客鼓励创新各种分享盈利模式，在分享的同时，保护首创者的利益和积极性。

创客的标准定义其实是未经最终确认的，有着多元化的理解，目前所说的中国创客也是不仅包含了"硬件再发明"的科技达人，还包括了软件开发者、艺术家、设计师等诸多领域的优秀代表。

创客运动最重要的标志是掌握了自生产工具，他们是一群新人类。坚守创新，持续实践，乐于分享并且追求美好生活的人。简单地说就是玩创新的一群人。

"玩"是一种状态：放松、惬意、自由。

"玩"是一种实践：不但要动手，还要动脑。

"玩"是一种分享：与他人一起玩，才更有趣，更有意义。

"玩"是一种境界：当越来越多的人加入创客一起玩时，世界将因"玩"而改变。

二、创客的产生

创客最早起源于麻省理工学院（MIT）比特和原子研究中心（CBA）发起的 Fab Lab（个人制造实验室）。为应对信息通信技术发展以及知识社会来临的机遇与挑战，不少国家和地区都在对以用户参与为中心的创新 2.0 模式进行探索。中国正通过体验、试验、检验这"三验"机制的建设，探索以用户为中心、需求为驱动的应用创新园区（AIP）模式，完善城市管理科技创新体系中应用创新与技术进步的"双螺旋"驱动。欧盟各国则斥巨资建设 Living Lab，让用户在真实的生活环境中参与共同创新，并将欧洲 Living Lab 网络的建设作为信息社会、知识社会条件下重塑其科技创新能力和全球竞争力的重要举措。Fab Lab则基于对从个人通讯到个人计算，再到个人制造的社会技术发展脉络，试图构建以用户为中心的，面向应用的融合从设计、制造到调试、分析及文档管理各个环节的用户创新制造环境。2006 年，国际顶级学术期刊 Nature 对 MIT 研究人员围绕 Fab Lab 理念在全球范围内的努力和尝试进行了专题报道和讨论。发明创造将不只发生在拥有昂贵实验设备的大学或研究机构，也将不仅仅属于少数专业科研人员，而有机会在任何地方由任何人完成，这就是 Fab Lab 的核心理念。

Fab Lab 是一个快速建立原型的平台，用户通过 Fab Lab 提供的硬件设施以及材料，开放源代码软件和由 MIT 的研究人员开发的程序等电子工具来实现他们想象中产品的创意、设计和制造。Fab Lab 的最初灵感来源于 Gershenfeld 教授于 1998 年在 MIT 开设的一门课程"如何能够创造任何东西"，这很快成为他最受欢迎的一门课。没有技术经验的学生们在课堂上创造出很多令人印象深刻的产品，这种可以实现随心所欲的个性化需求的目标，也逐渐成为 Fab Lab 萌芽的创新研究理念。学生们的创新活动的热情使 Gershenfeld 教授受到了鼓舞。Gershenfeld 教授认为与其让人们接受科学知识，不如给他们装备、相关的知识以及工具让他们自己来发现科学。随后，第一个 Fab Lab 于 2001 年在波士顿建立，由美国国家科学基金会（National Science Foundation）拨款建造，旨在提供完成低成本制造实验的所需环境。

Gershenfeld 并不仅仅想在美国实践 Fab Lab 的理念。实际上，Fab Lab 与不同文化背景、不同技术成熟度下特定需求碰撞出的火花可能更具价值。第一家国际 Fab Lab 建立在哥斯达黎加。随后挪威、印度、加纳、南非、肯尼亚、冰岛、西班牙和荷兰等国家也陆续建立了 Fab Lab，开始个人创意、设计到制造的实践。在 Fab Lab 中，创造自己想象中实物的渴望激发着用户。这种用户也被称为"领导者用户"，Eric von Hippel 教授曾指出，"领导者用户"领先于用户总体的主流，而且他们为了自己所遇到的需求，期望从一个解决方案中获取相对较高的收益。"领导者用户"在 Fab Lab 中扮演重要的角色。

随着 MIT 的 Fab Lab 网络的逐渐延伸，创新 2.0 时代的个人设计、个人制造的概念越来越深入人心，激发了全球的创客实践。创客空间的延伸则使面向知识社会创新 2.0 的 Fab Lab 探索真正从 MIT 的实验室网络脱胎走向了大众。Gershenfeld 教授指出，前两次数字革命推动了"个人通讯"和"个人计算"的发展，而 Fab Lab 通过让普通人实现制造的梦想，预示着第三次数字化革命浪潮——"个人制造"时代的到来，为普通公众参与创新提供了条件。MIT 比特和原子研究中心的 Gershenfeld 教授也因此在 2005 年被评为全球百名公共知识分子。

三、创客的主要理念

技术的进步、社会的发展，推动了科技创新模式的嬗变。传统的以技术发展为导向、科研人员为主体、实验室为载体的科技创新活动正转向以用户为中心，以社会实践为舞台，以共同创新、开放创新为特点的用户参与的创新 2.0 模式。而 Fab Lab 及其触发的以创客为代表的创新 2.0 模式，正是基于对从个人通讯到个人计算，再到个人制造的社会技术发展脉络，试图构建以用户为中心的，面向应用的融合从设计、制造，到调试、分析及文档管理各个环节的用户创新制造环境。通常，很多很多的思想才会转化为一句语言，很多很多的语言才会变成一次行动，持续不断的行动会变为习惯，许多人长久的习惯成就了文化，而对一种文化思想长久的坚守与实践最终成为信仰。如此看来，创客与其说是一种称呼，不如说是一种信仰，科技发展不仅可以改变个人通讯，也将改变个人设计、个人制造。

一旦创新成为信仰，一切险阻都将化为坦途！创客是用行动做出来的，而不是用语言吹出来的。人们曾见过各种延续数千年的信仰，但你见到过超过千年的企业和家族吗？信仰比任何组织的生命都要久远，而创新这种信仰，将不断帮助人类解决各种社会矛盾，持续提高每一个人的生活水平。创客与黑客、威客的不同，黑客是一种文化现象，威客是一种商业模式，创客从某种角度上看是一种信仰。

四、创客的分类

创客的共同特质是创新，实践与分享，但这并不意味着他们都是一个模子里铸出来的人，相反的是，他们有着丰富多彩的兴趣爱好，以及各不相同的特长，一旦他们聚到一起，相互协调，发挥自己特长时，就会爆发巨大的创新活力。

1. 创意者　他们是创客中的精灵，他们善于发现问题，并找到改进的办法，将其整理归纳为创意和点子，从而不断创造出新的需求。

2. 设计者 他们是创客中的魔法师，他们可以将一切创意和点子转化为详细可执行的图纸或计划。

3. 实施者 他们是创客中的剑客，没有他们强有力的行动，一切只是虚幻泡影，而他们高超的剑术，往往一击必中，达成目标。

五、创客出现的重要意义

面向知识社会的创新2.0模式，消融了创新的边界，用户可以成为创新的动力、创新的主体。从发展趋势看，创客空间必将成为技术创新活动开展和交流的场所，也是技术积累的场所，也必将成为创意产生和实现以及交易的场所，从而成为创业集散地。

创新2.0时代的创客们以好玩为主要目的，恰恰是创客的意义所在。当创意及其实现有成为商业模式的可能的时候，创业就是一件顺理成章的事情。一旦有创业的想法，就要去思考商业模式，搭建创业团队。所以，凡是有创业想法的创客，就要做有心人，并且要坚持。

从创意到实现创意是一个质的飞跃，从创意产品到形成商业模式，又是一个飞跃，每一个飞跃都不容易，都意味着有失败的危险。同时，这样去做之后，作为纯粹创客的乐趣也许会减少，这是有创业想法的创客们要有的心理准备。

众多创客参与，让知识和创新共享和扩散的"创新2.0"模式象征着科技也进入了"更新期"。新的环境使得中国创客在世界范围内脱颖而出有了更大可能。无论是电子科技，还是软件科学，或是具有浓郁东方特色的艺术创新实践，都为中国创客展开了无限可能的未来。借助互联网和新工具，创客们实现了产品自设计、自制造，成为创新2.0时代的造物者。同时，在用户创新、开放创新精神的指引下，创客们站在彼此的肩膀上，越站越高。人类工业文明、商业文明，当然还有人自身，正在发生巨变。

六、如何加入创客组织

创客不是由谁批准或施舍给你的名号，它是一种信仰，持续实践，乐于分享并且追求美好生活，你就有了成为创客的潜质，如果你能做到，那么，恭喜你，你已经是创客了。而创客空间是兴趣相投的创客们的聚集平台，是创客们最基本的组织单位，由创客们志愿发起组建。

作为小白创客，要想实践和分享，最好先找到一个你感兴趣的创客空间并加入他们，这样才能体验到团队合作的乐趣，并碰撞出创新的火花，当然，如果你有足够的时间、精力与金钱（有些创客空间是靠会员费维持运作的）你也可以加入多个不同种类、不同城市甚至不同国家的创客空间。

如果找不到自己感兴趣的创客空间怎么办？这当然难不倒创客，自己找上几个志趣相同的伙伴创办一个就是。不过，别忘了与其他创客空间联系并请求帮助，同时最好到就近的创客公会登记，方便推广及与其他城市和国家的创客们沟通、合作。作为创客组织的成员一定要牢记：创客的创新和力量源泉来自于所有创客的相互分享、帮助与合作。

案例分析

胡启立是武汉科技学院电信学院应届本科毕业生，红安农村人。4年前，他借债上大学。在大学期间，他打工、创业，不仅还清了债务，为家里盖起了两层洋楼，自己还在武汉购房买车，拥有了自己的培训学校。

从小收购土特产卖

胡启立1982年出生在红安县华河镇石咀村一个普通农家，父亲在当地矿上打工，母亲在田里忙活。在胡启立3岁那年，父亲在矿上出事了，腿部严重骨折瘫痪在床，四处求医问药。3年后，父亲总算能下地走路了，可再也不能干重活累活。为给父亲看病，几乎家徒四壁。胡启立的父亲不能下地干活，只得开了家小卖部，卖些日用品。胡启立小小年纪就经常跑进跑出"添乱又帮忙"，也正是因为这个原因，他从小就接触到买和卖。

慢慢长大了，胡启立在商业方面开始显才。全村20多个同龄小孩，他的年龄和个头都不是最大的，但却是"领袖"，他经常带着同伴们去挨家挨户收购土特产，如蜈蚣、桔梗、鳝鱼等，卖到贩子手上，挣些零花钱。

2002年，胡启立读高中，学习成绩还不错，正在读高一的弟弟辍学外出打工，给哥哥赚学费。胡启立心里不是滋味，心中暗暗发誓，一定要考上大学，让家里人过上好日子。胡启立说，他从那时就开始规划自己的大学生活：大一好好学习，尽量多去学点东西，从大二开始，寻找机会挣钱，力争大学毕业的时候，自己能当上老板。高考时，他本打算报考一所商学院，却遭到家人的反对，好在他对电子也有兴趣，最后选择了武汉科技学院电子信息工程专业。

贴海报发现校园商机

2002年9月，胡启立带着对大学生活的憧憬和从姑姑那借来的4000元学费，到武汉科技学院报到。进校后，胡启立感觉大学生活比高中生活轻松多了，空闲时间也多，他利用这些空闲时间逛遍了武汉所有高校，也熟悉了武汉的环境，这为他的下一步创业打下了基础。大学时间相对充裕，稍不注意就会养成懒散的习惯，胡启立是个闲不住的人，他决定提前走入社会，大一下学期就开始了自己的创业之路，比原定计划提前了半学期。2003年春季一开学，胡启立开始给一所中介机构贴招生海报，这是他找到的第一份兼职工作，并且交了10元钱会费。"贴一份0.20元，贴完了来结账"，中介递给他一沓海报和一瓶糨糊，胡启立美滋滋地开始往各大校园里跑。"贴海报，看起来容易，其实很难做的"，胡启立没想到贴份海报，还要受人管，一些学校的保安轻者驱赶一下，严重的会辱骂甚至动手。

3天后，胡启立按规定将海报贴在了各个校园，结账获得25元报酬。同行的几人嫌少，都退出了，而胡启立却又领了一些海报，继续干起来。不过，他心里也开始在想别的门道了。

一次，他在中国地质大学附近贴海报时，看到一家更大的中介公司，就走了进去，在那里遇到一位姓王的年轻人。

王某是附近一所大学的大四学生，在学校网络中心搞勤工俭学。几个学生商量，能不能利用网络中心的电脑和师资，面向大学生搞电脑培训。网络中心同意了，但要求学生们自己去招生。

"只要你能招到生，我们就把整个网络中心的招生代理权交给你"，王某慷慨地说。胡启立想，发动自己在武汉的同学帮忙，招几个人应该是没问题，就满口应承下来。

做招生宣传要活动经费，胡启立没有经验，找几个要好的同学商量，结果大家都不知道要多少钱。有的说要5000元，有的说要2000元，最后胡启立向王某提出要1800元活动经费，没想到王某二话没说，就把钱给了他。

胡启立印海报，买糨糊，邀请几个同学去各个高校张贴，结果只花了600元钱，净落1200元。这是他挣到的第一笔钱。

尽管只花了600元钱，但招生效果还不错，一下子就招到了几十个人。然而，这些学生去学电脑时却遇到了麻烦，因为动静搞大了，学校知道了这个事情，叫停了网络中心的这个电脑培训班。胡启立几次跑到网络中心，都没办法解决这个事情。他无意间发现网络中心楼下有个培训班，也是搞电脑培训的，能不能把这些学生送到那去呢？

对方一听说有几十个学生要来学电脑，高兴坏了，提出给胡启立按人头提成，每人200元。非常意外地，胡启立一下子拿到了数千元钱。

办培训学校，圆了老板梦

2005年，"胡启立会招生"的传闻开始在关山一带业内传开了。一家大型电脑培训机构的负责人找胡启立商谈后，当即将整个招生权交给他。

随着这家培训机构一步步壮大，胡启立被吸纳成公司股东。但胡启立并不满足，他注册成立了自己的第一家公司——一家专门做校园商务的公司。

胡启立谈起成立第一家公司的目的："校园是一个市场，很多人盯着这个市场，但他们不知道怎么进入。成立公司，就是想做这一块的业务，我叫它校园商务。"

同时，胡启立发现很多大学生通过中介公司找兼职，上当受骗的较多，就成立了一家勤工俭学中心，为大学生会员提供实实在在的岗位。他的勤工俭学中心影响越来越大，后来发展到7家连锁店。"高峰时，每个中心能有一万元左右的纯收入。"

2005年下半年，由于业务越做越大，胡启立花20多万元买了一辆丰田花冠轿车，在校园和自己的各个勤工俭学点奔跑。后来，他又将丰田花冠换成30多万元的宝马320。记者问他为何换名车，他说："谈生意，好车有时候是一种身份证明吧。"

在给一些培训学校招生的过程中，胡启立结识了一家篮球培训学校的负责人，开始萌生涉足体育培训业务的念头。经过多次考察比较，2006年底，胡启立整体租赁汉阳一所中专校园，正式进军体育培训。当年招生100余人，今年的招生规模预计是300人。"以前都是为别人招生，这次总算是为自己招了。"

如今，胡启立已涉足其他类型办学，为自己创业先后已投入200万元左右。

师生眼里，他是个怪才

尽管成了校园里的创富明星，但胡启立一点也不张扬。

虽然在外面买了房子，但胡启立现在还和以前一样住在学生宿舍，吃食堂，而且他看上去和大多数同学差不多，只不过稍显得老成一些。

只是在学校很难见到他的人，用同学们的玩笑话来说："谁要想见他，都要提前一个月预约。"他和同学关系都比较好，虽然经常不在学校，但是如果有消息的话，一般不出半天就会通知到他。

"他是个怪才，我们都很佩服他"，胡启立的同学裴振说，其实，班里对胡启立的看法，分成两派：一部分人十分羡慕他，大学还没毕业就能自己赚钱买车买房；另一部分人认为他虽然创业成功了，但学习没跟上，而且他现在从事的工作和专业没什么关系，等于放弃了自己的专业，怪可惜的。

胡启立在大学期间，学校也为他创业提供了帮助，从院长到老师，都为其创业和学习付出了很多心血。由于忙于创业，耽误了一些课程，学校了解他的特殊情况后，特事特办，按规定允许他部分课程缓考。

班主任杜勇老师谈起自己的这个特殊学生，也连说："我带过很多学生，但胡启立是其中最特别的，创业取得的成绩也较大。"他认为在现在大学生就业形势整体不太好的前提下，大学生自主创业，不仅解决了自己的就业问题，做得好的话还可以为别人提供岗位，但要是能兼顾学业就更好了。

请对案例进行分析。

扫码"练一练"

思 考 题

1. 如何培养毕业生的创业精神？
2. 如何培养毕业生的创业能力？
3. 大学毕业生有哪些创业道路？
4. 请简述你是如何理解创客的。

（闫龙民）

第十二章

树立终身学习的理念

学习目标

1. 掌握终身学习与职业人生的关系。
2. 熟悉取得高一级学历的主要途径。
3. 了解我国的继续教育政策。

扫码"学一学"

第一节 终身学习与职业人生

　　科学技术的迅猛发展形成了信息和知识的爆炸式膨胀，如果不终身学习，就会被知识和信息的海洋所淹没。据英国技术预测专家詹姆斯·马丁测算，人类知识的倍增周期在 19 世纪约为 50 年，20 世纪前半叶约为 10 年，到 20 世纪 70 年代缩短为 5 年，80 年代以来几乎到了 3 年翻一番。与此同时，人类知识老化程度加快，一个人所掌握知识的半衰期，在 15 世纪为 80~90 年、19~20 世纪初为 30 年，20 世纪 60 年代为 15 年，进入 80 年代已经缩短为 5 年左右。信息、知识时代带来了深刻的社会变迁，改变了教育和学习的全部意义，使人类进入学习化社会。为了适应这种变化，跟上时代的步伐，人们必须坚持不懈地学习、终身地学习。古人云："活到老、学到老。"学校教育不代表你在社会上的生存能力，也不代表你的工作能力。生活节奏加快，知识更替在加快，社会竞争日趋激烈。如果想永不落伍，就必须懂得终身学习的道理。只有不断地充实自己，不断地学习新的知识，才能跟上社会的步伐，跟上时代的步伐。

知识拓展

　　终身学习是在 20 世纪 90 年代极其广泛而深刻的时代背景中，首先由美国最具影响力的管理大师、麻省理工学院教授彼得·圣吉在其经典著作《第五项修炼——学习型组织的艺术与实际》中提出的。它包括"终身学习""全员学习""全过程学习""团体学习"等。他提出这些，是为了谋求对社会巨变的适应性。现代人命中注定必须面对持续多样的变革，"要么使自己适应这个世界，要么面临从这个世界上消踪匿迹或历经苦恼而陷入精神错乱地步的危险"。未来的学习

必须是终身性的学习。未来的社会必须是学习型的社会，要使每个社会成员能够"从智力上和精神上装配起来"。

一、终身学习的理念

1994 年被在罗马举行的"首届世界终身学习会议"所采纳的定义："终身学习是 21 世纪的生存概念""是通过一个不断的支持过程来发挥人类的潜能，它激励并使人们有权利去获得他们终身需要的全部知识、价值、技能与理解，并在任何任务、情况和环境中有信心、有创造力地、愉快地应用它们""如果没有掌握学习的意识和能力，就难以在 21 世纪生存。"终身学习是"人在一生中所需要的知识、技术，包括学习态度等应该如何被开发和运用的全过程"，终身学习强调的基本特征是"有意义的学习"，它包含的内涵非常丰富。

1. 终身学习是一种生存方式　终身学习正在成为人的一种至关重要的生存责任，也正在成为人在未来社会中的一种生存方式。没有终身学习就无所谓的人一生的社会存在，就无所谓的人一生的生存质量。"终身学习是 21 世纪生存概念"的提出正是这一变化的必然。

2. 终身学习是一种主体转移　以往的教育观念，学习经常被看成务必得到"塑造"的"客体"，而"教师"则被视为对其施加影响的主要力量。这种教育观念中，人的责任性、能动性、创造性等在人的成长中非常重要的因素常常被忽略。而终身学习的理念预示着"学终究比教重要，学习者又终究比教育者重要"。因此，在终身学习的旗帜下，学习者"越来越不成为对象，而越来越成为主体了"。

3. 终身学习基于学习者的自主性　终身学习是"基于每个人自发的意愿而进行的活动，是自己根据需要选择合适于自己的手段和方法展开的"，而社会的责任则在于对他们的"要求给予必要的应答"，形成不断的支持过程来发挥人类的潜能。

4. 学习是一个终生的过程　在不断变化的社会里，人没有可能出现认识上的片刻停顿；在一生发展的过程中，人更没有理由拒绝履行不同生命阶段的不同发展任务。为此，大多终身学习倡导者都认为：有意义的学习是通过其终生的生涯来进行的。

5. 学习是一个全面的过程　学习不仅是一个需要持续一生的过程，也是一个需要进行全面学习的过程。因为社会变化投向人们的发展课题是多样的，个人成长投向个体的发展任务是多元的。世界终身学习会议的"获得他们终身学习所需要的全部知识、价值、技能与理解"，以及开发和运用人在一生中所需要的知识、技术，包括学习态度等都是这一要义的具体诠释。

6. 终身学习无所不在　终身学习发生在人类生活的所有空间，学习场所绝不限于家庭、学校、文化中心或企业，可被个人或集团"加以利用的一切教育设施及资源都应包括在内"。

7. 终身学习的目的在于建立自信和能力，适应社会变化　终身学习的过程是一个知识积累、运用和创造的过程。而正是通过这个过程本身，使每个人在身临急剧变化的社会，即面对新的挑战、新的任务、新的情况和环境的时候，都能满怀信心，愉快而自如地去运用知识、驾驭知识和创造知识。

二、终身学习与职业人生的关系

1. 职业人生的特征 职业人生的本质是指人们必须依靠自己的手和脑去劳动，去谋求生存和发展。一般人都生存于三种生命周期中，即生物社会、婚姻家庭、工作职业生命周期，且以工作职业生命周期最为重要。职业人生的特征：①生存必须付出劳动；②生活跋涉于职业旅程之中；③人生拾级于职业阶梯之上；④始终感受着职业和失业群体的压力；⑤职业劳动者的家庭和社会负担较重；⑥职业劳动者的成就与奋斗总体成正比；⑦在日益公平的社会竞争下，职业成功与个人拼搏的轨迹呈正态分布；⑧体面生存、优势生存迫使人们终生持续学习。

2. 终身学习是职业人生的必然选择 终身学习是更新知识、实践职业人生的必由之路。终身学习，就是特别强调学习的非一次性、不间断性、变化性和适应性。摩尔定律表明，计算机软件等知识更新的周期只有 18 个月。相关研究表明，一个大学毕业生的"创造年龄"不超过 4 年，工程技术的有效期只有 3 年。卡兹曲线反映出科研组织的最佳年龄区间为 1.5~5 年。所有这些表明，不断更新知识、接受再教育是职业人生不可分割的组成部分，任何人都将无法回避。美国人平均一生中大约变更工作 7 次，不学无术、止步不前，仅凭"一技之长"就想拥有体面人生是不可能想象的！终身学习是人们体面生存和继续职业生涯的必然选择。

第二节 继续教育

继续教育是面向学校教育之后所有社会成员特别是成人的教育活动，是终身学习体系的重要组成部分。由于世界经济社会对继续教育提出了更高的要求，继续教育实践领域不断发展，研究范畴也在不断地扩大和深入，特别是终生教育思想已经为越来越多的人所接受，对继续教育在经济、社会中的地位、作用、方法等都有一定的初步认识和实践，继续教育科学研究也有了重大发展。

继续教育是一种特殊形式的教育，主要是对专业技术人员的知识和技能进行更新、补充、拓展和提高，进一步完善知识结构，提高创造力和专业技术水平。知识经济时代继续教育又是人才资源开发的主要途径和基本手段，着重点是开发人才的潜在能力，提高队伍整体素质，是专业技术队伍建设的重要内容。从近些年来继续教育的实践来看，继续教育已得到越来越多的人重视与参与，继续教育的概念在不断深化和拓展。

扫码"学一学"

一、继续学习与学历提高

继续教育是在 20 世纪 30 年代从美国发展起来的一个新的教育工程，称之为 CEE（continuing education engineering）。目的是对一些工程技术人员再次进行必要的培训，以便更快更好地适应迅速发展的生产需要，完成越来越难以掌握的新技术、新产业规定的任务，当时美国许多大学都设置了工程技术革命专题讲座和培训班。第二次世界大战后，特别是 20 世纪 60 年代以后，随着新技术革命的深入发展和终身学习教育思想的广泛传播，人们普遍地认识到继续教育工程的重要性，甚至有些国家开始利用政府的行政手段强有力地推动这一工程。英国政府多次提出要重新考虑教育和培训的作用。德国已经用法律的形式规定

了继续教育工程的范围、对象、要求和方式。日本政府也提出：企业应该重视科技人员的知识更新，人才战略需要跨出一个误区，即人才老化、人才知识陈旧、人才专业领域无发展、人才培训基地故步自封、人才继续教育工程盲目性和无效性。1962 年，联合国教科文组织专门邀请了各国专家成立了"继续教育工程国际专家工作组"，对各国继续教育工程的情况进行调查、分析、研讨和论证，并介绍和推广了先进经验。此后各国继续教育工程如日中天，所设置的继续教育组织和机构也如雨后春笋。如，美国设有美国工程教育协会、美国工程技术认证委员会，使其本科生、硕士和博士生毕业以后，必须通过国家级的相应证书考试，才能取得工程师、律师、医生、护士等从业资格。此外，还有了一系列专业资格认证，如美国财务会计认证（ICMA）、美国房地产协会的注册房地产投资师资格认证（CCIA）。再如，英国拥有一套国家资格证书框架，囊括了各种学术和职业资格。新加坡国立大学通过设立工程师活动中心这一公共组织，实施对外、对内短期课程、特殊学生计划和研讨会等形式完成继续教育项目。菲律宾通过学术科研伦理教育和设立专门组织来推进工程道德建设，通过学术、科研伦理教育增强工程师对社会的责任感，通过设立机械工程师协会、民间工程学术机构、技术教育团体等专业组织推进工程伦理教育。这些机构和组织每年召开会议讨论工程伦理，并将与会论文出版发行。可见，当代继续教育已经发展成为以终身教育理念为指导的，宽门类、多样化、灵活性地开展包括准学历教育、大学后的继续教育、各类行业、专业培训的大众教育，已经成为社会化终生教育体系的重要组成部分。

二、继续深造的主要途径

（一）成人高考

成人高等学校招生统一考试简称成人高考，是我国成人高等学校选拔合格的毕业生以进入更高层次学历教育的入学考试，属于国民教育系列，列入国家招生计划，参加全国招生统一考试，各省、自治区、直辖市统一组织录取，国家承认学历。

设立之初，是为解决在岗人员的学历教育和继续教育问题，参加者多为成年人。它是国家终生教育体系中高等教育重要组成部分。

现行的成人高等学历教育与普通高等教育、高等教育自学考试统称为教育部核准的国民教育系列高等学历教育。成人高考分为专科起点升本科（简称专升本）、高中起点升专科（简称高起专）和高中起点升本科（简称高起本）三个层次。录取入学后的学习形式包括函授、业余和脱产三种学习形式，以前两种形式为主，脱产学习只有极少数成人高校。

自从教育部出台允许社会各界人士和在校生参加全国成人高考以后，满足了大部分社会在职人员和中等在校生享受高等教育的机会。享受国内高等教育的方式有多种，成人高考只是其中的一种。单纯地从成人高考文凭含金量上来讲，它仅次于普通高等教育考试（普通高考）和自学考试。

成人高考文凭是国家承认的学历文凭之一。从成人高考学习本质上讲，成人高考、自学考试和普通高考一样，都是考生提高素质的国家级大考，只是由于本身的学习特征需要，才在学习形式等环节上有所差别，进行了一定区分。在一些人眼里，成人高考文凭含金量和学习过程要大打折扣，而忽视了成人高考带来的学习成果。数据显示，2019 年全国成人高考计划录取 273 万余人，不正显示了成人高考强大的生命力？

（二）远程网络教育

远程教育，在教育部已出台的一些文件中，也称现代远程教育为网络教育，是成人教育学历中的一种，是指使用电视及互联网等传播媒体的教学模式，它突破了时空的界限，有别于传统的在校住宿的教学模式。使用这种教学模式的学生，通常是业余进修者。由于不需要到特定地点上课，因此可以随时随地上课。学生亦可以通过电视广播、互联网、辅导专线、课研社、面授（函授）等多种不同渠道互助学习，是现代信息技术应用于教育后产生的新概念，即运用网络技术与环境开展的教育。招生对象不受年龄和先前学历限制，为广大已步入社会的人员提供了学历提升的机会。

自1999年以来，教育部批准如清华大学远程教育、对外经济贸易大学远程教育学院等68所普通高等学校开展现代远程教育试点工作，2017年已有试点高校70所。允许试点高校在校内开展网络教学工作的基础上，通过现代通信网络，开展学历教育和非学历教育。对达到本、专科毕业要求的学生，颁发高等教育学历证书，学历证书电子注册后，国家予以承认。

远程教育是学生与教师、学生与教育组织之间主要采取多种媒体方式进行系统教学和通信联系的教育形式，是将课程传送给校园外的一处或多处学生的教育。现代远程教育则是指通过音频、视频（直播或录像）以及包括实时和非实时在内的计算机技术把课程传送到校园外的教育。现代远程教育是随着现代信息技术的发展而产生的一种新型教育方式。计算机技术、多媒体技术、通信技术的发展，特别是网络的迅猛发展，使远程教育的手段有了质的飞跃，成为高新技术条件下的远程教育。现代远程教育是以现代远程教育手段为主，兼容面授、函授和自学等传统教学形式，多种媒体优化组合的教育方式。

现代远程教育可以有效地发挥远程教育的特点，是一种相对于面授教育、师生分离、非面对面组织的教学活动，它是一种跨学校、跨地区的教育体制和教学模式，特点如下：学生与教师分离；采用特定的传输系统和传播媒体进行教学；信息的传输方式多种多样；学习的场所和形式灵活多变。与面授教育相比，远距离教育的优势在于它可以突破时空的限制；提供更多的学习机会；扩大教学规模；提高教学质量；降低教学的成本。基于远程教育的特点和优势，许多有识之士已经认识到发展远程教育的重要意义和广阔前景。

（三）自学考试

高等教育自学考试简称自考，1981年经国务院批准创立，是对自学者进行的以学历考试为主的高等教育国家考试。是个人自学、社会助学和国家考试相结合的高等教育形式，是我国社会主义高等教育体系的重要组成部分。其任务是通过国家考试促进广泛的个人自学和社会助学活动，贯彻宪法鼓励自学成才的有关规定，进行以学历考试为主的高等教育国家考试。自学考试的目的是造就和选拔德才兼备的专门人才，提高全民族的思想道德、科学文化素质，适应社会主义现代化建设的需要。

自学考试是我国高等教育基本制度之一，是我国现阶段高等教育的一个重要组成部分，是以学历考试为主的高等教育国家考试制度；是个人自学、社会助学、国家考试相结合的高等教育形式。学生经过系统的学习后，通过毕业论文的答辩、学位英语的考核达到规定成绩符合条件的毕业生，可申请授予学士学位、参加研究生考试，并可继续攻读硕士学位和博士学位，待遇与高考统招生相同。

自学考试已遍及全国各省、自治区、直辖市及军队系统和港、澳、台地区，是我国规模最大的开放的高等教育形式。中华人民共和国公民，不受性别、年龄、民族、种族和已受教育程度的限制，均可依照国务院《高等教育自学考试暂行条例》的规定参加自学考试。

（四）广播电视大学

1. 广播电视大学简介　中央广播电视大学以及地方各级广播电视大学，简称"电大"。是以广播、电视、计算机网络等现代传媒技术实施高等教育的大学，主要采取与其他重点大学联合办学（如南开大学、东北财经大学、中国政法大学等），毕业后由中央广播电视大学统一颁发毕业证书，通过联合办学大学的学位要求，由合作大学颁发学位证书。

广播电视大学是由中央广播电视大学，省级广播电视大学，地市级、县级广播电视大学分校和工作站组成的覆盖中国大陆的远程教育系统。学生高考统招以全日制面授为主；自考以自学为主；电大通过自学、面授、计算机网络、卫星电视等现代传媒技术进行学习，参加国家安排的统一考试，获得专科、本科学历证书。

广播电视大学与其他成人高校一样，主要面向高考落榜或因为其他种种原因丧失学习机会的社会人员和需要提高学历层次的在职人员，学习形式为开放教育（现代远程高等教育），实行"宽进严出"制度。

广播电视大学是我国高等教育的重要组成部分，与普通高校（统招学校）一起承担培养各类专门人才，提高劳动者素质的任务，国家同等承认学历。电大发挥现代远程开放教育的优势，多快好省地培养了我国改革开放和现代化建设急需的大批专门人才。

2. 广播电视大学特点

（1）具有远程教育特征　以教育技术和媒体手段为课程载体，使教与学的过程可以异地异步或异地同步进行，学生主要是分散在各地自主学习。

（2）采用多种媒体教学　学生以文字教材为主进行自主学习，同时较多地利用音像教材、CAI 课件和计算机网络等学习媒体。

（3）共享优秀教育资源　汇集全国高校和科研院所优秀教师和专家，由他们担任课程中主讲教师和教材主编，为全国各地的学生提供了高质量的课程及其教材。

（4）开放的学习模式　学生根据自己的情况选择课程、媒体教材、时间、地点、学习方法、学习进度等，方式方法灵活多样。

广播电视大学的教学信息通过国家提供的卫星电视系统覆盖全国，并利用计算机网络面向全国实施网上教学。同时，由各级电大组成的遍布全国的现代远程开放教育教学系统，可以在不同层面上分工协作，为各地的求学者提供必要的学习资源和学习支持服务。广播电视大学能够把高等教育延伸到基层和边远落后地区，为这些地方培养了大批专业人才。

第三节　我国继续教育制度的概况

继续教育是面向学校教育之后所有社会成员特别是成人的教育活动，是终身学习体系的重要组成部分。由于世界经济社会对继续教育提出了更高的要求，继续教育实践领域不断发展，研究范畴也在不断地扩大和深入，特别是终生教育思想已经为越来越多的人所接受，对继续教育在经济、社会中的地位、作用、方法等都有一定的初步认识和实践，继续教育科学研究也有了重大发展。

扫码"学一学"

一、加快继续教育发展的基本原则

1. 坚持以人为本，服务社会 人力资源是我国经济社会发展的第一资源，继续教育是持续开发人力资源的主要途径。要把满足经济社会发展和广大人民群众多样化学习需求作为继续教育的根本出发点和落脚点，主动服务更高水平的小康社会建设和广大社会成员更新知识、拓展技能、提高素质的需求，促进人的全面发展，促进社会公平，促进人力资源强国建设。

2. 坚持终生教育，构建体系 树立终身教育理念，推进继续教育改革发展和各类学习型组织建设，开展全民终身学习活动，建设终身学习公共服务体系，建立适应终身学习的体制机制和法律法规，搭建终身学习"立交桥"，构建灵活开放的终身教育体系。

3. 坚持政府统筹，分类管理 强化政府责任和统筹规划。建立健全分级分类管理体制，明确各级政府、行业部门、有关社会机构的管理职责，加强统筹协调和规范管理。加大各级政府对继续教育经费和政策的支持力度，推动全社会积极参与继续教育，促进行业、区域和城乡之间继续教育的协调发展。

4. 坚持优化结构，提高质量 创新办学和服务体系，优化专业、项目和课程设置，进一步提高继续教育的针对性和实效性。坚持科学的质量观，着力加强质量标准和评价体系建设，促进规模、结构、质量、效益协调发展，职前教育和职后教育有效衔接，学历继续教育和非学历继续教育协调发展。

5. 坚持改革创新，扩大开放 以体制机制改革为重点，改革人才培养、办学和管理体制，改革质量评价和考试招生制度，改革教学内容、方法、手段，建立学习成果认证、积累和转换制度。坚持开放办学，建立资源开放与共享服务机制。坚持对外开放，加强对外交流与合作。

二、加快继续教育发展的任务

1. 新时期继续教育发展的基本任务 面向从业人员，以及有创业、择业、转岗需求人员和就业困难、失业人员开展相应的职业教育培训，使他们在职业道德、文化知识、专业技术和实践能力等方面满足相应岗位的要求；面向有接受中等或高等教育意愿的社会成员开展相应的学历继续教育；面向各类社会成员开展形式多样的道德规范、科技文化、文明生活、休闲文化和健康教育，满足人们日益增长的精神文化生活和幸福生活的需求；建设各类学习型组织，推动全民终身学习。

2. 新时期继续教育发展的具体任务

（1）大力发展职业导向的非学历继续教育 以加强人力资源能力建设为核心，大力发展职业导向的非学历继续教育。根据创新型国家建设和人才规划纲要的要求，以提高岗位适应能力和创新能力为核心，有计划、分领域、分层次地大力加强对党政管理、企业经营管理、专业技术、高技能、农村实用、社会工作等各类人才的继续教育培训活动，特别是加强重点领域急需紧缺专门人才和高层次创新人才的培训。

（2）稳步发展学历继续教育 以提高教育内容和教育方式的针对性为重点，稳步发展各级各类学历继续教育。改革发展成人中等学历继续教育，加强技能型人才培养；稳步发展高等学历继续教育，加强应用型、复合型和创新型高层次人才培养。积极推进高等学校网络教育和远程开放教育改革发展，改革完善高等教育自学考试制度，加快成人高等教育综合改革。

（3）充分发挥学校资源优势开展继续教育　引导推动各级各类学校特别是普通高校和职业院校面向社会积极开展继续教育，大力推进学校的教学资源向社会开放。重视发挥普通高校在高等学历和非学历继续教育中的引领、示范作用，成人高校在社区教育、行业企业继续教育中的积极作用。鼓励中、高等职业学校实行职前与职后教育、学历与非学历教育、全日制与非全日制教育并举，面向行业企业、社区开展继续教育。统筹农村职业学校、成人学校和中小学等教育资源，坚持"农科教结合"，实行基础教育、职业教育、继续教育"三教统筹"，面向农村地区开展多样化的继续教育活动。

（4）加快推进各类学习型组织建设　引导全民树立终身学习理念，促进全民终身学习的文化建设，营造终身学习的良好氛围。加快推进学习型企业、学习型机关、学习型社区等各类学习型组织建设。分类研究制定各类学习型组织的建设标准，建立各类学习型组织评价制度和推广机制，组织建设学习型城市和各类学习型组织示范工作，继续推进"全民终身学习活动周"活动，倡导全民阅读，推动全民学习。

三、加强继续教育质量建设

1. 全面提高学历继续教育质量　实施本专科继续教育质量提升计划，探索多样化人才培养模式的改革与创新。注重发挥社会主义核心价值体系的教育引领作用，引导学习者形成良好的职业观、事业观，树立报效祖国、奉献社会的责任感、使命感。优化学科专业和人才培养结构，建立专业管理和课程建设的新机制。开展高等学历继续教育的专业和课程体系综合改革试点，根据现代产业体系建设的要求，重点建设一批专科、本科示范性专业点和精品课程。创新教育教学方法，倡导参与式、探究式、讨论式、启发式教学。搭建公共服务平台，加强对学习过程的支持服务，为学习者提供便捷、灵活、个性化的学习环境。加强实践环节，与行业企业等方面合作建设继续教育实训基地和产学研基地。建立健全宽进严出的学习制度和灵活开放的教学管理制度。完善业余学习、个性化学习、自主化学习模式。探索建立课程证书、结业证书、毕业证书、学位证书等多证书衔接的管理运行框架。逐步统一各类学历继续教育政策和基本要求，改革高等学历继续教育招生录取办法，统一学历证书式样和内容要求。

2. 增强非学历继续教育的实效性　支持各类继续教育机构充分运用现代信息技术，根据现代产业体系建设、行业企业发展需要和学习者需求，开展灵活多样的非学历继续教育。优化项目和课程体系设计，建立继续教育品牌项目和课程资源的评价、公示制度。推进非学历继续教育资源的共建共享，加强优质课程和资源建设，注重教学内容的实用性、时效性和先进性。

3. 建立学习成果认证、积累和转换制度　成立国家继续教育学习成果认证委员会，研究建立各类继续教育学习成果认证、学分积累和转换的"学分银行"制度，有计划、分步骤地推进不同类型继续教育间的学分积累与转换工作。高等学校和职业院校要探索建立学历和非学历继续教育沟通与衔接的制度。选择有条件的高等学校开展校际间继续教育沟通衔接的研究与试点。选择有条件的区域开展面向各类学习者的学习成果认证和转换的研究与试点。

《国家中长期教育改革和发展规划纲要（2010—2020）》（以下简称《规划纲要》）作为中国当今教育发展的"路线图"，自2010年7月出台以来就受到了社会各界的广泛关注。此次的规划纲要对于继续教育给予了极大的重视，第一次在国家层面上对继续教育进行系统规划。这极大肯定了继续教育在构建终身教育体系中的重要地位，提出了发展继续教育的举措，为继续教育的发展提供了契机和保障。2014年6月，国务院出台了关于加快发展现代职业教育的决定，决定中也提出需要积极发展多种形式的继续教育。

四、我国有关职业教育、继续教育的政策

1.《国家中长期教育改革和发展规划纲要（2010—2020）》 《规划纲要》有关职业教育的规定：第六章职业教育（十七）增强职业教育吸引力。完善职业教育支持政策。逐步实行中等职业教育免费制度，完善家庭经济困难学生资助政策。改革招生和教学模式。积极推进"双证书"制度，推进职业院校课程标准和职业技能标准相衔接。完善就业准入制度，执行"先培训、后就业""先培训、后上岗"的规定。建立健全职业教育课程衔接体系。鼓励毕业生在职继续学习，完善职业学校毕业生直接升学制度，拓宽毕业生继续学习通道。提高技能型人才的社会地位和待遇。加大对有突出贡献高技能人才的宣传表彰力度，形成行行出状元的良好社会氛围。

《规划纲要》中做出了大力发展职业教育的决策。"大力发展"作为一种发展方针，它是基于当前我国建设人力资源强国和加快普及高中阶段教育国情的明智的战略选择；"大力发展"作为一种发展目标，到2020年在普及高中阶段教育战略目标基础上，《规划纲要》又明确要在总体上保持普通高中和中等职业学校招生规模大体相当，统筹中等职业教育与高等职业教育发展的结构性目标；在"大力发展"的内涵上，《规划纲要》与时俱进地把发展重点转到提高质量和促进公平的核心目标上来。总之，要形成适应我国发展方式转变和经济结构调整要求，符合终身教育理念、中等和高等职业教育协调发展的现代职业教育体系，满足人民群众接受职业教育的需求，满足经济社会对高素质劳动者的技能型人才的需要。

《规划纲要》当中对职业院校毕业生的继续学习问题、继续受教育问题高度重视，也做了很多政策的安排，在几个地方都提到了这个问题。总体的思路是加强制度设计、改革考试办法、强化政策引导逐步形成体现终身教育理念，中等和高等职业教育协调发展的现代职业教育体系，促进职业教育与高等教育、继续教育的衔接，构建人才成长的"立交桥"，满足人民群众的多样化学习需求。职业教育是我国各级各类教育当中的一种类型协调，其发展和办学都有自身的规律。基本任务是培养全面发展的技能型人才，因此它的办学方针是以就业为导向，最终目标是实现人的全面发展、择业自由和职业生涯的可持续发展，所以我们对于职业学校毕业生的继续学习应该是以就业为导向，以促进其全面发展和持续发展为其基本的方向，这是职业院校毕业生继续学习的一个方针。《规划纲要》从改革和完善的角度提出了解决职业院校毕业生的继续学习的问题，特别强调了学历教育和非学历教育的协调发展，职业教育和普通教育的相互沟通，职前教育和职后教育的有效衔接，规定的目的就是要满足人民群众接受职业教育的需求，也满足经济社会对于高素质的技能型人才的实际需要。同时，在制度设计上提出要加强课程体系的改革和建设，文本当中也明确提出了要健全职业教育的课程衔接体系，使得职业院校的毕业生的继续学习有一个良好的基

础。《规划纲要》还要求加强升学和考试制度的改革，职业院校的毕业生的继续学习有两个方面，一方面是在职继续学习，职业学校的毕业生可以通过电大、函授、夜大、现代远程教育以及在职培训等方面，接受学历教育和非学历的职业教育培训；另一方面是直接升学，事实上我们现在有这种中职、高职毕业生继续学习的渠道，《规划纲要》明确提出要完善直接升学制度，可能从两个方面入手：一方面是从扩大规模和比例，随着经济社会的发展，为了更好地满足经济社会发展对高层次技能型人才的需要，以及人民群众对接受更高层次继续教育的需要，职业院校毕业生接受更高层次学习的比例会增加；另一方面，要改革和完善现行的考试制度，通过改革现行的以知识为主的考试制度，可能要构建一种知识加技能的考试制度，使得直接升学制度更加完善。

2. 国务院关于加快发展现代职业教育的决定 《国务院关于加快发展现代职业教育的决定》（以下简称《决定》）中在第二条和第八条指出：加快构建现代职业教育体系；积极发展多种形式的继续教育。建立有利于全体劳动者接受职业教育和培训的灵活学习制度，服务全民学习、终身学习，推进学习型社会建设。面向未升学初高中毕业生、残疾人、失业人员等群体广泛开展职业教育和培训。推进农民继续教育工程，加强涉农专业、课程和教材建设，创新农学结合模式。推动一批县（市、区）在农村职业教育和成人教育改革发展方面发挥示范作用。利用职业院校资源广泛开展职工教育培训。重视培养军地两用人才。退役士兵接受职业教育和培训，按照国家有关规定享受优待。

近年来，我国职业教育事业快速发展，体系建设稳步推进，培养培训了大批中高级技能型人才，为提高劳动者素质、推动经济社会发展和促进就业做出了重要贡献。同时也要看到，当前职业教育还不能完全适应经济社会发展的需要，结构不尽合理，质量有待提高，办学条件薄弱，体制机制不畅。加快发展现代职业教育，是党中央、国务院做出的重大战略部署，对于深入实施创新驱动发展战略，创造更大人才红利，加快转方式、调结构、促升级具有十分重要的意义。

系统培养、多样成才。推进中等和高等职业教育紧密衔接，发挥中等职业教育在发展现代职业教育中的基础性作用，发挥高等职业教育在优化高等教育结构中的重要作用。加强职业教育与普通教育沟通，为学生多样化选择、多路径成才搭建"立交桥"。

案例分析

医学生中专学历考研心得

我第一学历中专，考研时取得了英语 69 分，政治 75 分，西综 201 分的成绩。可能在一些学友的眼里，并不算高分。但是，我用 10 年时间，完成了一个大学本科生 5 年的学习任务，才得到这样一个回报，成绩出来的时候，自己很激动、很兴奋。

医学院是个牛人聚集地，我这个成绩还来写心得，恐怕会遭人笑话，所以本来不想发这个帖子。但转念一想，我的同龄人中，上中专的应该不是少数，这个群体，现在应该在各级医院埋头苦干，有的还是科室骨干，受制于学历，却没有勇气考研。我想给我的同伴们一点希望，谈一点自己的复习经验，希望有所帮助。

我 1996 年初中毕业，因为家里还有弟弟、妹妹读书，为了给父母减轻负担，选择上了一所中专。说实话那个年代中专的门槛并不低，我自己就是当地重点中学的保送生，班里还有好几个学习好的同学选择中专，大家都认为中专毕业可以先工作，再找机会继续读书。我读的是4年制中专，五官医学专业。等2000年毕业的时候，中专生已经完全处于社会的最底层了，说被人歧视也不过分。此后一边工作一边上成人大专、本科的过程略过不提，没学到什么真正的知识，混个文凭而已。2008年，我本科毕业，萌生了考研的念头。当时根本没抱什么希望，只是一个想法。

等我开始实施这个计划的时候，英语学习就做了打持久战的准备。提前一年多，从《新概念2》开始。估计学友们看了会觉得惊讶，可能没有第二个备战考研的学子是这个起点。《新概念2》我是通读，主要回忆、掌握一些单词和语法。中间穿插着报了一个网校的词汇5500专项班，但并不是专门针对考研的班，学到最后有点吃力，就放弃了。在网上找了一个辅导机构的视频，跟着学，第二单元以后请了一位英语老师指导，主要是答疑解惑。《新概念3》结束后，我并没有接着学第四册，而是直接进入考研复习。因为当时离考试只有大半年了。还是先词汇，以真题为教材，背真题，有的甚至默写，就掌握了词汇。有一家辅导机构，我报了全程班，事实证明只有词汇班和基础班起了作用。9月份开始看西综，有的人建议看本科教材，我没那么做，主要也是时间不够。我以学习讲义为主，看不懂的再翻教材。11月底我才开始认真看政治，之前只是把政治当作换脑子的读物，当小说读。这期间换了一家培训机构，又报了一个冲刺、点睛班。相当于我的政治是直接开始冲刺的。进入12月，我的英语真题已经背得差不多了，开始写作文，西综真题也做了几遍，政治还是跟着冲刺班老师的进度走。

这是备考的大致过程。下面我想具体说一下每门课的细节，班门弄斧，大家别笑话。

1. 英语 我觉得还是真题最重要。报一个适合自己的辅导班也很有帮助。这个时候不要怕花钱。我就前后报了两个不同机构的班，有的课程到考试结束都没听完，但只有大致听了才有比较，才能选择最适合自己的。不要专门背词汇，背了也记不住。就结合真题，背一篇阅读文章，怎么也能把里面的核心词汇掌握得差不多，等它在别的文章中再出现几次，就基本能掌握了。

阅读的解题思路很重要，看不懂文章时不能晕，要找文章中心，看作者究竟在说什么，出题者又想问什么。当然能读懂最好，只要准备读懂文章意思，做题就不在话下了。

主观题，主要是作文。考前一定要多写作文，写得多就有感觉。我把所有报的班、网上别人发的预测、热点，几乎全部写了一篇作文。其中有一篇关于孔子学院的，我在考场上用了不少现成的句子。

新题型我觉得不用花太多时间，不难，主要考文章结构。只要你逻辑清楚，这个环节想丢分都难。我新题型满分。

翻译，一定要写整齐、写满，译不出来的别勉强，把看懂的地方、显示句型结构的地方翻译出来，组合成一句通顺的汉语就行，贪多反而坏事，会把句子译得不像中国人说话，老师肯定不会给高分。

还有一点很重要，女生比较占优势，卷面！卷面一定要整齐！改一堆卷子老师会很烦，如果你字体娟秀，写的整体视觉上首先不反感，如果语法没错误、结构合理、句型多变、有闪光句、闪光词、内容也还可以，就有希望冲击高分。所以我坚持作文打草稿，这样不容易犯错，就是错了，也不要在卷子上改。我的卷子上，没有一处修改，没有一个墨水点，整整齐齐，干干净净。

2. 政治 备考的这一年，如果想看电视，推荐你 CCTV 收视王牌——新闻联播。新闻联播是绝对的风向标，当你学会用 CCTV 的方式答题，就离高分不远了。我是报班，傻瓜式学习，跟着老师的进度和思路走。但是，同学们，一定不要相信押题的鬼话了！和英语一样，卷面极为重要。一定要工整，要多写。我是每道题都把留的空写满了，整整齐齐，没留一点空白。老师多少会给点同情分吧？

3. 西综 对于一个中专生，又学的小专业，我的西综基础很差劲。和英语一样，真题是王道。学习讲义里穿插的就有真题，学的时候做一遍，一个章节学完，再做各章节的真题。等第一遍学完，等于做了两遍真题，当然两遍远远不够。我不同版本的真题就买了 3 本，做第三遍的时候，准备一个错题本，把经常犯的错误记下来，下次再犯，在错题本上用彩色笔标出来，再做适当的补充或是心得体会，为什么会错，错在哪。你会发现，有些知识点，你是一而再、再而三的犯错。我每标一次，用一个颜色的彩笔，后来那个错题本都快成美术本了。临考前几天，什么都不看，就看错题本，用这个本子，基本上可以把西综的知识点穿成一条线，自己在心里回忆，联想，想不起来的再翻讲义。等到你能再心里把西综的目录全部回忆起来，也就掌握得差不多了。

请对案例进行分析。

扫码"练一练"

思 考 题

1. 求职成功上岗后，如何适应职业岗位以求发展？
2. 谈一谈对终身学习的认识。
3. 结合自己的实际情况，谈一下你将如何继续学习？

（王 璐）

参考文献

［1］胡伯龙．大学生创业教育与就业指导［M］.北京：北京理工大学出版社，2012.

［2］仝玲，王杰法．职业生涯与发展规划［M］.北京：人民军医出版社，2012.

［3］邹红艳．高职高专学生创业与就业指导［M］.北京：中国水利水电出版社，2014.

［4］李云海．大学生职业发展规划与就业指导［M］.北京：航空工业出版社，2010.

［5］周立．大学生就业与创业指导［M］.北京：北京工业大学出版社，2009.

［6］陈今来．大学生职业发展与就业指导［M］.北京：化学工业出版社，2010.

［7］王岩，徐建成．大学生职业规划与就业指导［M］.北京：中国轻工业出版社，2011.

［8］申利侠．职业指导师［M］.北京：中国劳动社会保障出版社，2009.

［9］储克森．实习与就业指导［M］.2版．北京：机械工业出版社，2015.

［10］中国南方人才市场．大学生就业与创业指导手册［M］.广州：广东经济出版社，2009.

［11］钟谷兰，杨开．大学生职业生涯发展与规划［M］.2版．上海：华东师范大学出版社，2016.

［12］夏金华．医学生职业规划与就业指导［M］.北京：人民卫生出版社，2014.

［13］项中，魏萍，梁志雄．医药大学生职业发展与规划［M］.北京：新华出版社，2008.

［14］魏勇，王万江．大学生职业生涯规划与发展教程［M］.南京：南京大学出版社，2013.

［15］吴海峰，万启蒙．青春应当是鲜红的［M］.北京：高等教育出版社，2011.

［16］黄祎．大学生职业发展教程［M］.北京：科学出版社，2011.

［17］姬振旗，周峰．职业生涯发展［M］.2版．北京：高等教育出版社，2016.